Introducción a la informática

Edición 2006

Introducción a la informática

Edición 2006

Zoe Plasencia López

ANAYA
MULTIMEDIA

GUÍAS PRÁCTICAS

Responsable editorial:
Eugenio Tuya Feijoó

Diseño de cubierta:
Narcís Fernández

Realización de cubierta:
Blanca López-Solórzano Fernández

Primera edición, octubre 2006
Primera reimpresión, enero 2007

Juan Ignacio Luca de Tena, 15. 28027 Madrid
Depósito legal: M. 50.046-2006
ISBN: 978-84-415-1938-1
Printed in Spain
Impreso en Anzos, S. L. - Fuenlabrada (Madrid)

A Ana, mi hija.

Agradecimientos

Agradezco a Eugenio Tuya Feijoó por su renovada presencia en mi vida editorial.

También a Lorena Ortiz y a Beatriz Alonso, por su infinita paciencia y acertadas sugerencias.

Agradezco a Maximiliano Ruesch por su ayuda incondicional.

A Juan Carlos González.

A mi familia toda; a mis amigos.

Índice

Introducción

En el contexto actual, de la vida del ser humano moderno, no es posible desarrollar actividades ya sean personales o profesionales, sin la presencia, al menos de un ordenador. Y ya con esto, la informática comienza a ser parte de nosotros mismos.

Si bien el desarrollo de la informática se inició en la postguerra, su nacimiento ocurrió un poco antes, con el objetivo fundamental de almacenar y ordenar los cada vez más crecientes volúmenes de información y conocimientos acumulados y contar con ellos de una manera rápida y eficaz.

El término informática es, semióticamente, la asociación de las palabras información y automática y, semánticamente, no es más que el conjunto de métodos y mecanismos que permiten el procesamiento racional, ordenado y automático de la información. La herramienta que sirve a este fin es el ordenador, mientras que el contenido no sólo se limita a la información, entendida como un conjunto de noticias, sino que recoge también los datos que intervienen en procesos de cálculo científico, económico, de comunicaciones, de imágenes, entre otros.

El comienzo

La tecnología aplicada a la informática tuvo sus inicios con el ordenador ENIAC, fabricado en la Universidad de Pensilvania en 1946. La primera máquina dotada de memoria fue la llamada EDVAC, construida en la Universidad de Princeton, para registrar, conservar y recuperar los datos almacenados, de forma rápida.

Las máquinas que existieron entre 1952 y 1958 son los ordenadores que la literatura especializada agrupa en la primera generación: aparatos enormes que llegaban a ocupar una habitación y funcionaban con válvulas de vacío. Para resolver el problema del calentamiento de las válvulas, éstas se sustituyeron por transistores bastante parecidos a los que se conocen hoy en día y el salto tecnológico provocó un cambio de generación en los ordenadores. Las máquinas construidas entre 1959 y 1964, basadas en transistores, eran 10000 veces más rápidas y contaban con dispositivos más modernos de almacenamiento de los datos, las cintas y discos magnéticos: es la primera gran revolución en la informática. La tercera generación de ordenadores va, nuevamente, de la mano de otro paso de avance en el aspecto tecnológico, con el descubrimiento de los circuitos integrados. Por primera vez las dimensiones del ordenador se redujeron, más de lo que el hombre podía imaginar. Hasta comienzos de la década del 70, los ordenadores ultra comprimidos, fueron el antecedente de los primeros PC (*Personal Computer*), tan difundidos en nuestros tiempos. La constante y vertiginosa evolución de la electrónica tuvo como resultado revolucionario la construcción de los microprocesadores, como la unidad de procesamiento central, que constituye el corazón del ordenador de cuarta generación. Con el nombre de ordenador personal comienza a difundirse a mediados de los 70 la herramienta más accesible para el procesamiento automatizado de información, operado por una persona, sin necesidad de grandes espacios y condiciones de climatización, tan costosos y difíciles de mantener. El otro gran cambio importante es la aparición de la memoria RAM (*Random Access Memory*), capaz de almacenar la misma cantidad de información que anteriormente guardaban cientos de circuitos. El primer ordenador dirigido al gran público fue fabricado por *International Business Machine* (IBM), que usaba el microprocesador *Intel* 8088.

Esta historia, abreviada, es el origen del ordenador con que diariamente trabaja el hombre moderno, indispensable, lo mismo para el trabajo que para la vida doméstica. Es el aparato del cual no podemos prescindir, en un momento de la historia de la humanidad, en que el mundo digital que nos propone su uso ocupa cada vez mayor importancia. Con sólo mencionar la palabra digital, empezamos a adentrarnos en el lenguaje del ordenador, los dígitos.

¿Cómo interpreta lo que le indicamos? ¿De qué modo el microprocesador dirige los procesos de cálculo, de almacenamiento, de recuperación de los datos? ¿Cuál es la base de su trabajo? La respuesta es simple: ceros y unos.

Todo lo que el microprocesador y demás chips de un ordenador procesan es simplificado a una unidad mínima de información, el bit. La palabra bit, es un acrónimo del idioma inglés, *Bynary Digit*, o sea, dígito binario, que tiene únicamente dos posibles valores el 0 y el 1. En un ordenador todo se representa con esta unidad de información y múltiplos de la misma, como por ejemplo, el *byte*, que no es más que 8 bits. Un archivo de texto, que nos resulta tan familiar, al editarlo con el programa que habitualmente usamos, está guardado en la memoria del ordenador en forma de ceros y unos, que representan las letras, los caracteres y sus formatos.

¿Quién se encarga de servir de mediador entre nosotros y el ordenador? Al conjunto de estos mediadores se le conoce con el nombre de software o programas, donde se destaca como el primero, el sistema operativo y que abarca también, los procesadores de texto, de imágenes, de sonido; los utilitarios para el manejo de archivos, protección de datos y últimamente, el correo electrónico y los navegadores de Internet.

Lo nuevo en la informática del siglo XXI

La aparición de Internet en el entorno informático ha sido considerada como una nueva revolución en este campo, por las posibilidades que ha abierto para la diseminación de la información, sin tener en cuenta fronteras geopolíticas. Actualmente, no se concibe la vida moderna del hombre sin la presencia inefable de la red de redes. El alcance y las posibilidades que representa, así como también los peligros que entraña este alto nivel de exposición de los ordenadores, forman parte de la informática y adquiere cada vez mayor importancia.

A todo esto se une la carrera tecnológica, tanto de los fabricantes de hardware, como los de software, que tratan y a veces hasta lo logran, de ofrecer sus productos ajustados a la nuevas exigencias, en prestaciones y eficiencia.

Pero no hay que dejarse envolver por el frenesí que ello implica. La idea sigue siendo que el hombre es la parte más activa e inteligente del entorno informático. Medir con coherencia y sentido común la influencia que puede tener en la vida diaria moderna, es una tarea racional que no se debe perder de vista. Están invitados a leer y aprender, para hacer que esta tarea sea placentera y útil.

Cómo usar este libro

Esta Guía Práctica consta de diez capítulos agrupados conceptualmente en tres partes.

Primera parte. Actualizamos el ordenador

Se dedica esta primera parte al hardware y los periféricos, en los capítulos 1 y 2, complementada con el capítulo 3, que se refiere al mantenimiento del ordenador. El capítulo 4 cierra, con un panorama de los sistemas operativos más usados en los entornos informáticos domésticos.

Se ha puesto especial atención en las nuevas tecnologías; placas bases modernas, microprocesadores y memoria con mayor compatibilidad, novedosos dispositivos de almacenamiento de información, monitores de plasma e impresoras multifuncionales.

Así mismo se podrá revisar la información relacionada con equipos portátiles.

Segunda parte. Aprovechamos el ordenador

De qué manera se puede sacar mayor provecho del entorno informático instalado, con el uso de los programas que más ayudan, desde editores de texto y bases de datos hasta los programas de manipulación y edición de imágenes, es el tema fundamental de la segunda parte.

En los capítulos 5 y 6, se hace referencia al software disponible para realizar estas tareas.

Por otro lado, en los capítulos 7 y 8 se hace referencia a la aplicación de la informática en el campo de las investigaciones, la multimedia y la comunicación entre ordenadores, con un acercamiento a la teoría de redes.

Tercera parte. Seguridad e Internet

La presencia de Internet y sus servicios es el contenido esencial del capítulo 9, mientras que el capítulo 10 pone la atención en la seguridad de los sistemas informáticos y en la protección contra virus.

Cada capítulo puede leerse sin necesidad de consultar los anteriores, pero el libro mantiene una relación coherente entre cada una de sus partes.

El objetivo es que el lector empiece por donde más le interese y que le sea útil como material de referencia en este hermoso camino de la informática.

Sean bienvenidos.

1

El ordenador multiusos

El ordenador o PC, ya sea en su versión de sobremesa o en sus versiones portátiles, sigue siendo una opción importante, tanto para la informática doméstica como para los juegos interactivos, la navegación por Internet y las tareas de edición de vídeo y música.

1.1. Placas base con más prestaciones

La placa base es el esqueleto estructural del ordenador. En sus ranuras van instalados el resto de los componentes y su calidad influirá sustancialmente en la velocidad y posibilidades del equipo.

1.1.1. Avances de la microelectrónica

No sería apropiado afirmar categóricamente, que la placa base es un componente del ordenador que no debe actualizarse con frecuencia. Lo cierto es que al tener como propósito la interconexión de la mayoría de los dispositivos del PC, su evolución está condicionada por la de cada una de las partes que en ella se insertan. De esa manera, si un fabricante de microprocesadores decide lanzar al mercado una nueva tecnología, es posible que las placas base en las que se ensamblaba la versión anterior del microprocesador ya no sean compatibles y los fabricantes de la placa deban adaptarse a las nuevas demandas.

Por otro lado, no se debe perder de vista que las placas base también han evolucionado no sólo para mejorar formas de conexión obsoletas, sino también para incorporar algunas novedades tecnológicas. Un ejemplo de ello es la "explosión demográfica" de los puertos USB (*Universal Serial Bus*) y todavía en menor escala, el rapidísimo FireWire. Así mismo, se está afianzando la tendencia de incluir en la placa base algunos dispositivos que tradicionalmente se incorporaban como una tarjeta aparte, como la de sonido, la tarjeta gráfica o la de red.

Es frecuente que se valore la placa base en relación a su compatibilidad con el microprocesador de moda o con el dispositivo gráfico del momento, pero si se descuida su elección se corre el riesgo de tener un ordenador limitado en futuras ampliaciones. Algunos fabricantes, en busca de un abaratamiento de sus productos, sacrifican la cantidad de conectores PCI, que son en los que se instalan tarjetas de sonido, módems, tarjetas de red, tarjetas para captura de vídeo, entre otros, o la cantidad de ranuras para bancos de memoria RAM.

Aunque en el momento de adquirir un equipo no se tengan en cuenta estos aspectos, es casi seguro que llegue el momento en que se requiera hacer una ampliación y si no se han tomado los recaudos necesarios en la elección de la placa base, se tendrán que lamentar las consecuencias, lo mismo en prestaciones del equipo que desde el lado económico.

Es importante no perder de vista que algunas placas base ofrecen mayor compatibilidad que otras con respecto a los microprocesadores, bancos de memorias o tipos de conectores, lo que aumenta las posibilidades de ampliación. Para ilustrar con un ejemplo; una placa base que incorpore puertos IEEE evitará la adquisición e instalación de una tarjeta específica para conectar al PC, una cámara de vídeo digital. Tampoco se debe desestimar al controlador de la placa base que, aunque no aumente las posibilidades de ampliación, es el que permite sacar un mayor rendimiento a todos los dispositivos que se encuentren conectados en ella.

Ya se ha comentado que uno de los aspectos más llamativos de la evolución de las placas base es la cada vez más extendida integración de componentes en la propia placa. Y no es que esa tecnología sea realmente nueva. Algunos fabricantes como IBM, hace mucho que han desarrollado con éxito esta práctica, además de la presencia en el mercado de los ordenadores portátiles que por razones obvias de espacio, no tienen otra alternativa.

Figura 1.1. Placa base. Fabricante Intel.

Es casi imposible adquirir una placa base nueva que no integre una tarjeta de sonido y todas sus prestaciones, una de red y un módem. Otros conectores que se ofrecen en la gran mayoría de las placas modernas son los USB; dos como mínimo en la parte posterior, aunque es usual, en la actualidad, encontrar conectores en la propia placa, para habilitar las clavijas frontales que algunas cajas incorporan. También la integración de la conexión IEEE y la tarjeta gráfica es muy frecuente, con la desventaja, en el segundo caso, que las prestaciones tienden a ser más limitadas que contar con una tarjeta gráfica independiente.

Figura 1.2. Placa base. Fabricante Asus.

Es bueno recordar que desde hace muchos años, las placas base cuentan con un programa que coordina el desempeño de sus distintos componentes. Es la denominada BIOS (*Basic Input Output System*).

La BIOS de una placa base puede ser configurada, de modo que se adapte mejor a las características del hardware del equipo.

Pero en ocasiones, el software de la BIOS no está 100 por cien preparado para las nuevas tecnologías y los conflictos que pueden presentarse no se detectan hasta pasado un tiempo o en el momento que se amplían las posibilidades del ordenador, con nuevos dispositivos. Para solucionar estas situaciones, los fabricantes de placas base, ponen a disposición del público la posibilidad de descargar un software actualizado para la BIOS. Estas actualizaciones suelen encontrarse dentro del área de descargas o *downloads* de la Web del fabricante.

Una vez que se ha hecho la descarga, debe instalarse el nuevo programa, siguiendo estrictamente los pasos recomendados por el fabricante. El proceso de actualización de la BIOS es muy delicado y si se produce algún error durante la instalación, puede inhabilitar el uso de la placa base. Es por ello que lo ideal sería encargarle la tarea a un experto en el tema.

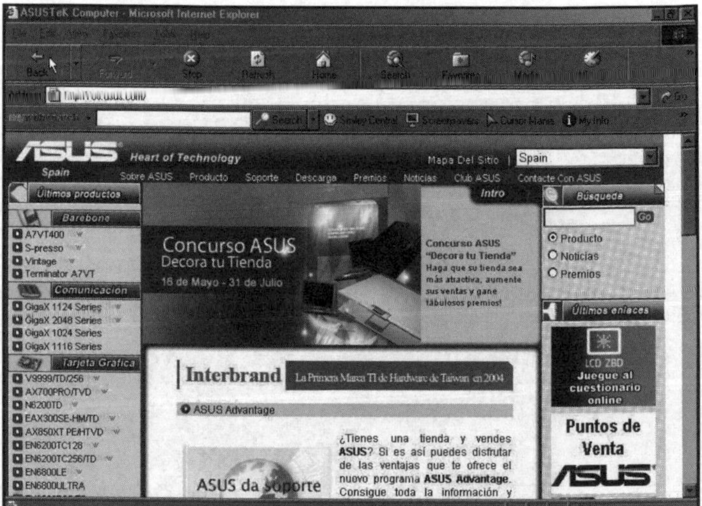

Figura 1.3. Sitio Web de Asus.

Así mismo se puede actualizar la BIOS y si se desea obtener un óptimo funcionamiento de la placa base del ordenador, es muy recomendable instalar los controladores actualizados correspondientes al modelo de la placa y al sistema operativo que esté instalado en el PC. Aunque los controladores deben ser provistos al adquirir la placa base, por el distribuidor, últimamente, es común encontrar actualizaciones en la Web del fabricante.

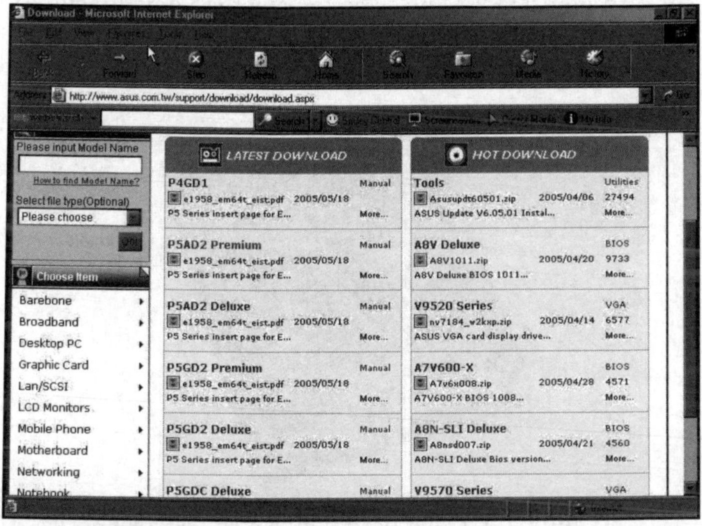

Figura 1.4. Área de descargas del sitio Web de Asus.

Es una realidad que la capacidad de actualización del ordenador depende en buena medida de la elección de la placa base. Pero cada vez más, son los avances tecnológicos el factor más importante en esta ecuación, que puede hacer obsoleta la configuración de hardware más previsora. Y es que, por mucho esfuerzo que se dedique a prever qué dispositivos se actualizarán, en sólo dos años, si una nueva tecnología irrumpe con éxito en el mercado tecnológico, todo el esfuerzo puede resultar infructuoso. Es el caso de los nuevos microprocesadores de 64 bits y de la tecnología PCI Express, de Intel, que desde hace poco tiempo, comenzó a imponerse, como interfaz gráfica.

Sin embargo, si nos asiste el sentido común y tenemos claras las perspectivas de uso que avistamos para el ordenador, siempre existe una forma para disponer de un equipo aceptable, en cuanto a prestaciones y con un desembolso monetario razonable. Al adquirir un equipo, hay que asegurarse que la placa base sea compatible con los microprocesadores más modernos del mercado y que pueda soportar 128, 256 ó 512 MB de memoria RAM. A esta placa le pondremos uno de los microprocesadores más baratos que soporte y una cantidad aceptable de memoria en función del precio de mercado, aprovechando que los bancos de memoria RAM no están tan sujetos a devaluaciones, como otros dispositivos.

Figura 1.5. Placa base. Fabricante Gigabyte.

1.1.2. Principales modelos

En los ordenadores actuales se presentan seis tipos básicos de placas base, en función del microprocesador: Socket 7, Socket 8, Super 7, Slot 1, Slot 2 y Socket 370.

Las placas Socket 7 albergan los microprocesadores Pentium y AMD K5. Los estándares como el bus AGP y el puerto USB están incorporados en las placas Super 7 que también son compatibles con Pentium y AMD K6. Las placas Socket 8, muy escasas, albergan los extinguidos microprocesadores Pentium Pro. Las placas Slot 1 son necesarias para suministrar soporte a los Pentium II/III y Celeron y suelen disponer del formato ATX, que permite reorganizar la ubicación de las tarjetas, para optimizar el espacio y reducir el cruce de cables internos. Es importante tener en cuenta que las placas ATX necesitan una carcasa especial ATX. Otra variante es el uso las placas Slot 2, soporte de la versión Xeon del Pentium II, utilizada en servidores profesionales. Por último, las placas Socket 370 alojan una versión especial de Celeron, con las mismas prestaciones que el modelo Slot 1, pero más barato para el fabricante.

Zócalos

Zócalo	Procesadores
Socket 1	486 SX, DX, DX2
Socket 2	486 SX, DX, DX2
Socket 3	486 SX, DX, DX2, DX4
Socket 4	Pentium 60-66 MHz
Socket 5	Pentium 75 a 120 MHz
Socket 6	486 DX4, Pentium Overdrive
Socket 7	P MMX, AMD K6, K6-2/III
Socket 8	Pentium Pro
Slot 1	Pentium II/III, Celeron
Slot 2	Pentium II/III Xeon
Slot A	AMD Athlon
Socket 370	Pentium III, Celeron
Socket A	AMD Duron, Athlon
Socket 423	Pentium 4

Figura 1.6. Comparación de zócalos para microprocesadores.

El Bus y las ranuras de expansión

Se le llama bus de la placa base a los canales por donde circulan los datos que se intercambian con el microprocesador. Al aparecer en el mercado microprocesadores muy rápidos se desperdiciaba parte de la potencia de los mismos debido a que el bus limitaba el tráfico de los datos y hacía esperar al microprocesador a que estuvieran disponibles. Posterior al tradicional bus ISA de 8 MHz se implementaron otras alternativas como el Vesa Local Bus y el PCI, que ampliaban el ancho de banda de 16 a 32 bits. El resultado es una mejoría en el rendimiento, al transferir el doble de información en una misma operación. El Vesa Local Bus se quedó rápidamente obsoleto, permaneciendo el bus PCI que es el que se ha estado usando en las placas que soportan microprocesadores Pentium.

Las placas más modernas soportan una velocidad del bus que varía entre los 50 y los 100 MHz, en función del microprocesador utilizado. Otros valores intermedios son 66, 75 ó 112 MHz, por ejemplo. La placa también incorpora multiplicadores 2x, 3x, etc. Valores superiores a 5x comienzan a ser imprescindibles. Placas base con estas prestaciones se utilizan para soportar todo tipo de microprocesadores. A mayor velocidad del bus, la placa soportará mayor cantidad de microprocesadores. Para instalar un Pentium II a 400 MHz, por ejemplo, se configura el bus a 100 MHz y se activa el multiplicador 4x (100x4=400 MHz). Un Pentium a 200 MHz se configura con un bus a 66 MHz y un multiplicador 3x (66x3=198 MHz).

Todas las placas soportan diferentes voltajes. No obstante, con el avance vertiginoso del desarrollo de los microprocesadores se desconoce el voltaje que precisaran, por lo que es recomendable adquirir una placa que permita establecer este valor a voluntad, con fracciones a razón de 0.1 voltios.

Voltaje de operación de procesadores

Marca y modelo	Voltaje núcleo	Voltaje I/O
Intel Celeron 300 a 500	2,0 v	3,3 v
Intel Celeron 533 a 800	1,5 v	3,3 v
Pentium II/III 350 a 550	2,0 v	3,3 v
Pentium III 550E a 866	1,65 v	3,3 v
Pentium III 900 a 1000	1,7 v	3,3 v
AMD Athlon 500 a 750	1,6 v	3,3 v
AMD Athlon 800 a 850	1,7 v	3,3 v
AMD Athlon 900 a 1000	1,8 v	3,3 v
AMD K6-2 350 a 550	2,2/2,4 v	3,3 v
AMD Duron 600 a 700	1,6 v	3,3 v

Figura 1.7. Comparación de voltajes.

Una placa base actual debe disponer de una ranura AGP para la tarjeta gráfica, cuatro o cinco PCI y al menos dos ISA, para las tarjetas viejas, como módem internos, tarjetas de sonido, placas SCSI y otros. Los puertos exteriores no deben bajar de dos USB, dos COM y varios puertos paralelo.

AGP

Este bus es capaz de dar un mejor servicio en el intercambio de datos entre el microprocesador y la tarjeta gráfica.

El bus PCI trabaja a 33 MHz., es decir, a 132 Mb/s como máximo, una velocidad bastante inferior a la del microprocesador. El bus AGP, por su parte, incorpora un nuevo sistema de transferencia de datos a más velocidad, gracias al uso de la memoria RAM del PC. Las placas base que lo incorporan y que sólo contienen una ranura de este tipo, son las que soportan los microprocesadores Pentium II con *chipset* de *Intel* 440LX AGPset y 440BX. Ya están en el mercado las placas base Super 7, con el fin de hacer el estándar compatible con microprocesadores que van conectados con el zócalo Socket 7, tales como los de la familia Pentium de *Intel*, incluyendo los Pentium MMX y los microprocesadores de AMD y Cyrix.Para que estas prestaciones tengan el resultado esperado, se necesita una tarjeta gráfica compatible con la ranura AGP, por lo que una tarjeta PCI no servirá.

El bus AGP permite cargar texturas en la memoria RAM, es decir, ya no se limita a la capacidad de memoria de la tarjeta gráfica, sino que utiliza también la memoria principal del PC. Se apreciará un aumento considerable en el procesamiento de imágenes por segundo, una mayor calidad gráfica y una reproducción de vídeo más nítida. En teoría, un vídeo juego de 30 fps con una PCI, alcanzaría los 240 fps con una AGP.

PCI

La tecnología PCI fue desarrollada por Intel para su microprocesador Pentium, pero se extendió también a las placas para Intel 486, principalmente las de la última generación que soportaban el microprocesador 486DX4.

Puertos

Puerto	Frecuencia	Ancho de datos	Ancho de banda teórico
PCI	33 MHz	32 bits	132 MB/seg
ISA	8 MHz	8/16 bits	4/8 MB/seg
AGP	66 MHz	32 bits	266 MB/seg
AGP 2X	66 MHz x2	32 bits	533 MB/seg
[illegible]		serie	[illegible]
Paralelo	8 MHz	8 bits	0,146 MB/seg
Serie		serie	115 KB/seg

Figura 1.0. Comparación de puertos.

El funcionamiento es similar al del bus VESA. La diferencia es que todas las ranuras de expansión se conectan al microprocesador indirectamente a través de los circuitos que controlan las transferencias de datos. Este diseño permite conectar, en teoría, hasta diez placas de expansión PCI.

La BIOS

Es una memoria especial que contiene las rutinas necesarias para que el ordenador funcione correctamente y gestione las operaciones de entrada y salida de datos, de ahí su nombre BIOS, *Basic Input/Output System*, en español, Sistema Básico de Entrada/Salida.

La BIOS de una placa moderna debe tener el mayor número de funciones de configuración automática posible, es decir, detectado de unidades IDE y de sus parámetros, ajuste automático de velocidades de acceso a RAM y a memoria caché, entre otras. Por otro lado, debe tener un mayor control de los parámetros, para ajustar al máximo el rendimiento. Una BIOS buena debe permitir arrancar el ordenador desde varios formatos; desde disquete, desde disco duro IDE o SCSI y desde CD-ROM. Igualmente, conviene que las funciones automáticas de *Plug and Play* puedan configurarse manualmente como la asignación de las interrupciones o IRQ y canales DMA (*Direct Memory Access*) y evitar así posibles conflictos entre los dispositivos. Se debe poder desactivar por *Setup* los puertos serie y paralelo o poder modificar sus direcciones de Entrada/Salida (*Input/Output*) e interrupciones o IRQ, para estar en condiciones de solucionar los problemas que puedan suceder en la instalación de nuevos dispositivos.

Hay distintos fabricantes de BIOS. Los más conocidos son Award y AMI. Por norma las opciones que nos encontramos en estas BIOS son diferentes. Por ejemplo, ambas tienen la posibilidad de obtener los parámetros de los discos duros instalados, sin embargo, la de Award no tiene la posibilidad de dar formato a los mismos, sólo a bajo nivel. Mientras que la BIOS de AMI sí lo permite. La de AMI da también la posibilidad de utilizar el ratón, mientras que la de Award no.

Los zócalos y la memoria RAM

La memoria es el almacén temporal de datos y código ejecutable que utiliza el ordenador. La memoria RAM es volátil, esto quiere decir que cuando se apaga el ordenador, toda la información almacenada se pierde. En las placas base para microprocesadores Pentium II, modelos VX y TX, la RAM va en pequeños bancos llamados DIMM, de 168 contactos, cuyas capacidades oscilan entre 16 y 128 MB cada uno. Hasta no hace mucho eran los bancos SIMM (*Single In-line Memory Module*) de 30 y 72 contactos, con capacidades entre 256 KB y 32 MB cada uno. Para insertar estas plaquitas hay en la placa base unos zócalos del mismo tamaño, donde se fijan.

El software actual necesita mucha memoria RAM para funcionar. No conviene comprar un equipo nuevo que no tenga instalados al menos 64 MB de memoria RAM.

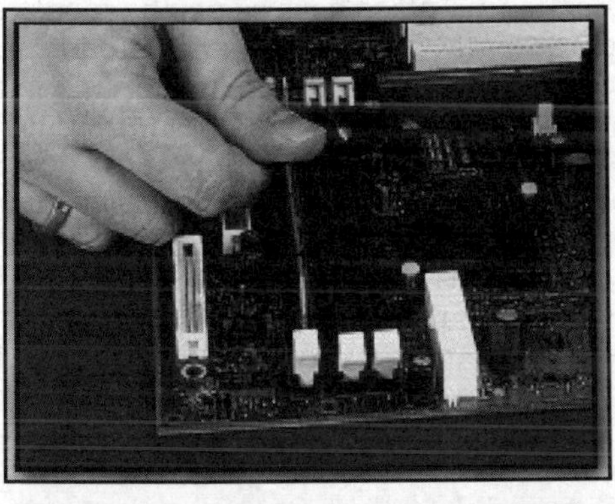

Figura 1.9. Zócalos de memoria RAM.

La placa base debe direccionar un mínimo de 256 MB de RAM. También hay que introducir el concepto de memoria cacheable: hay placas base de mala calidad que admiten mucha memoria pero no son capaces de manejarla eficientemente. En los mejores modelos se especifica el tamaño de la memoria cacheable y de la memoria máxima permitida. Es importante consultar la documentación de la placa base para saber cuántos módulos de memoria y de qué capacidad hay que adquirir, para el mejor y más eficiente funcionamiento del equipo.

La memoria caché

La memoria caché es una memoria especial de acceso muy rápido que almacena los datos y el código utilizados en las últimas operaciones del microprocesador. Habitualmente el ordenador realiza la misma operación varias veces seguidas. Si en lugar de, por ejemplo, leer del disco cada una de las veces que realiza la operación lee de la memoria caché, se incrementa la velocidad de proceso un millón de veces, es la diferencia de nanosegundos a milisegundos que son los tiempos de acceso a memoria y a disco respectivamente. Las placas base generalmente tienen instalada la memoria caché en unos zócalos con posibilidad de ser ampliada. La configuración más usual es la de 512 KB, pero puede haber configuraciones de 1 MB ó 2 MB en algunas placas.

El chipset

El *chipset* de una placa base es posiblemente su componente integrado más importante, ya que controla su modo de operación e integra todas sus funciones. De ahí la afirmación que el *chipset* determina el rendimiento y características de la placa base. También determina de qué es capaz el ordenador; desde el soporte de múltiples microprocesadores, hasta la velocidad del bus o el tipo de memoria que se puede utilizar. Es el encargado de comunicar entre sí a todos los componentes de la placa y a los periféricos. Una placa puede disponer de zócalos DIMM, pero si el *chipset* incluido no los soporta, no podrán utilizarse. Intel fabrica los modelos oficiales para sus microprocesadores, aunque otras marcas como VIA, SUS o ALI fabrican clones a un precio más accesible.

Figura 1.10. VIA es el principal fabricante de *chipset* para placas base que soportan microprocesadores AMD.

En el caso del Pentium han habido varios *chipset*, no sólo los Tritón, también los Zappa y Endeavour. Es más frecuente encontrar el *chipset* Tritón TX, que es el más recomendado, ya que el VX, además de ser bastante antiguo, no soporta algunas características de relevancia. Estos dos *chipset* optimizan el rendimiento de la memoria EDO, soportan la técnica Bus Master, que mejora los procesos de transferencia de datos, soportan los módulos DIMM de 168 contactos y memoria SDRAM y admiten la arquitectura SMBA (*Shared Memory Buffer Architecture*), que gestiona la memoria en forma compartida.

CHIPSETS

Chipset	Intel 430TX	Intel 440BX	Intel 815	Intel 850
Procesadores	P MMX, AMD K6, Cyrix MII	Celeron, Pentium II, Pentium III	Celeron, Pentium II, Pentium III	Pentium 4
Zócalo	Socket 7	Slot 1, Socket 370	Slot 1, Socket 370	Socket 423
Rango de bus	66 a 83 MHz	66-100 MHz	66 a 133 MHz	400 MHz
Memoria	EDO, FPM, SDRAM	PC 100	PC 100, PC 133	PC 800 RDRAM
IDE	ATA 33	ATA 33	ATA 100	ATA 100
AGP	No	2X	AGP 4X	AGP 4X
Otros	USB	USB	Sonido onboard	USB

Figura 1.11. Comparación de chipset.

	VIA Apollo Pro 133	VIA MVP3	AMD 750	AMD 760	VIA KT 133A
	Celeron, Pentium II, Pentium III	Pentium MMX, AMD K6-2, AMD K6-3	AMD Athlon	Athlon, Duron	Athlon Duron
	Slot 1, Socket 370	Socket 7	Slot A	Socket A	Socket A
	66 a 133 MHz	66-100 MHz	200 MHz	200-266 MHz	200-266 MHz
	PC 100, PC 133	PC 66, PC 100	PC 100	DDR SDRAM	PC 100, PC 133
	ATA 66	ATA 33	ATA 66	ATA 100	ATA 100
	AGP 4X	2X	4X	4X	4X
	RAM 133 MHz	USB	USB	USB	USB

Figura 1.12. Comparación de chipset. (Continuación)

Otros factores importantes

Hay otros detalles que se deben tener en cuenta. Por ejemplo, es común la inclusión de un puerto serial para ratones y teclados de tipo PS/2, esos que tienen la clavija pequeña y redonda (*minidin*), de puertos infrarrojos, que permiten la comunicación sin cables con dispositivos de este tipo y puertos USB, que permiten conectar hasta 127 dispositivos como cámaras digitales, escáneres y monitores, con una transferencia de datos a 12 Mbps y totalmente *Plug and Play*.

También pueden valorarse la adquisición de dispositivos integrados que miden la temperatura del microprocesador y el ventilador y las BIOS capaces de controlar la desconexión temporal de periféricos, cuando no se utilizan, para ahorrar energía.

Otro detalle que se suele olvidar, pero que no carece de importancia, es el software que debe acompañar a la placa base; los imprescindibles drivers, recomendables para dispositivos como la controladora de disco duro.

1.2. Microprocesadores modernos

Como ya se ha dicho, pero que conviene repetir, el microprocesador es el cerebro del ordenador. Se encarga de realizar todas las operaciones de cálculo y de controlar lo que pasa en el equipo, recibiendo información y dando órdenes para que los demás elementos funcionen adecuadamente.

Es el jefe a cargo y a diferencia de otros jefes, es el que más trabaja. En los equipos actuales se habla fundamentalmente de los procesadores Pentium4 de Intel y Athlon XP de AMD. Además, están muy extendidos procesadores no tan novedosos, como los Pentium MMX y Pentium II/III de Intel y los chips de AMD, como las familias K6 y los primeros K7/Athlon.

Figura 1.13. Microprocesador Athlon XP de AMD.

1.2.1. Capacidades fundamentales

El rendimiento de los microprocesadores no sólo depende de su propio desempeño, sino de la placa base donde se instalan.

Cada fabricante de microprocesadores tiene sus propios conectores que son diferentes, en relación a las placas base. Es por ello que es usual que junto con el microprocesador también hay que reemplazar la placa base, cuando se está modificando la configuración de hadware del entorno informático.

Los tipos de conectores más frecuentes de microprocesadores a las placas base se pueden encontrar en la lista que a continuación se detalla.

1. **Socket:** Cuenta con el mecanismo ZIF (*Zero Insertion Force*), es decir, el microprocesador se inserta y se retira sin necesidad de ejercer alguna presión sobre él. Al levantar la palanquita que hay al costado del conector, se libera el microprocesador, facilitando su extracción. Los tipos de sockets están identificados como sigue:

    - **Socket 423 y 478:** En ellos se insertan los nuevos Pentium4 de *Intel*. El primero hace referencia al modelo de 0,18 micras (*Willamete*) y el segundo al construido según la tecnología de 0,13 micras (*Northwood*). El tamaño de micras se refiere a las dimensiones de cada transistor, cuanto menor sea, más pequeño será el microprocesador, y será posible conectar más transistores en el mismo espacio físico. Además, la reducción de tamaño es proporcional al calor que genera el transistor y a su consumo de energía. En el socket 478 también pueden insertarse microprocesadores Celeron de Intel de última generación, similares a los Pentium4, pero más económicos.
    - **Socket 462 / Socket A:** Es donde se conectan los microprocesadores Athlon de AMD en sus versiones más recientes.
    - **Socket 8:** Utilizado por los microprocesadores Pentium Pro de Intel, un microprocesador optimizado para código de 32 bits, que sentaría las bases de los que conocemos actualmente como Pentium4.
    - **Socket 7:** Lo usan los microprocesadores Pentium, Pentium MMX, AMD K6, AMD K6-2, AMD K6-3 y muchos otros.
    - **Socket-3:** Permite la inserción de un microprocesador 486 y de un Pentium Overdrive, ambos de *Intel*.

2. **Slot A / Slot 1 /Slot 2:** Es donde se conectan los microprocesadores Athlon antiguos de AMD, los microprocesadores Pentium II y Pentium III y los procesadores Xeon de Intel, respectivamente, empleados principalmente en servidores de red. Todos ellos ya son obsoletos. El modo de insertarlos es similar a como se inserta una tarjeta gráfica o de sonido, con la ayuda de dos guías de plástico fijadas en la placa base.

Figura 1.14. Microprocesador Pentium4 de Intel.

El microprocesador es uno de los componentes al que hay que prestar más atención a la hora de actualizarlo, debido a que su velocidad y prestaciones suele determinar la calidad en el servicio del resto de los componentes. Esta afirmación además, implica que de nada vale instalar en el equipo el microprocesador más moderno si sólo se cuenta con 32 ó 64 MBytes de RAM o con una tarjeta gráfica deficiente o un sistema de almacenamiento que dispone de un disco duro lento y escaso. Es preciso hacer una valoración de todos los componentes del ordenador para llegar a un nivel de compatibilidad y prestaciones coherente. Además del microprocesador, como ya se ha dicho anteriormente, la velocidad general del sistema se verá enormemente influenciada por la placa base, la memoria RAM, la tarjeta gráfica y el tipo de disco duro.

En la actualidad, no hay que perder de vista el propósito de la utilización del ordenador para elegir el microprocesador más adecuado. Por ejemplo, si se va a trabajar con los típicos programas de ofimática, como Microsoft Word, Microsoft Excel, entre otros, un 486 con Microsoft Windows 95 y 16 MBytes de RAM es más que suficiente, siempre y cuando utilicemos las versiones compatibles de estos programas. Los programas multimedia y las enciclopedias, requieren un microprocesador Pentium de rendimiento medio. Para usar programas de retoque fotográfico y de manipulación de imágenes con vectores, se recomienda también un microprocesador Pentium de rendimiento medio, aunque la memoria RAM necesaria debe ser como mínimo de 128 Mbytes y así lograr un desempeño razonable. Últimamente se promueve la adquisición de equipos mejores debido fundamentalmente, a las últimas versiones 3D de juegos interactivos, la descompresión MPEG-2 por software, para visualizar DVD, tarea que realiza el microprocesador conjuntamente con la tarjeta gráfica y a un nivel menos doméstico, la renderización de gráficos tridimensionales o el funcionamiento en modo multitarea de los servidores de red.

Los microprocesadores de última generación ya sobrepasan la mítica barrera del GHz de frecuencia y esta velocidad se justifica, entre otras razones, por los nuevos entornos gráficos como el Microsoft Windows XP, que utiliza muchos recursos del equipo, los nuevos formatos de audio o vídeo comprimido, DivX y MP3, que a diferencia de formatos anteriores, se descomprimen en tiempo real, tarea que realiza completamente el microprocesador. También, por la ejecución en menos tiempo de compresiones de archivos, renderizado de dibujos en 3D y las últimas versiones de juegos interactivos.

1.2.2. Fabricantes más importantes

1. **Athlon XP:** El nuevo procesador de AMD es una alternativa a tener en cuenta, sobre todo en relación calidad precio. Además, con la mayoría del software actual son los microprocesadores más rápidos, en comparación con los Pentium4 de *Intel*. A la hora de adquirir un microprocesador de este tipo, conviene prestar muchísima atención a la placa base. Muy recomendables los chipset KT333 y KT400 de Via, nForce2 de nVidia o chipset de SiS de última generación. No perder de vista a la memoria RAM, de tipo DDR y la tarjeta gráfica, especialmente si el ordenador será utilizado para jugar o para disfrutar de altas resoluciones con frecuencias elevadas de refrescamiento, en un monitor de gran tamaño.

2. **Pentium4:** Es el microprocesador más avanzado teóricamente, pero en la práctica su rendimiento no es tan diferente al del Athlon XP. El Pentium4 se caracteriza por su alta frecuencia, pero hay que tener en cuenta que ejecuta seis instrucciones por cada ciclo de reloj mientras que el Athlon XP que funciona a menos frecuencia, ejecuta nueve instrucciones. Una de sus principales ventajas es que genera menos calor que el Athlon.

1.3. La memoria de almacenamiento

La memoria RAM de ordenador es un lugar provisional de almacenamiento para los archivos que se consultan o se crean en una sesión de trabajo. La mayoría de la información guardada en la memoria RAM se borra cuando se apaga el equipo. Por lo tanto, se precisan formas permanentes de almacenamiento para guardar y recuperar programas y archivos de datos. Los dispositivos de almacenamiento fueron desarrollados para satisfacer esta necesidad.

Los dispositivos de almacenamiento masivo más conocidos son:

1. Unidades de Disco duro.
2. Unidades de disquete.
3. Unidades de CD-ROM.
4. Unidades de DVD.

Figura 1.15. Disco duro.

Todos los PC actuales disponen de una unidad de disco duro, una unidad de disquete y una unidad de CD-ROM ya instaladas. Para usar estos dispositivos de almacenamiento de manera adecuada, se debe conocer cómo encontrarlos en el equipo y cómo se denominan cuando se desea guardar y recuperar información.

La designación de la unidad, que hace el equipo a través del sistema operativo, es la forma en que se puede reconocer dónde guardar los archivos o desde dónde recuperarlos. Las unidades se designan con letras del alfabeto. La unidad de disco duro se designa comúnmente con la letra C, la unidad de disquete con la A y la unidad de CD-ROM con la D.

Para averiguar la designación de una unidad instalada en el ordenador, se puede hacer clic en el icono Mi PC del Menú Inicio de Microsoft Windows XP.

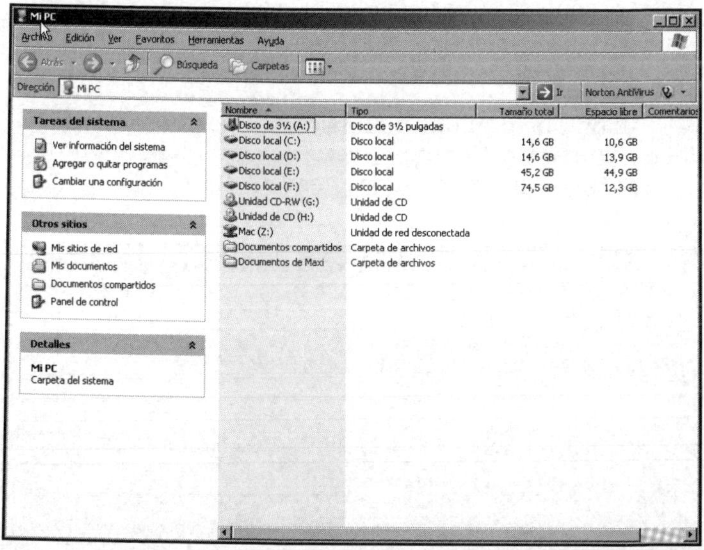

Figura 1.16. Identificación de unidades en Microsoft Windows XP.

El disco duro es el dispositivo de almacenamiento más importante del ordenador; en él se guardan los archivos de todo tipo, ya sean de texto, imágenes, sonido o vídeo y los programas que se hayan instalado. La mayoría de los discos duros funcionan con tecnología IDE (*Integrated Drive Electronics*) a través de la tarjeta controladora provista con el equipo.

La tecnología IDE de los discos duros actuales ha sido mejorada y se le conoce como EIDE (*Enhaced IDE*), que permite mayor transferencia de datos en menor tiempo. Algunos fabricantes la denominan Fast ATA-2. Estos discos duros son más rápidos y su capacidad de almacenamiento supera 1GByte.

> ***Nota:*** *Un 1MByte corresponde, aproximadamente, a un millón de caracteres y un 1GByte tiene alrededor de 1000MBytes.*

¿Qué es lo importante a tener en cuenta para mantener en buen estado el disco duro del ordenador?

1. **Desfragmentar el disco:** Al transcurrir el tiempo, es posible que los archivos queden desfragmentados porque se almacenan en posiciones diferentes en el disco. Los archivos estarán completos cuando se abran, pero al ordenador le lleva más tiempo leer y escribir en el disco. Hay programas de desfragmentación que organizan el disco, con la consecuente ganancia de tiempo y recursos en el momento de recuperar los archivos almacenados en él.

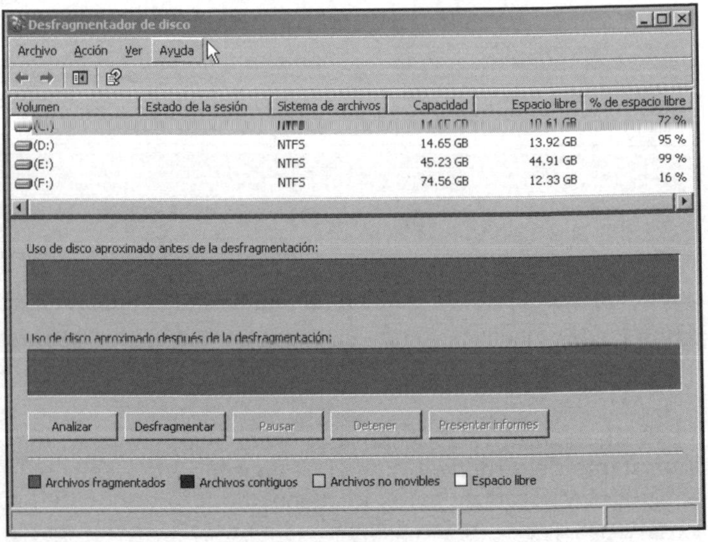

Figura 1.17. Programa de desfragmentación de disco en Microsoft Windows XP.

2. **Compresión de datos:** Es posible obtener espacio libre en el disco duro al comprimir los archivos que están almacenados en él.

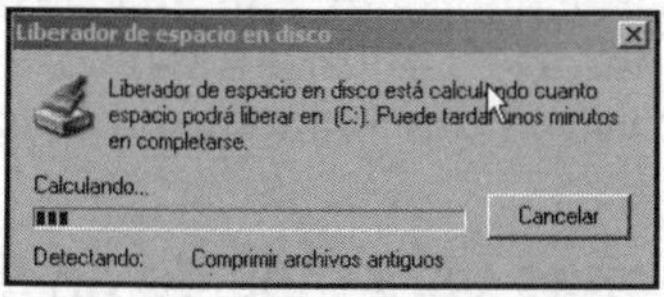

Figura 1.18. Programa de compresión de archivos en Microsoft Windows XP.

3. **Detección de daños:** Si se presentan problemas con los archivos, tal vez se precise averiguar si existen daños en el disco.
4. **Copias de seguridad:** Si la unidad de disco duro se descompone o si los archivos se dañan o sobrescriben accidentalmente, es una buena idea contar con una copia de respaldo de los archivos almacenados en el disco duro. Están disponibles varios programas de respaldo a cintas, disquetes y a dispositivos de almacenamiento extraíbles.

1.3.1. Para ampliar el disco duro

El CD-ROM o disco compacto de sólo lectura, es un soporte óptico que se utiliza como sistema de almacenamiento de información, donde la superficie del disco está recubierta de un material que refleja la luz. La grabación de los datos se realiza creando agujeros microscópicos que dispersan la luz, alternándolos con zonas que la reflejan. Para leer la información grabada en un CD-ROM se utiliza un rayo láser y un fotodiodo. Su capacidad de almacenamiento es de unos 650 Mb de información que equivale a 74 minutos de sonido grabado.

El DVD, es esencialmente lo mismo que un CD-ROM pero posee mayor capacidad; alrededor de 410 minutos. Las diferencias entre las tecnologías están en la longitud del láser, menor tamaño de los agujeros y menor espacio entre los surcos, para que quepa más información en igual superficie.

Otros dispositivos de almacenamiento pueden ser el Zip Iomega, con capacidad de 100 Mbytes, utiliza tecnología magnética para grabar y leer los archivos. El EZFlyer SyQuest, con capacidad de 230 MBytes y una velocidad de lectura muy alta. El SuperDisk LS-120, con capacidad de 200 MBytes que utiliza tecnología magneto-óptica. El Jaz Iomega, muy parecido al Zip, con una capacidad superior a este, que va desde 1 GByte a 2 GBytes. Por último, las cintas magnéticas, con capacidad de hasta más de 4 GBytes.

1.3.2. Particiones para más de un Sistema Operativo

Hacer particiones en el disco duro no es otra cosa que el acto de dividir el disco en secciones. De esta forma cada sección es independiente de las otras. En otras palabras, es como colocar paredes dentro de una casa, si se ponen muebles en una habitación no afecta a las otras.

Si ya el ordenador cuenta con un sistema operativo o entorno gráfico, como por ejemplo Microsoft Windows NT/2000/XP, OS/2, MacOS, UNIX Solaris y se desea colocar Linux en el mismo disco, se precisará un reparticionado del disco. Linux requiere sus propias particiones de disco duro, no puede instalarse en particiones de Microsoft Windows o MacOS. Como mínimo, necesitará una partición dedicada para el sistema de ficheros raíz de Linux.

Se puede encontrar información del estado actual de las particiones del disco duro, usando una herramienta de particionado como fdisk o PartitionMagic. Las herramientas de particionado siempre disponen de una opción en la que se pueden mostrar las particiones existentes sin realizar cambios en ellas.

En general, cambiar una partición con un sistema de archivos ya existente destruirá cualquier información que contenga la misma. Por lo tanto, siempre deberán tomarse los recaudos necesarios, como pueden ser las copias de seguridad, antes de hacer un reparticionado. Si el ordenador tiene más de un disco duro, se podría usar uno de ellos para dedicarlo completamente a Linux.

De ser así, no necesita particionar ningún disco antes de iniciar la instalación, ya que el instalador incluye un programa de particionado que puede hacer el trabajo adecuadamente.

Si el ordenador tiene un disco duro con una partición, que suele ser la configuración común para ordenadores de escritorio, y se desea un sistema multiarranque con el sistema operativo nativo y Linux, se necesitará lo siguiente:

1. Efectuar copias de seguridad de todo lo existente en el ordenador.
2. Arrancar desde el dispositivo original de instalación del sistema operativo nativo como CD-ROM o cintas.
3. Usar las herramientas nativas de particionado para crear particiones compatibles con el sistema nativo, cuidando de dejar una partición o espacio libre para Linux.
4. Instalar el sistema operativo nativo en su nueva partición.
5. Arrancar nuevamente en el sistema operativo nativo para verificar que todo esté bien y descargar los archivos de arranque del instalador de Linux.
6. Arrancar el instalador de Linux para continuar la instalación.

Es recomendable usar el esquema que proponen las herramientas nativas de Microsoft Windows o DOS, si se están manipulando particiones FAT o NTFS ya existentes. No es necesario particionar desde DOS o Microsoft Windows si el ordenador no tiene estas particiones porque, generalmente, las herramientas de particionado de Linux harán mejor esta tarea.

Se debe ubicar la partición de arranque del sistema Linux cuidadosamente si tiene un disco duro grande, con tecnología IDE. En estos casos se deberá ubicar la partición de arranque dentro de los primeros 1024 cilindros del disco duro. Esto puede provocar que sea necesario mover una partición FAT o NTFS existente.

Una de las instalaciones más comunes es la que puede realizarse en sistemas que ya tienen DOS o Win32, como Microsoft Windows 95, 98, Me, NT, 2000, XP u OS/2 y en los se que desea instalar Linux en el mismo disco, sin destruir el sistema anterior. Debe tenerse en cuenta que el instalador de Linux es capaz de redimensionar sistemas de archivos FAT y NTFS usados por DOS y Microsoft Windows. Sólo se debe iniciar el instalador, seleccionar la opción Editar manualmente la tabla de particiones, elegir la partición a redimensionar e indicar su nuevo tamaño. Antes de continuar, se deberá tener claro cómo dividir el disco. Una opción puede ser que haya una partición que contendrá el sistema operativo original y Linux utilizará la otra. Durante la instalación de Linux, se le dará la oportunidad al programa instalador de usar la parte del disco correspondiente a Linux como mejor le parezca, es decir, como partición de intercambio o como sistema de archivos. La idea es mover toda la información de la partición al inicio antes de cambiarla, de modo que nada se pierda. Es importante que no se cargue al entorno informático con tareas, mientras se está moviendo la información y haciendo el reparticionado, de forma que se minimicen las posibilidades de escribir un archivo cerca del final de la partición, que provocaría una reducción del espacio disponible.

1.3.3. Dispositivos de memoria externos

Conocidas como memorias flash, estos dispositivos son memorias evolucionadas de las EEPROM, es decir, chip de memoria programables y suprimibles eléctricamente, en las que se accede a la información por bloques. Para grabar un bloque de una memoria flash es necesario primero borrarlo completamente y luego escribir los unos, donde los haya. Los bloques suelen ser de 512 Bytes a 56 KBytes. En esencia las EEPROM son similares a los bancos de memoria RAM. La diferencia está en que cada celda o transistor contiene una capa de material conductor rodeada de material aislante o puerta flotante, en la que con una relativamente alta tensión, se pueden inyectar electrones que quedan allí indefinidamente atrapados, manteniendo la información de la celda, aunque se desconecte la alimentación del circuito. Durante la grabación se cargan o descargan de electrones las puertas flotantes de cada celda, en dependencia de si se escribe un cero o un uno. La operación de lectura es más sencilla y rápida y se necesitan niveles de tensión menores.

Como parte del impulso tecnológico y de mercado de las memorias *flash*, han aparecido las memorias flash USB, que no es más que un dispositivo que contiene varios chips de memoria flash, con un controlador y una interfaz USB. Emulan el comportamiento de un disco magnético, a saber:

1. Los bloques de la memoria se asocian a sectores de disco de 512 bytes y se leen y escriben por bloques.
2. La CPU carga en los puertos del controlador la ubicación del archivo que se desea leer y su tamaño. El

controlador se encarga de ir leyendo secuencialmente por sectores el archivo e ir transfiriendo los datos a la interfaz USB.

3. En la memoria flash se almacena un archivo que indica el contenido de la memoria en cuanto a directorios o carpetas y archivos que tiene almacenados y su ubicación en el dispositivo.
4. La salida de la interfaz USB transmite la información en serie. Dispone de 4 cables, uno de alimentación, otro de tierra y dos, donde van los datos, en forma balanceada.

USB Keys

Las características fundamentales de estos dispositivos es que son de volumen muy pequeño, de sólo 30 gramos de peso y de una gran capacidad, en relación a sus dimensiones. Por ejemplo, uno de 256 MB, contiene el equivalente a unos 177 disquetes. Las capacidades van desde los 8 MBytes a los 2 GBytes. La velocidad de lectura del USB 2.0 es de 9 MBytes por segundo, mientras que la velocidad de escritura es de 8 MBytes por segundo. Se conectan y funcionan con la tecnología *Plug&Play*.

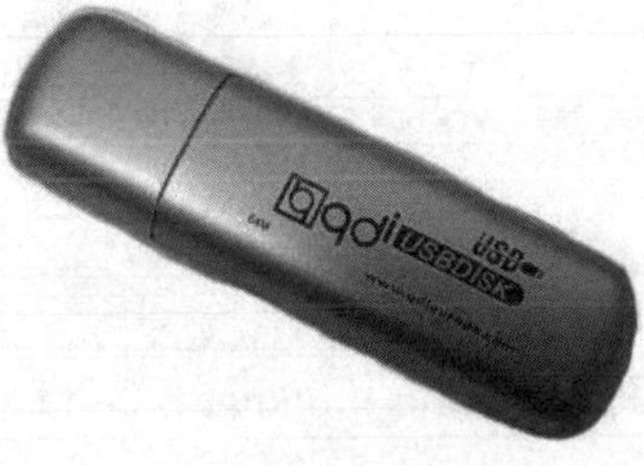

Figura 1.19. Dispositivo de memoria flash USB.

1.4. Equipos portátiles

Desde que se crearon los primeros ordenadores y sobre todo cuando en el año 1981 se presentó el IBM PC, se vislumbró la necesidad de contar con un sistema móvil que permitiera a los usuarios de estos entornos, una movilidad diferente. Adam Osborne, detectó esta brecha tecnológica y de mercado, que no estaba cubierta entonces.

Con mucho esfuerzo y trabajo, logró fabricar un ordenador con monitor incorporado que pudiera guardarse en un lugar pequeño.

Nota: *En los finales de la década del 70, Adam Osborne comenzó a desarrollar el primer ordenador portátil de la historia. El Osborne I reportó 5,8 millones de dólares en sólo un año. Cuando terminaba 1982 se vendían 10000 unidades mensualmente.*

Figura 1.20. Osborne I, primer ordenador portátil.

1.4.1. Notebooks

El desarrollo de la informática y muy en especial la del ordenador personal llevaron también, a una evolución vertiginosa de los equipos portátiles, específicamente de los que homologan a los PC de escritorio, los llamados *notebooks*.

Desde el punto de vista del estilo de vida que cada vez va ganando más adeptos, la informática móvil cumple con todas las expectativas que permiten a miles de hombres y mujeres de negocios trabajar, estar conectados en la aldea global y comunicarse de diversas maneras. Un portátil ligero facilita su transporte y almacenamiento, independientemente de los medios de transporte o de los lugares a los que se asista para reuniones de negocios, presentaciones o charlas interactivas. Un dispositivo portátil debe resultar fácil de usar, muy seguro, ligero y cómodo de transportar. También es importante que cuenten con cierta autonomía, desde el lado de la alimentación eléctrica, para lo cual, las baterías deben ser lo suficientemente robustas y recargables. Dentro del amplio espectro de equipos portátiles se destacan los "todo en uno", los ultraligeros, los Tablet PC y los inalámbricos.

Figura 1.21. Notebook.

¿Qué elegir en este mercado tan lleno de opciones?

Como en toda adquisición de envergadura, se debe primero, hacer un estudio de la oferta, de las necesidades reales y del uso que se le dará al equipo.

La elección de un portátil puede resultar más difícil que la de un ordenador de escritorio, entre otras cosas por las escasas posibilidades de ampliación que tiene.

1. **Dimensiones y peso:** Puede oscilar entre 1,5 y 3,5 kilogramos de peso y un tamaño entre 170x132x18 mm y 325x25x41 mm.
2. **Microprocesador:** Los equipos actuales disponen de las últimas versiones de los microprocesadores conocidos, como el Pentium4 de Intel o el AMD Athlon, con prestaciones más completas.

3. **Memoria RAM:** Conviene adquirir una buena cantidad de memoria, ya que las posibilidades de expansión son limitadas. Como mínimo, disponer de 256 MBytes de RAM, es importante.
4. **Monitor:** Los mejores son los de matrices activas, con un tamaño superior a 14 pulgadas y que soporte una correcta resolución de 1024x768 píxeles.
5. **Disco duro:** Una capacidad de 20 GBytes, es considerada una buena elección. No obstante cada vez con más frecuencia se encuentran discos mayores de 30 GBytes en el mercado de portátiles.
6. **Unidades de disco:** Muchos ya no vienen con unidad de disquete. Son más frecuentes las lectoras de CD-ROM, de DVD y en muchos casos ya vienen equipados con grabadoras de CD. Usualmente los equipos portátiles cuentan con bahías modulares extraíbles, que se van reemplazando según el uso que se les da. Así, se encuentran estos dispositivos, casi siempre ofrecidos de manera opcional con el equipo.
7. **Memoria de vídeo.** Puede ser suficiente con 8 MBytes de vídeo RAM, si sólo se usará el equipo con programas de la ofimática tradicional. Sin embargo si se van a usar aplicaciones más exigentes en este sentido, es conveniente pensar en tarjetas gráficas con memoria propia y compatibles con la placa base, el microprocesador y la memoria RAM.
8. **Dispositivo señalador:** Puede elegirse una TouchPad o una TrackPoint, o ambos integrados en el teclado, aunque lo más práctico es conectar un ratón externo.
9. **Comunicaciones:** La mayoría de los equipos vienen con un módem de 56 K y una tarjeta de red *Ethernet* 10/100. Los más modernos cuentan con una antena interna para dispositivos inalámbricos.
10. **Conectividad:** Al menos, se debe pensar en un puerto paralelo para impresora, una conexión VGA para un monitor externo, una ranura PC Card y dos puertos USB. Con eso se garantiza que se podrán conectar un buen número de dispositivos al equipo portátil.
11. **Batería:** Hay dos criterios importantes en relación a la batería. La potencia del microprocesador que hace que aumente el consumo de energía y el peso del equipo completo. Si se requiere de un alto consumo de energía será más pesada la batería y ocupará más

lugar. Es conveniente buscar un punto medio entre estas prestaciones.

Figura 1.22. Audio PC Card para Notebooks.

12. **Los cables:** La sustitución del cableado tradicional por puertos infrarrojos, puede llegar a ser la solución a los enredos que pueden ocasionar.

2 Periféricos

Ya se sabe que el ordenador necesita ayudantes para comunicarse con él. El nombre de periféricos responde a que se colocan alrededor del equipo, mediante los conectores que a cada uno de ellos corresponde. Estos dispositivos son imprescindibles en un sistema informático. Sin el teclado, el ratón y el monitor nada podría hacerse con el ordenador. Éstos son los más importantes. El teclado y el ratón son los que menos cambios tecnológicos han tenido en la vertiginosa carrera de los fabricantes por ofrecer aparatos más sofisticados.

El monitor y otros periféricos, los que sirven para cumplir determinadas funciones, como la impresora, las grabadoras de CD y DVD, tienen una oferta muy amplia de servicios, con prestaciones cada vez mayores empleando para ello la última tecnología en el mercado.

2.1. La impresora

Es posible afirmar que junto al monitor, la impresora es uno de los periféricos de salida del ordenador más antiguo y usado. Con una impresora se pueden obtener textos, gráficos, imágenes, cada vez de mayor calidad y con el empleo de las tecnologías de avanzada en esta materia.

Una impresora se define a través de cuatro conceptos básicos.

1. **Velocidad:** Se mide mediante el número de caracteres por segundo y por la cantidad de páginas por minuto que la impresora es capaz de imprimir.

2. **Resolución:** Es la calidad de salida que ofrece la impresora, medida en cantidad de puntos por pulgada impresos.
3. **Buffer de memoria:** Es una memoria propia incorporada a la impresora, que almacena la información enviada para imprimir desde el ordenador, a la espera de su salida. Normalmente hay una diferencia entre la velocidad con que el ordenador envía la información a imprimir y la velocidad con que la impresora lo hace. Es por ello que esta memoria al ser mayor, liberará más rápidamente al ordenador y aumentará la rapidez de respuesta de la impresora.
4. **Interfaz de la impresora:** La impresora, generalmente se conecta al ordenador mediante un puerto paralelo. El puerto paralelo, según la placa base tiene varios modos de funcionamiento, que son preestablecidos desde la BIOS del ordenador. El modo de funcionamiento SPP (*Single Parallel Port*) es el que trae la BIOS originalmente y es el modo más lento de todos, con una transferencia de datos de 150 Kb/s. Luego están el ECP (*Extended Capability Port*) y el EPP (*Enhanced Parallel Port*) que pueden alcanzar hasta 3 Mb/s. Además, estos últimos le dan la capacidad bidireccional a la conexión entre el ordenador y la impresora.

Figura 2.1. Impresoras.

Según la tecnología que empleen se puede hacer una primera clasificación de las impresoras. Los tipos más comunes son el de matriz de puntos, el de inyección de tinta (*inkjet*) y el láser.

Las impresoras matriciales han sido muy usadas durante muchos años sobre todo porque las otras tecnologías han sido desarrolladas muy posteriormente y en un principio eran muy caras. Actualmente han sido sustituidas en muchos entornos por sus competidoras, pero todavía son irreemplazables en algunas tareas. A pesar que se desarrolló la tecnología matricial a color como competencia directa con las impresoras de inyección de tinta, actualmente las impresoras de matriz que más se encuentran son las monocromáticas. La impresión a color y la impresión de gráficos no es el fuerte de este tipo de impresoras. Sus principales características son su elevado ruido y su poca definición, pero su ventaja más importante es lo económico que resulta su adquisición y su mantenimiento. Son aconsejables para la impresión de texto, siempre que éste no requiera gran calidad y mayormente cuando se emplea en la impresión de formularios continuos.

Figura 2.2. Impresora de matriz de puntos.

Aunque en un principio tuvo que competir duramente con sus adversarias matriciales, hoy son las reinas indiscutibles en el entorno informático doméstico donde la economía en su adquisición y mantenimiento y la calidad, tanto en color como en blanco y negro son factores más importantes que la velocidad. Su funcionamiento se basa en la expulsión de gotas de tinta líquida a través de unos inyectores que impactan en el papel, formando los puntos necesarios para la impresión de gráficos y textos.

La tinta se obtiene de unos cartuchos reemplazables que dependiendo del tipo de impresora pueden ser uno o más de uno. Algunas impresoras utilizan dos cartuchos, uno para la tinta negra y otro para los colores básicos. Esto hace que sean bastante más caras de mantener que las que incorporan un cartucho para cada color, pero también suelen ser más económicas en el precio de compra.

También, de este mismo tipo, se pueden encontrar las famosas impresoras con calidad fotográfica, que suelen tener cartuchos de cuatro colores en vez de tres.

Las características principales de una impresora de inyección de tinta son la velocidad, que se mide en páginas por minuto y que suele ser distinta dependiendo si se imprime a color o en blanco y negro y la resolución máxima, que se mide en puntos por pulgada. En ambos valores, cuanto mayores mejor.

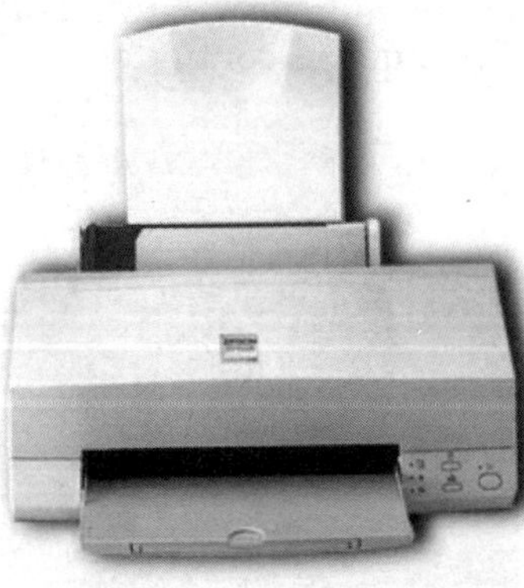

Figura 2.3. Impresora de inyección de tinta.

Las impresoras láser emplean la misma tecnología que han utilizado mayormente las máquinas fotocopiadoras desde sus comienzos. El material que se utiliza para la impresión es un polvo muy fino que pasa a un rodillo, previamente magnetizado en las zonas que contendrán la parte impresa y que es pasado a muy alta temperatura por encima del papel. Por acción del calor se funde y se imprime.

Estas impresoras suelen ser utilizadas en el mundo empresarial porque su precio es más alto que el de las de inyección de tinta aunque su mantenimiento es más barato, además que existen dispositivos con una muy alta velocidad y calidad por copia y disponibilidad superior, así como también admiten una mayor carga de trabajo.

Una de las características más importantes de estas impresoras es que pueden llegar a velocidades muy altas, medidas en páginas por minuto. Su resolución también puede ser muy elevada y su calidad muy alta. Empiezan a ser habituales resoluciones de 1200 puntos por pulgada y velocidades de 16 páginas por minuto, aunque esta velocidad puede ser mucho mayor en modelos preparados para grupos de trabajo, de hasta 40 páginas por minuto y aún más.

Otras características importantes son la cantidad de memoria disponible y el modelo de microprocesador del ordenador con el que es compatible la impresora. La memoria es importante para actuar como buffer en donde se almacenarán temporalmente los trabajos de impresión y también para almacenar fuentes y otros motivos gráficos o de texto, que permitan hacer preimpresos en cada una de las copias sin necesidad de mandarlos en cada página.

Figura 2.4. Impresora láser.

En el mercado de las impresoras para ordenadores conviven otras tecnologías, como se detalla a continuación.

1. **Tinta Sólida:** Comercializada casi exclusivamente por la compañía Tektronix, las impresoras de tinta sólida son impresoras de página completa que usan

varillas de tinta encerada sólida en un proceso conocido como cambio de fase (*phase-change*). Su funcionamiento se basa en el licuado de las varillas de tinta en depósitos y luego se vuelca el líquido dentro de un tambor de transferencia, desde donde es fusionada en frío en el papel, en una sola pasada.

Estas impresoras están hechas para ser instaladas en un área físicamente segura y compartidas a través de una red por lo que vienen equipadas con puertos de tarjetas de red Ethernet, también puertos paralelo y puertos de conexión tipo SCSI, lo que garantiza una gran versatilidad en la conectividad.

Las impresoras de tinta sólida son generalmente más baratas que una láser color de prestaciones similares y además Tektronix se maneja con la política de ofrecer las varillas de tinta negra en forma gratuita. La calidad de impresión es buena, con puntos multinivel o de alta calidad de salida, aunque no llega a la calidad de las mejores impresoras láser color para texto y gráficos o las mejores impresoras de inyección de tinta para fotografías. La resolución de impresión va desde 300 dpi (*dots per inch,* en castellano puntos por pulgada) hasta un máximo de 850 por 450 dpi. La velocidad color típica es de 4 ppm (páginas por minuto) en el modo estándar, llegando a 6 ppm en el modo de resolución reducida.

Su conectividad, sus costos relativamente bajos y el hecho de que son capaces de usar una amplia variedad de medios de cualquier tecnología de impresión a color, las hace una buena opción para el uso en negocios generales y algunas tareas de especialistas como la impresión de transparencias a alta velocidad y en gran formato.

2. **Sublimación de tinta:** Las impresoras de sublimación de tinta son dispositivos especializados ampliamente usados en aplicaciones fotográficas y de artes gráficas. Estas impresoras trabajan calentando la tinta hasta convertirla en gas. El elemento térmico puede generar diferentes temperaturas, lo que permite controlar la cantidad de tinta que es ubicada en una mancha. En la práctica, esto significa que el color es aplicado como un tono continuo más que como puntos. Un color por vez es depositado en toda la hoja, comenzando con el amarillo y terminando con el ne-

gro. La tinta forma largos rollos de película, las cuales contienen hojas de cada color, así que la impresión de una hoja A4 tendrá una hoja del tamaño A4 de amarillo, seguida de una hoja de cian, una de magenta y una de negro. La sublimación de tinta requiere de un papel especial particularmente caro y las tintas están diseñadas para difuminarse en la superficie del papel, mezclándose para crear sombras de colores precisas. La velocidad de impresión es lenta, típicamente entre 0.25 y 0.5 ppm.

Actualmente existen algunas impresoras de inyección en el mercado que utilizan técnicas de sublimación de tinta. La forma en la cual las impresoras de inyección usan esta tecnología difiere de una de sublimación verdadera, principalmente porque en las primeras la tinta está en cartuchos, los cuales pueden cubrir la página de a una franja por vez solamente. También calientan la tinta para generar un gas, controlado por el elemento térmico que alcanza temperaturas superiores a los 500° C, bastante más alto que el promedio de las impresoras de sublimación de tinta. La técnica Micro Dry empleada en las impresoras Alps es un ejemplo de esta tecnología híbrida. Estos dispositivos operan con una resolución que va de 600 a 1200 dpi, y en algunos los cartuchos estándar pueden ser cambiados por unidades con tinta especial para fotos, con el propósito de obtener una mejor calidad fotográfica.

3. **Autocromático:** El proceso de impresión *thermo autochrome* (TA), el cual es considerablemente más complejo que el láser o el de inyección de tinta, ha emergido recientemente en impresoras comercializadas como dispositivos de compañía, para ser usadas con cámaras digitales. El papel TA contiene tres capas de pigmento, cian, magenta y amarillo, cada uno sensible a una temperatura en particular. De estos pigmentos, el amarillo tiene sensibilidad a la temperatura más baja, luego el magenta, seguido por el cian. La impresora está equipada con un cabezal térmico y uno ultravioleta y el papel pasa entre ellos tres veces. En la primera pasada es selectivamente calentado a la temperatura necesaria para activar el pigmento amarillo, el cual es fijado por el ultravioleta antes de pasar al próximo color, el magenta. Aunque

la última pasada, la del cian, no es seguida de un fijado ultravioleta, el resultado final es más durable que con la tecnología de sublimación de tinta.

4. **Cera térmica:** La cera térmica es otra tecnología especializada, muy similar a la de sublimación de tinta, preparada para imprimir transparencias. Las impresoras diseñadas con esta tecnología usan cilindros CMY o CMYK que contienen paneles del tamaño de la página de una película plástica recubierta con colorantes basados en cera. Los puntos de tinta se derriten en un papel térmico especial. La resolución y la velocidad de impresión son bajas, de 300 dpi y 1 ppm, aunque el uso de estos dispositivos está justificado en áreas de las artes gráficas muy especializadas.

2.1.1. La impresora multifuncional

Las impresoras multifuncionales son aquellas que combinan capacidades de impresión, escaneo, copiado y a menudo también ofrecen servicios como una máquina de envío y recepción de fax, todo en un solo equipo. Esta área es actualmente la de más crecimiento en el mercado; en 1997 tuvo ventas de 2.3 millones de unidades, más unidades que las impresoras láser y su crecimiento se estima que alcance las 3.2 millones de unidades por año.

Son dispositivos muy atractivos porque combinan todas las tareas de oficina necesarias en un solo equipo, eficiente en costos y que ahorra espacio, ideal para una oficina casera o una compañía pequeña que no tenga infraestructura de aparatos para oficina.

Estas unidades mejoran en cada generación. En la actualidad, cuentan con la impresión a color, como prestación común, basada tanto en la tecnología láser como en la inyección de tinta. También los fabricantes han agregado a la combinación, el escaneo a color y algunas unidades ofrecen escaneo con profundidad de color de 24 bits. Sin embargo, la calidad de la imagen es menor a la que se podría obtener con una impresora o un escáner independiente. Si bien estas impresoras tienen la ventaja de ser más pequeñas y menos costosas que las unidades independientes, también es cierto que el conjunto no es tan bueno como las partes independientes y que si la unidad se descompone se pierden varias funciones de oficina.

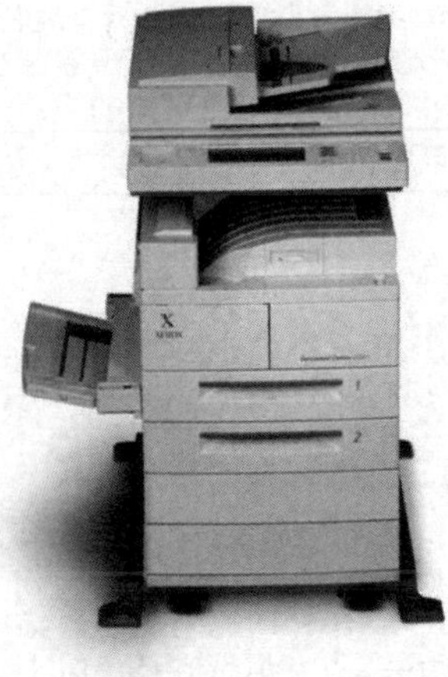

Figura 2.5. Impresora multifuncional de Xerox.

2.2. El monitor

El monitor es el periférico que permite ver la información que es procesada por la tarjeta gráfica en el ordenador. Su importancia es vital en un sistema informático porque es el dispositivo de salida por excelencia.

La mayoría de los monitores funcionan con la misma tecnología que un televisor, a través de un tubo de rayos catódicos. Su funcionamiento es controlado por una placa que está en su interior, que recibe las señales de la tarjeta gráfica para la visualización de la información que ofrece el ordenador.

La conexión al PC se realiza a través de un conector VGA estándar de 15 patas. En ocasiones toma la electricidad directamente de la fuente de alimentación del ordenador, aunque hay otros que lo hacen de la red convencional.

Un monitor dependerá de la resolución de la imagen que sea capaz de mostrar, siempre en combinación con la tarjeta gráfica del ordenador. La resolución nativa de un monitor es el número de filas de píxeles horizontales y verticales que crean la imagen y describe la resolución del equipo, no la de la señal de entrada. Cuando el formato de entrada es mayor o menor que la resolución de la pantalla, se ha de convertir a través de un conversor interno. Por regla general se puede decir que cuanto más próximos son los formatos de entrada y los nativos, mejor será la imagen resultante. Hay otras consideraciones a tener en cuenta, como la calidad del convertidor interno, si el monitor es de escaneado progresivo o interlazado.

2.2.1. Los nuevos monitores

Sin ninguna duda los monitores son uno de los periféricos en donde la estética es importante. Porque en materia de hardware siempre se busca potencia y rendimiento en todo lo que va dentro del CPU, desde la placa base, el disco duro, la memoria RAM, hasta la tarjeta gráfica, la de sonido, el reproductor de CD o DVD. En componentes como el teclado y el ratón sólo importa que funcionen bien y que no ocupen demasiado lugar. Ahora bien, el monitor es un punto aparte. Hasta hace poco, las opciones no eran muchas, los monitores eran casi todos de tubo de rayos catódicos y ocupaban un espacio físico importante, por su volumen. En la actualidad, sin embargo, está ganando cada vez más terreno la tecnología LCD y los monitores de plasma, cada vez más livianos y poco voluminosos. Entonces, de los habituales monitores de 14 pulgadas se ha pasado a los de 15 pulgadas o 17 pulgadas y muchas personas empiezan a mirar cada vez con más ganas los más grandes de 19 y 21 pulgadas. Los precios todavía son altos, pero se estabilizaron un poco y ya no es una utopía comprar uno de esos dispositivos.

Pero la tecnología aplicada a los monitores sigue su marcha y son varias las sorpresas que todavía aguardan en un futuro cercano.

Algunos ejemplos de la nueva tecnología en materia de monitores, que ya está invadiendo el mercado informático, son estos que a continuación se describen.

1. La compañía Sharp diseñó un monitor LCD (*Liquid Cristal Display*) que permite, por ejemplo, ver un programa de TV al mismo tiempo que otra persona puede navegar por Internet.
   La pantalla puede mostrar simultáneamente las dos imágenes, dependiendo del ángulo de visión. Consiste en una pantalla LCD convencional, superpuesta con una serie de tiras opacas y transparentes, llamada barrera paralela. Ésta envía luz desde la TV

hacia una dirección y desde Internet hacia otra, de manera que dos personas sentadas en diferentes lugares verán diferentes imágenes.

De esta manera, la pantalla puede permitirle a un pasajero sentado en la parte delantera de un auto mirar una película en DVD en la misma pantalla del sistema satelital de navegación, sin distraer al conductor, que verá simplemente el camino o la ruta que le indique este sistema.

2. Cada vez hay un número mayor de dispositivos electrónicos que utilizan la tecnología OLED, que en español sería algo como luz orgánica que emite diodos. Esta tecnología, que tardará varios años en ser una verdadera amenaza para los monitores LCD, utiliza compuestos orgánicos que emiten luz cuando están expuestos a una corriente eléctrica. Son más brillantes, con mejores contraste, ofrecen ángulos de visión más anchos, utilizan menor cantidad de energía y proveen tiempos de respuesta más rápidos que los *LCD*. Estas pantallas pueden incluso ser hasta un tercio más finas que los LCD, ya que no necesitan *backlight*, lo que los hace una opción muy interesante para los dispositivos portátiles.

   Por el momento, la tecnología OLED está siendo utilizada por las compañías Sony, Samsung y LG Electronics.

   Hay que tener en cuenta que aún son demasiado caros y su tiempo de vida es corto comparado con otras tecnologías ya afianzadas, al menos en lo que respecta monitores para ordenadores.

3. Las pantallas flexibles ya son una realidad y se están utilizando para el desarrollo de un periódico digital que se podrá llevar cómodamente e incluso enrollar cuando no se lo esté leyendo. Las pantallas están creadas a partir de sustratos de polímeros flexibles en lugar de los rígidos utilizados en las pantallas flat y con tecnologías TFT-LCD (*Thin-Film Transistor Liquid Crystal Display*) y OTFT (*Organic Thin-Film Transistor*).

   Los prototipos mostrados hasta ahora no incluyen un chip que tendrá la versión definitiva que permitiría que la imagen se vaya modificando en las pantallas. Otros usos son en teléfonos celulares con pantallas grandes e incluso en prendas de vestir.

4. Los monitores gigantes de plasma son cada vez más populares. Así, no es difícil encontrar gigantes de 42, 50 y hasta 60 pulgadas. Algunos son televisores y otros, simplemente, monitores con amplias capacidades multimedia.

Figura 2.6. Monitor de plasma.

¿Qué ventajas tienen, por ejemplo, los monitores de plasma por encima de los tradicionales de tubo de rayos catódicos?

1. **Resolución:** Las pantallas de plasma ofrecen mayor resolución que los televisores convencionales y son capaces de mostrar señales HDTV y DTV, así como señales de computadoras XGA, SVGA y VGA.
2. **No hay líneas de escaneado:** Los tubos de rayos catódicos convencionales utilizan un haz de electrones para trazar la imagen en el tubo desde arriba hacia abajo a intervalos regulares, iluminando los fósforos para crear la imagen. Con este procedimiento las líneas pueden ser percibidas. La mayoría de los monitores de plasma incluyen un doblador de línea para mejorar la calidad de imagen con emisiones estándar de televisión.
3. **Precisión de Color Excepcional:** Los monitores de plasma son capaces de reproducir 16,77 millones de colores, proporcionando un realismo de color y una graduación sutil entre colores.
4. **Formato panorámico:** El formato panorámico es el formato de la Televisión de Alta Definición (HDTV,

siglas en inglés de *High Definition Television*), así como de la mayoría de las películas en DVD.

5. **Pantalla Perfectamente Plana:** Los paneles de plasma son totalmente planos, sin ningún tipo de curvatura. Esto elimina la distorsión que se produce en los bordes de la pantalla de los televisores convencionales.
6. **Brillo de Pantalla Uniforme:**A diferencia de los sistemas de proyección frontal que tienen un brillo no uniforme,es decir, se refleja en imágenes con mucha luz en el centro de la pantalla y oscurecidas en los bordes,los monitores de plasma ofrecen la misma luminosidad en todas las zonas de la pantalla.
7. **Diseño para ahorrar espacio:** Los monitores de plasma son muy delgados y permiten opciones de instalación nunca antes posibles. Pueden ser montados sobre atriles o colgados en la pared, como si se tratara de un cuadro y así disfrutar de una pantalla de grandes dimensiones sin sacrificar un gran volumen de espacio. Los monitores de plasma son neutrales desde el punto de vista estético, haciendo fácil su inclusión en cualquier tipo de decoración de interiores.
8. **Amplio ángulo de visión:** Los monitores de plasma tienen un ángulo de visión de 160 grados, tanto vertical como horizontal, mucho mayor que el de los televisores o monitores LCD. Esto permite que un mayor número de personas puedan disfrutar de una buena calidad de imagen en una misma habitación.
9. **Inmunidad al campo magnético:** Al no utilizar haces de electrones, como los televisores convencionales, los paneles de plasma son inmunes a los efectos de los campos magnéticos. Componentes como los parlantes, que contienen grandes imanes, pueden producir distorsiones en la imagen de las pantallas de los televisores si se sitúan muy cerca de éstas. Este defecto no ocurre con los monitores de plasma lo que permite que los parlantes estén tan cerca como sea necesario.

2.3. El ordenador multimedia

En el desarrollo de la informática han jugado un papel esencial los dispositivos de almacenamiento en cuanto a su potencial para guardar grandes volúmenes de información y potenciar la popularización de los ordenadores. Años atrás, los PC apenas tenían memorias basadas en registros muy elementales que tan sólo podían almacenar los datos que iban a ser inmediatamente utilizados. Desde aquellos tiempos hasta ahora se ha producido una división en lo que se refiere a los dispositivos de memoria de los que dispone un ordenador. Por un lado, está la memoria principal, que en la actualidad se reconoce al mencionar la memoria RAM y por otro las unidades de almacenamiento masivo, como discos duros y CD-ROM que en un principio eran sólo soporte de audio.

El término multimedia aplicado al mundo de los ordenadores personales, se refiere a incluir en la configuración del entorno informático algunos dispositivos que permiten reproducir discos compactos, sonido y vídeo digital. Es decir, si un PC tiene un lector o reproductor de CD, una tarjeta de sonido y un par de altavoces, es suficiente para clasificar al ordenador como multimedia.

Figura 2.7. Ordenador multimedia.

2.3.1. El reproductor de CD

En los ordenadores modernos el reproductor de CD, lo mismo puede leer de CD-ROM que de CD exclusivamente de audio. ¿Y cuál es la diferencia? Si bien el aspecto y el soporte magnético es el mismo, los CD-ROM son los que habitualmente sólo almacenan información digital, ya sea archivos de imágenes, de texto, de sonido o de vídeo. ROM, en inglés es el acrónimo de *Read Only Memory* o Memoria de Sólo Lectura, lo que indica que no se pueden grabar otros archivos o borrar los existentes, cosa que no ocurre con otros dispositivos de almacenamiento, como los discos duros. El CD de audio no es posible escribirlo, pero no únicamente porque es de sólo lectura, sino además, porque la información que contiene, en este caso pistas de audio, se graba de otra forma en el CD. Si el ordenador va acompañado de una tarjeta de sonido, de altavoces y del *software* adecuado, podremos escuchar música, tal y como si tuviéramos un equipo destinado exclusivamente para esos fines. A eso se le suma que el reproductor de CD lee archivos de un CD-ROM y el sistema operativo instalado en el ordenador, reconoce estos archivos como cualquier otro que se encuentra, por ejemplo, en un disco duro.

Figura 2.8. Reproductor de CD.

Tradicionalmente, el reproductor de CD consta de una bandeja de plástico que se extrae al pulsar un botón, ubicado en el frente del mismo. El CD se coloca en la bandeja y pulsando el mismo botón, la bandeja se introduce en la unidad lectora. De esta forma, el ordenador está listo para saber cuál es el contenido del CD elegido. El lector de CD tiene también un motor que lo hace girar, con una velocidad que constantemente se ajusta hasta alcanzar la velocidad lineal óptima. Es por ello que cuando la cabeza de lectura está en una pista interna, el CD gira más rápido que si estuviese en una pista más hacia el borde. El microcontrolador que posee el reproductor de CD, es el que se encarga, entre otras cosas, de ajustar la velocidad de giro. Las interfaces más comunes con las que se comunican el reproductor de CD y el ordenador son IDE y SCSI, que ya fueron descritas en el capítulo 1 de nuestro libro. Junto al botón que acciona la bandeja del reproductor de CD, en la parte frontal de la unidad, encontramos también un conector para auriculares o altavoces y un control de volumen. Así podemos escuchar un CD de audio, sin necesidad de tener una tarjeta de sonido en el ordenador.

2.3.2. El sonido

El hecho de obtener sonido en un ordenador, depende de varios requisitos. El primero de ellos es contar en nuestro sistema informático con una tarjeta de sonido.

Esta tarjeta, instalada en una de las ranuras de expansión de la placa base, posee un conversor de señal digital a analógica y de señal analógica a digital. Físicamente son dos chips acoplados a la tarjeta. De esta forma, se podrá lo mismo reproducir sonido digital que generarlo, empleando las facilidades que ofrecen la tarjeta y el *software* que servirá de interfaz gráfica en el ordenador. También encontramos en la tarjeta uno o más conectores para reproductor de CD con el objetivo de escuchar el contenido de un CD de audio a través de la misma.

Externamente, las tarjetas de sonido tienen varios conectores:

1. Micrófono.
2. Altavoces.
3. Entrada de dispositivos convencionales.
4. Salida digital.
5. MIDI / Juegos.

Hoy en día la gran mayoría de las tarjetas de sonido están construidas con el estándar *Plug and Play*, que permite en el momento de instalarla en la placa base, sea reconocida por la BIOS y que ésta le asigne los recursos del ordenador necesarios para su correcto funcionamiento.

Otro requisito son los altavoces. Son periféricos a los que no se les da especial importancia, pero que no se deben dejar como algo trivial, si el empleo que se le dará al ordenador está ligado a la reproducción y generación de sonido. En su aspecto y construcción no difieren mucho de los altavoces de cualquier sistema de sonido, sólo que están revestidos de un blindaje especial que evita interferencias electromagnéticas con el monitor. También, en muchos de ellos, encontramos un amplificador debido a que la tarjeta de sonido tiene una intensidad de salida más bien baja.

2.3.3. El reproductor de vídeo digital (DVD)

El DVD es el soporte de almacenamiento de datos que, últimamente, mayor número de cambios ha introducido, tanto en la industria cinematográfica, de la música y la informática. En su aspecto y dimensiones, el DVD parece un CD-ROM, pero la diferencia que primero salta a nuestra percepción es su capacidad; 30 veces más que un CD-ROM.

Los reproductores de DVD, también pueden leer CD de audio y CD-ROM, como cualquier otro reproductor de discos compactos. Ahora bien, mientras en un CD-ROM podíamos grabar hasta 680 MB de información y en un CD de audio hasta 72 minutos de música, en un DVD se pueden almacenar 4.7 GB, espacio suficiente para guardar una película completa.

No todos los ordenadores pueden mostrar vídeo digital, reproducido por un lector de DVD. La descompresión de audio y vídeo simultánea, requiere de un sistema informático de altas prestaciones en este campo. Por supuesto que las dos formas de solucionarlo son con el hardware o con el software. Pero la mejor manera es una combinación entre ambos, que ofrezca una calidad razonable y a precios no tan onerosos.

2.4. La grabadora de CD

Cuando en 1995 se empezaron a extender en el mercado las primeras grabadoras de CD-ROM, el duplicado de CD aumentó considerablemente su auge y lo convirtió en una actividad posible de realizar en el ámbito doméstico o de pequeño negocio.

En el ámbito industrial, es una tarea que se ejecuta a partir de un master, que es reproducido a gran escala. Pero en la oficina o en la casa, se precisa de una unidad grabadora de CD que la diferencia que tiene con el más común reproductor, es que cuenta con un láser de gran potencia que va marcando la capa grabable del CD. El CD-R o CD regrabable es el soporte virgen para grabar información.

Al igual que el reproductor de CD, la grabadora se comunica con el ordenador usando una interfaz que puede ser IDE o SCSI y se les puede encontrar en el mercado con prestaciones como la velocidad de escritura. Es por ello que usualmente su especificación comercial va acompañada de un valor seguido de una X, que indica la tasa de transferencia máxima con que cuenta la grabadora. También dispone de un buffer propio de memoria que disminuye considerablemente el riesgo de error al grabar un CD. Una grabadora de CD siempre va acompañada del software adecuado, que deberá ser operado en el sistema operativo con que está provisto el ordenador.

3

El mantenimiento del ordenador

3.1. Principios fundamentales

Que una persona decida intentar el mantenimiento de su ordenador, ya sea por ahorrar lo que por esta tarea cobran los talleres o casas especializadas o por pura curiosidad, no es en absoluto una decisión descabellada. Pero como todo propósito que involucra un aparato eléctrico hay que tener en cuenta algunas precauciones, para no terminar gastando lo que se pretendía ahorrar.

3.1.1. ¿Qué se necesita?

1. Al menos un destornillador de estrella mediano o grande, para los tornillos de la caja y para los que sujetan las tarjetas de expansión.
2. Destornilladores planos de varios tamaños, incluyendo los llamados de relojero.
3. Pinzas para manejar los jumpers y llegar a lugares de difícil acceso.
4. Libreta para anotar y bolígrafo.
5. Tester o multímetro, preferiblemente digital, para comprobar los voltajes y amperajes de la fuente de alimentación y de los periféricos.
6. Pelacables o cuchilla.
7. Soldador para circuitos integrados, siempre que se tenga alguna experiencia en su uso y manipulación.
8. Alicates o tenazas.

9. También, llave inglesa, cables eléctricos con pinzas, clips, pegamento de rápida acción, chapas de metal, etc.

3.1.2. Consejos útiles

1. Trabajar con comodidad, con suficiente tiempo y espacio de trabajo. Hacer cualquier cosa en el ordenador deprisa o con un mal ambiente de trabajo repercute en los resultados.
2. Usar un banco de trabajo amplio.
3. Tener todo a la mano y no dejar las partes del ordenador en lugares inestables o donde corran peligro de dañarse.
4. Desconectar el ordenador de la electricidad, también el monitor, la impresora, el escáner y el resto de los periféricos.
5. Usar zapatos con suela de goma, en un piso donde no haya agua o esté levemente mojado, para evitar los golpes de la electricidad estática. Si es posible, adquirir una pulsera de descarga o simplemente, cada cierto tiempo, tocar el suelo para descargarse.
6. Trabajar con la luz adecuada, preferiblemente con luz natural. Tener a mano una linterna para iluminar las zonas más escondidas.
7. Hacer un guión de lo que se precisa hacer y tener todo lo que se necesita, así sea un simple tornillo.
8. Anotar cada paso y registrar la información importante. Si es posible, apoyarse con esquemas, aunque sean rudimentarios. Por ejemplo, si se va a cambiar un disco duro, anotar cómo y a qué estaba conectado, cómo estaban configurados los jumpers, cuál era su configuración en la BIOS, entre otras anotaciones.
9. Manipular las partes y todo el material con extremo cuidado. No forzar las patillas de las tarjetas de expansión, ni los conectores y chips; son muy frágiles y cualquier rotura puede provocar que no funcionen adecuadamente.
10. No golpear, ni presionar alguna parte que esté encastrada en la placa base.
11. Es importante identificar a tiempo lo que se es capaz de hacer. Tomarse un tiempo para investigar o consultar. Si se tienen dudas es preferible esto a tener que lamentar la pérdida irremediable de algún dispositivo.

3.2. Actualizando el ordenador

3.2.1. Cuando no es necesario actualizar

Es importante tener claro si realmente el ordenador necesita una renovación. No es conveniente seguir siempre los agigantados pasos de la publicidad tecnológica. El mejor ordenador es aquél al que se le saca el mayor provecho y no necesariamente tiene que ser el más moderno.

Algunas reflexiones a manera de ejemplo.

Ordenadores con microprocesador Intel 80286

No hay ninguna duda que son casi de museo. No obstante, pueden funcionar aún y tener una considerable utilidad. Pueden ser empleados, principalmente, para labores en la oficina, como edición de textos, edición de hojas de cálculo o contabilidad. Siempre con sistema operativo DOS o entorno gráfico Microsoft Windows 3.1, si el microprocesador tiene una frecuencia de operación de 20 MHz, como mínimo y cuenta con 1 ó 2 MB de memoria RAM.

Parte del software que puede ser usado en estos ordenadores es en el campo de los editores de texto, el WordPerfect 5.1, el WordStar, el Word para DOS y el Amipro 1.2, para Microsoft Windows 3.1. De las hojas de cálculo, las versiones para DOS de Lotus 123. En bases de datos, DBASE IV, en contabilidad Contaplus. Las primeras versiones para DOS de algunos juegos, como Sokoban o PacMan.

Ni pensar en Internet, correo electrónico y multimedia.

Lo más importante es que el ordenador funcione bien, con el hardware disponible y el software instalado. También, si se adquirió otro ordenador más moderno, se puede valorar la posibilidad de armar una pequeña red local.

Ordenadores con microprocesador Intel 80386

A éstos se les puede sacar mucho, mucho jugo. No es conveniente instalar, por ejemplo, Microsoft Windows 95, se tendrían muchos problemas de desempeño. Pero Microsoft Windows 3.x funciona sin ningún problema, especialmente si el ordenador cuenta con 4 MB o más de memoria RAM. Siempre que no se precise de altas velocidades de respuesta o se ejecuten tareas que lleven mucha memoria, su funcionamiento puede ser razonable y hasta cómodo.

Para tareas de oficina, se deben tener en cuenta las versiones para Microsoft Windows 3.x de Microsoft Word, Microsoft Excel, que van desde la 1.0 hasta la 6.0, en dependencia de la frecuencia de operación y de la memoria RAM disponibles. También Amipro, Lotus 123 y Word Perfect para Microsoft Windows 3.1.

Muchos programas de contabilidad para DOS o Microsoft Windows 3.x. Muchísimos juegos que pueden ser ejecutados con todas sus prestaciones en DOS.

Para frecuencias de operación del orden de los 33 MHz y memoria RAM superior a los 4 MB, se puede instalar un acceso a Internet, vía telefónica, así como algunas versiones para Microsoft Windows 3.x de clientes de correo electrónico.

Es posible instalar un reproductor de CD-ROM con velocidad 4x y una tarjeta de sonido de un modelo antiguo, para dar posibilidades multimedia al ordenador.

Con un ordenador *Intel* 80386 a 33 MHz, 4 MB de memoria RAM, 100 MB de disco duro, tarjeta de vídeo VGA y un *software* instalado como puede ser Microsoft Windows 3.1, Word 2.0 o Amipro 3, entre otros, se puede trabajar con total comodidad en una oficina. No tiene una interfaz gráfica tan moderna y no se podrá jugar con los juegos más adelantados, pero los resultados son casi siempre los mismos que si se trabaja con un ordenador equipado con un microprocesador Intel Pentium.

Ordenadores con microprocesador Intel 80486

No fueron los microprocesadores que corrieron con mejor suerte. No todos los modelos son capaces de tener un adecuado desempeño con Microsoft Windows 95, aunque trabajan bien con Microsoft Windows 3.x. Por ejemplo, para que un programa como Microsoft Word 95 funcione rápidamente con Microsoft Windows 95, al menos se precisa de un Intel 80486 DX2, con una frecuencia de operación de 66 MHz y una memoria RAM de 12 MB, al menos, mientras que su análogo en Microsoft Windows 3.11, es decir, Word 6.0a, trabajaría sin ningún problema con un Intel 80486 DX, a 33 MHz y 6 MB de RAM.

En ambos, Microsoft Windows 3.x y Microsoft Windows 95, se podrán hacer tareas de oficina, navegar por Internet, usar multimedia e incluso hacer algo de diseño asistido con un software como CAD. Sin ninguna duda, para lo que no servirá es para jugar; muy pocos juegos, aún los más viejos, funcionan correctamente en un ordenador que cuenta con un 486.

Una buena opción es instalar Linux y descartar Microsoft Windows. Es garantía de buen desempeño, aunque un poco trabajoso cuando se instalan los periféricos.

Ordenadores con microprocesadores de la familia Intel Pentium

Son perfectos para casi todo. Con muy pocas ampliaciones del hardware se contará con un ordenador capaz de realizar muchísimas tareas y un desempeño envidiable.

3.2.2. ¿Qué hacer sin gastar o con poco dinero?

Para instalar Microsoft Windows 95

Si se cuenta con un 386 o incluso un 486 a 25 MHz, hay dos opciones principales; comprar un ordenador nuevo o mantener Microsoft Windows 3.x, ampliar la RAM, instalar disco duro más grande y quizá un monitor o tarjeta gráfica. Sin embargo, si es un 486 a 50 MHz o más, puede que sea suficiente. Se precisará un mínimo de 16 MB de memoria RAM, para trabajar y no desesperarse y un disco duro de 300 MB. Hay que tener en cuenta que Microsoft Windows 95, solamente, ocupa alrededor de 100 MB, de disco duro. Si se requiere aún mayor rendimiento, se tendrá que cambiar la placa base y el microprocesador, lo que seguramente será más oneroso

Para conseguir mayor rendimiento en Microsoft Windows 95 o Microsoft Windows NT

En general, es recomendable un incremento de la memoria RAM, desde un mínimo de 16 MB hasta 32 MB. Pasar de 8 a 16 MB puede dar un 40 por ciento de aumento en el rendimiento, mientras que pasar de 16 a 32 MB, un 15 por ciento. Más de 32 MB no suele hacer una diferencia apreciable, cuando se usa el ordenador en tareas normales. Sólo de un 2 por ciento.

Definitivamente si se sustituye el microprocesador y seguramente la placa base, por los problemas de voltaje e incompatibilidad de la BIOS, se conseguirá mayor rendimiento. Es importante consultar el manual de las nuevas partes para no errar en la instalación y configuración. Si se cambia sólo el microprocesador y el ordenador es para uso de oficina es mejor un AMD K6 o Cyrix 6x86, más baratos y excelentes para esas tareas. Si la decisión final es cambiar la placa base es mejor migrar directamente a un *Pentium*.

Para jugar con los juegos más modernos

Lo más sensato es adquirir, como mínimo un Pentium II con todo, especialmente con una tarjeta de vídeo 3D. Si el ordenador tiene un 486 o inferior, es mejor hacer la inversión sin pensarlo mucho, ya que para instalar un Pentium se necesitará una placa base nueva, una tarjeta de vídeo 3D y posiblemente algo de memoria RAM. No se tendría que ampliar más, si ya se cuenta con un reproductor de CD-ROM de 8x y una tarjeta de sonido.

Si el ordenador ya tiene un Pentium, al menos precisará la tarjeta de vídeo 3D. Eso si es un Pentium con frecuencia de operación de al menos 100 MHz. Si no es así, se necesitará cambiar el microprocesador y probablemente la placa base; con certeza, si la anterior no soporta microprocesadores Pentium MMX.

Es importante tener en cuenta que jugar en un PC, no es barato. Quizás es más conveniente tener una Playstation.

Para navegar por Internet

Ante todo se necesitará un buen módem para alcanzar velocidades razonables al navegar en la Web o manejar el correo electrónico. Se trataría de un módem de 33600 baudios o incluso 55600. En cuanto al ordenador, todo dependerá del software que se haya instalado, especialmente de las prestaciones del sistema operativo.

De todas formas, navegar por Internet no es más exigente que usar Microsoft Word, así que con un 486 a 66 MHz y 16 MB de RAM es posible, incluso con Microsoft Windows 95. Es importante tener en cuenta que algunos módems dejan parte de su trabajo al microprocesador y por eso son más baratos, pero el rendimiento puede verse seriamente disminuido. Una divisa que no se debe perder de vista es que lo barato sale caro.

Por otro lado, siempre hay opciones que permiten navegar a una velocidad considerable, como puede ser contratar los servicios de líneas telefónicas dedicadas o el cable módem. Estas variantes, usualmente, requieren de la instalación de una tarjeta especial y un abono mensual que no es barato. Todo depende de lo redituable que resulte. Eso sí, la velocidad será mayor; a 128000 baudios, con el uso de canales combinados y 64000 con canales separados, para datos y voz, con lo que además, se podrá usar el teléfono mientras se navega.

Otro factor a tener en cuenta es el proveedor Internet. De nada sirve que el ordenador tenga instalado un módem rápido y del mejor fabricante si las prestaciones del proveedor no son buenas.

Para instalar una grabadora de CD

Si el ordenador tiene un Pentium y 32 MB de memoria RAM, no se precisa hacer ninguna ampliación, al menos mientras no se intente grabar a más de 2x, lo que tardaría algo más de media hora para un CD lleno. Si se quiere grabar a 4x, es deseable un microprocesador Pentium con frecuencia de operación de 166 MHz o más y un reproductor de CD, para hacer copias de CD a CD, de manera rápida y confiable. Para esta operación lo ideal es usar una interfaz SCSI.

Si no se cuenta con éstas últimas prestaciones en el ordenador, no hay de qué preocuparse, las grabaciones se harán a 2x, en múltiples sesiones y haciendo imágenes en el disco duro de lo que se va a grabar para hacerlo desde él. Con un 486 a 100 MHz se podrá grabar CD sin mayores problemas, siempre que se cuente con 32 MB de RAM y que la fuente de los datos, ya sea el reproductor de CD o el disco duro, sea rápida y confiable.

Más tips

1. **Optimizar el software, con el uso de los controladores o *drivers* adecuados:** Los controladores o drivers son pequeños programas que manejan partes del hardware en un determinado sistema operativo. Uno de los más comunes es el de la tarjeta de vídeo, que además influye mucho en el rendimiento de entornos gráficos como Microsoft Windows.
   Primero, es importante asegurarse que el ordenador tenga instalado un driver especial para la tarjeta en concreto o bien uno estándar de Microsoft Windows,

en sus distintas versiones, lo cual será muy probable, si se comprueba que la resolución de pantalla que está configurada es la estándar, de 640x480 píxeles, a 16 ó 256 colores. Una vez hecho esto y sobre todo si se está usando el estándar, es recomendable actualizarlo por uno más moderno. Casi siempre el software para instalar el driver se provee con la documentación de la tarjeta de vídeo. Para encontrar *drivers* actualizados en Internet, se puede visitar el sitio Web http://www.drivershq.com/, o mejor, en la página Web del fabricante de la tarjeta de vídeo, como S3, ATI, Number Nine, Trident, Matrox, entre otros.

Es deseable buscar con los datos exactos de la tarjeta, porque el *driver* es diferente, aún para tarjetas del mismo fabricante, pero de distinto modelo. Una vez que se logre descargar el software deberá ser instalado según las instrucciones dadas por el fabricante.

Otro driver importante es el de acceso al disco duro, que sobre todo en placas base con microprocesadores Intel 80486, más modernas, puede ser necesario para usar los modos PIO, UltraDMA o el acceso de 32 bits en DOS. y Microsoft Windows 3.x. El mejor aliado en estos casos, es el manual de la placa base y del disco duro.

Controladores para el reproductor de CD-ROM, para el escáner o para unidades ZIP, pueden resultar de interés en el camino por mejorar el rendimiento del PC.

2. **Descartar la presencia de problemas:** Muchas personas usan el ordenador durante meses o años sin saber que tiene problemas, en ocasiones de extrema gravedad. Los más usuales son aquellos que tienen que ver con conflictos entre dispositivos que intentan usar la misma IRQ o interrupción, o debido a la manera en qué están conectados.

   En Microsoft Windows XP, se puede conocer este tipo de conflictos si se revisa el Administrador de dispositivos, donde se llega a través de la opción Administrar, que se puede consultar, al hacer clic con el botón derecho del ratón en Menú Inicio>Mi PC.

3. **Revisar la BIOS:** No es recomendable para novatos, pero muy útil si se sabe leer la información que ofre-

ce y aún mejor si se sabe modificar alguno de sus parámetros.

- Si se instaló más memoria pero la BIOS no la encuentra, es necesario revisar el banco de memoria y su compatibilidad con la placa base y el microprocesador.

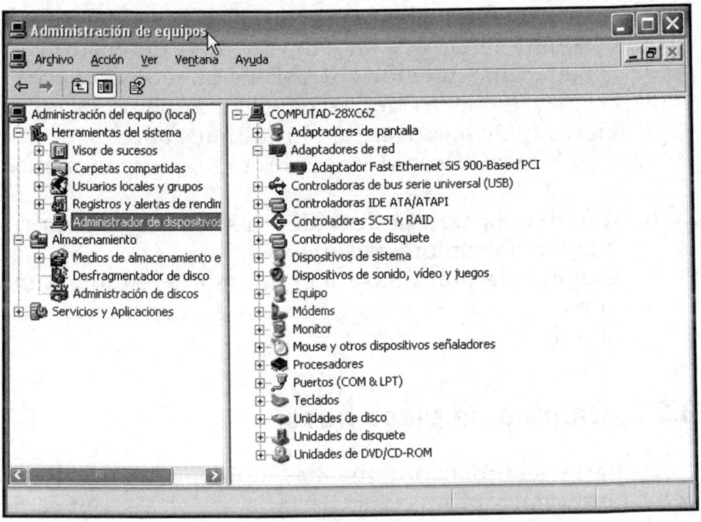

Figura 3.1. Administrador de dispositivos en Microsoft Windows XP.

- Configuración del modo correcto del disco duro. Si se selecciona vía BIOS, que es lo usual, al menos debería estar en modo de detección automática; sino, en modo desconectado para discos de menos de 120 MB, en modo PIO-3 para discos entre 300 MB y 1 GB y en modo PIO-4 para discos de 1 GB o más. Si el disco es moderno es importante revisar el modo UltraDMA, aunque éste, a veces necesita colaboración de software y no suele usarse en ordenadores con un año o más.
- Configuración del modo del puerto paralelo. Las impresoras modernas y otros dispositivos que se conectan al ordenador por el puerto paralelo, como unidades ZIP o escáneres, suelen necesitar algo más que el viejo estándar, es decir los modos

EPP o ECP que son modos por demás, incompatibles entre sí.

- Discos duros y reproductores de CD. Son muy malos compañeros, sobre todo cuando el disco duro es más o menos rápido (modos PIO-3 ó PIO-4) y el reproductor de CD más o menos lento (2x, 4x, 6x). Siempre conviene que estén separados, cada uno en un canal *IDE*. Muchas veces, cuando están juntos es imposible el modo 32 bits en Microsoft Windows, lo que hace muy lento el ordenador.

4. **Instalar más memoria RAM:** Es bueno aprovechar el abaratamiento de los bancos de memoria en el mercado de hardware, en los últimos años.
5. **Cambiar el disco duro:** Sobretodo, si tiene menos de 500 MB.
6. **Cambiar la tarjeta de vídeo:** Es deseable adquirir una tarjeta con prestaciones 3D.
7. **Cambiar la placa base y el microprocesador:** Aunque más cara, es una ampliación del ordenador, casi infalible.

3.2.3. Cambiar la placa base

La parte del ordenador que más rápidamente pierde vigencia es el microprocesador. Bastaría, entonces, con cambiarlo por uno más moderno, con mayores prestaciones. Pero no es tan simple porque inevitablemente se tropezará con problemas de compatibilidad de la BIOS o que el nuevo microprocesador no cabe en el zócalo de la placa base o que el voltaje es diferente. Por lo tanto, lo primero que hay que revisar cuando se toma la decisión de migrar el microprocesador es si en ese cambio, también involucra un cambio de la placa base. Este cambio no es algo trivial y quien así lo considere estará cometiendo un error. Por ello es una tarea para personas con conocimientos y no para novatos.

Los pasos que deben ser respetados, en forma general, pueden enumerarse como sigue.

1. Primeramente, verificar el tipo de caja del ordenador. En dependencia de ello, se conocerá en qué parte debe ir fijada la nueva placa base.
2. Si se ha adquirido una nueva caja, es necesario desmantelar la vieja caja. Se debe tomar nota de cómo estaba conectada cada parte y/o dispositivo.

3. Desconectar las tarjetas de expansión.
4. Con la placa base desconectada de todo, se le debe destornillar de su soporte, si esto fuera posible.
5. En la placa nueva, instalar el microprocesador y los bancos de memoria RAM en sus correspondientes zócalos. No debe ser olvidado el ventilador o *cooler* del microprocesador, para cualquier modelo de 75 MHz o más, incluidos los Intel 80486 e Intel Pentium.
6. Configurar todos los jumpers, los del microprocesador y cualquier otro según se explica en el manual de la placa base. Afortunadamente, muchas placas actuales no necesitan ser configuradas manualmente, pero siempre es saludable consultar el manual.
7. Sustituir la placa vieja por la nueva y fijar ésta última en la caja. Mucho cuidado se debe tener al ajustar la placa a su soporte, pues una presión excesiva puede dañar los circuitos.
8. Conectar lo que anteriormente fue desconectado. Especial atención se debe prestar al conector de la fuente de alimentación. En cualquier caso, siempre se debe tener a mano el manual de la placa, para consultar los esquemas y la información que allí aparecen. Conectar los leds de encendido, turbo y disco duro, así como el de velocidad, si existe. Además, el conector del altavoz interno o *speaker*.
9. Sin cerrar la caja, se debe conectar el cable de alimentación al enchufe de la red eléctrica, el monitor y encender el ordenador. Verificar que se enciendan los leds de los dispositivos, el monitor y que la BIOS haya arrancado, junto con el ordenador. También que el ventilador o *cooler* esté funcionando correctamente.
10. Si las operaciones anteriores fueron exitosas es conveniente desconectar de la red eléctrica y cerrar la caja, para configurar la BIOS.
11. Entrar en la BIOS, muy probablemente al pulsar la tecla **Supr** o **Del**.
12. Ajustar, primeramente, los parámetros básicos, como la fecha y hora, el disco duro y la unidad de disquetes. Verificar que el chequeo de memoria RAM sea el correcto y que coincida con el test que se hace en el arranque del ordenador.
13. Ajustar los parámetros generales, como soporte de memoria caché, tests, secuencia de arranque, soporte de *chipset*, microprocesador y controladoras. Es

importante saber el modo en que debe trabajar el puerto paralelo para configurarlo convenientemente. En muchos casos se podrá seleccionar el modo automático.

14. Por último, configurar las opciones de ahorro de energía y la clave de seguridad, si se desea.
15. Revisar todos los parámetros una vez más, grabar los cambios y salir de la BIOS. Para que los cambios sean efectivos es necesario reiniciar el ordenador y en el proceso de arranque se debe prestar atención al mismo, por si ocurriese algún problema o la detección de errores. Si todo ha ido bien, el sistema operativo arrancará desde el disco duro y se dará por terminado el proceso.

3.2.4. Sustituir el microprocesador

Si lo que se desea es aumentar las prestaciones del ordenador, lo más recomendable es migrar a un modelo superior el microprocesador.

Actualizar un Intel 80386 o inferior

Es imposible cambiarlo sin cambiar la placa base.

Actualizar un Intel 80486

En esta situación hay más opciones, aunque son muy limitadas por la antigüedad de estos microprocesadores. Ante todo, se debe comprobar que la placa base pueda proporcionar un voltaje de 3.3v, además de los 5v del estándar. Este voltaje más pequeño es el de los microprocesadores a 100 MHz o más, que serán los apropiados para actualizar el ordenador con una inversión mínima. Para saber si podemos usar este voltaje, bastaría consultar el manual de la placa base.

Actualizar un Intel Pentium

Si el ordenador tiene uno de los primeros Pentium, a 60 ó 66 MHz y que usan voltaje de 5v, la única solución es instalar un OverDrive o cambiar la placa base en su totalidad, lo cual es más recomendable. Si es un Pentium a 75, 90, 100 MHz o más, se necesitará conocer las opciones de actualización de la placa base. Por ejemplo, la velocidad y el multiplicador. Así se podrá cambiar un Pentium a 75

MHz, con velocidad igual a 50 y multiplicador x1.5, por un Pentium a 133 MHz, simplemente, al cambiar la velocidad a 66 y el multiplicador x2.

Finalmente, es importante tener en cuenta que los parámetros de la BIOS deben ser actualizados para que el ordenador funcione correctamente.

3.2.5. Instalar un disco duro

Cuando se necesita instalar un disco duro, lo primero que hay que hacer, es recopilar información sobre la configuración actual del ordenador.

1. Verificar si hay espacio para el disco duro en el interior de la caja del ordenador.
2. Verificar la interfaz del disco duro, si es IDE o SCSI. Lo usual es la interfaz IDE.
3. Anotar la configuración del disco duro actual.
4. Verificar qué tamaño de disco duro admite el ordenador.
5. Hacer una copia de seguridad del disco duro actual.
6. Preparar un disquete de arranque del sistema operativo, donde deben quedar incluidos los archivos para el acceso al reproductor de CD-ROM, si el ordenador lo tiene y se planea reinstalar el sistema operativo desde este dispositivo. También es recomendable incluir en el disquete los archivos de los comandos `FDISK` y `FORMAT` para dar formato al nuevo disco duro, así como el `SCANDISK` o `CHKDSK`, por si hubiera problemas.
7. Instalar físicamente el nuevo disco duro. Para ello, ante todo, se deben apagar el ordenador y los periféricos. Desconectar todos los cables que van al CPU, abrir la caja, elegir la bahía apropiada y fijar con los tornillos el nuevo disco duro a la caja.
8. Conectar el disco duro a la fuente de alimentación.
9. Cerrar la caja y conectar el ordenador. Entrar a la BIOS y en la opción correspondiente, configurar los datos del nuevo disco duro, que deben estar en el manual del mismo. En última instancia, se puede elegir la configuración automática.
10. Guardar los cambios y reiniciar el ordenador, esta vez con el disquete de arranque preparado anteriormente.

11. Ejecutar `FDISK` para dar formato físico al nuevo disco duro y crear las particiones necesarias. Reiniciar el ordenador cuando se haya finalizado esta operación.
12. Ejecutar `FORMAT /S` para dar formato lógico al nuevo disco duro, con transferencia de sistema operativo. Una vez terminado, reiniciar el ordenador, esta vez, desde el nuevo disco duro.

3.2.6. Actualizar la memoria RAM

Ante todo, es importante tener en cuenta que actualizar la memoria RAM de un ordenador muy antiguo resulta casi imposible, ya que en estos ordenadores la memoria o no es ampliable, porque los bancos están soldados en la placa base o porque no hay zócalos disponibles. También puede ser que ya no se fabriquen bancos de memoria RAM del modelo en cuestión. Los pasos que se deben seguir son, en general, los siguientes.

1. Identificar el tipo de memoria RAM que usa el ordenador. La fuente apropiada de información a este respecto es el manual de la placa base.
2. Elegir la configuración de la memoria RAM que será añadida al ordenador.

Tabla 3.1.

Microprocesador de memoria	*Banco*	*Características*
Intel 80386 o un Intel 80486	SIMM de 30 patillas	De a 4 iguales
Intel 80486	SIMM de 72 patillas	De a 1
Intel Pentium	SIMM dc 72 patillas	De a 2 iguales
Intel Pentium	DIMM de 168 patillas	De a 1

3. Instalar los bancos de memoria en los zócalos de la placa base.
4. Verificar el funcionamiento de la nueva memoria. Como muy importante, que la BIOS la reconozca, tanto en el test del arranque del ordenador, como en las opciones de la misma.

Problemas y soluciones

Instalar nueva memoria RAM en un ordenador puede ser un verdadero dolor de cabeza, no por la complicación de la operación, que es muy sencilla, sino por los pequeños problemas e incompatibilidades que en ocasiones ni siquiera tienen un motivo identificable.

Tabla 3.2.

Problema	*Solución*
No hay zócalos libres.	No queda más remedio que deshacerse de los viejos bancos de memoria.
No se encuentra la memoria apropiada.	Ser paciente.
El ordenador no arranca o se detectan errores en el arranque.	1. Verificar que se han instalado correctamente los bancos de memoria en la placa base. 2. Verificar si la nueva memoria es del tipo y velocidad adecuados. 3. Verificar, manual de la placa base en mano, si se han instalado los bancos de memoria en los zócalos adecuados y si es una combinación posible. 4. Intercambiar los bancos entre sí e intentar nuevamente. 5. Probar con otros bancos.

4

Sistemas operativos

¿Cuál es el concepto de sistema operativo? Esencialmente es un software que permite la comunicación con el hardware, "habla" con el microprocesador en forma directa y habilita sus prestaciones de manera óptima.

Las funciones del sistema operativo son básicamente cinco:

- Gestión de recursos del ordenador.
- Control de lo que hace el ordenador y de cómo lo hace.
- Uso de programas a petición del usuario del PC.
- Organización de los archivos.
- Comunicación usuario-ordenador.

En este capítulo, se le prestará especial atención a MS-DOS, que es el sistema operativo del ordenador personal, por excelencia.

4.1. MS-DOS

MS-DOS es un acrónimo de *Microsoft Disk Operating System*, sistema operativo que está instalado en la mayoría de los ordenadores.

MS-DOS es aparte de un sistema operativo, un conjunto de programas que permiten manipular información contenida en unidades de almacenamiento, de esta forma es posible trabajar con facilidad, comodidad y rapidez con estas.

A lo largo del tiempo MS-DOS ha ido mejorando, desde su primera versión en 1981. Las versiones que puedan existir, han sido creadas para corregir errores detectados en la versión anterior o para mejorar ciertas partes del software. Por ejemplo, incluir las prestaciones de los nuevos microprocesadores y en gran medida aprovechar mejor sus ventajas.

MS-DOS es un sistema operativo monousuario y monotarea. En otras palabras, el microprocesador está en cada momento dedicado en exclusividad a la ejecución de un solo proceso.

4.1.1. Reseña histórica

La parte lógica o el software de los ordenadores se ha complicado conforme han evolucionado éstos. Los primeros ordenadores, sólo podían programarse en lenguaje de máquina y podría afirmarse que el sistema operativo aún no existía.

La aparición del Assembler, lenguaje de programación mnemotécnico-simbólico, constituyó un gran avance sobre la primitiva programación en lenguaje de máquina. La explotación de los sistemas informáticos ha ido creciendo con el tiempo; los más sencillos funcionaban con monoprogramación. La monoprogramación o monoejecución es una forma de explotación en el que se ejecuta solamente un programa cada vez y no comienza la ejecución de otro hasta terminar con el anterior.

En 1948, de la mano de Noam Chomsky, surge la teoría de las gramáticas generativas transformacionales, que es la base de los traductores de lenguajes de programación. En 1955 comenzó el desarrollo de los lenguajes de alto nivel y al mismo tiempo empezó la división del trabajo en operadores y programadores. Las funciones del operador tenían que ver, más directamente, con la administración y control de los recursos del sistema operativo y la carga de trabajos mientras que los programadores codificaban los programas.

El programa bautizado como "monitor" fue el antepasado del sistema operativo. Abarca funciones muy elementales, como visualizar y modificar los contenidos de la memoria principal, el lanzamiento automático de un programa, la introducción de puntos de ruptura en los programas para la puesta a punto, entre otras. Gracias al monitor apareció el concepto de secuencia automática de trabajos.

Actualmente, al estar superado el concepto de monoprogramación, es frecuente que tengamos que familiarizarnos con los conceptos de multiprogramación, tiempo compartido, multiproceso y tiempo real.

El constante y vertiginoso desarrollo de los sistemas operativos dan la posibilidad de explotar los procesos en paralelo y en forma concurrente. También de integrar distintos sistemas operativos, a través de las interfaces gráficas de usuario y la arquitectura cliente-servidor.

A finales del año 1980, IBM se puso en contacto con Microsoft y le expuso que estaba desarrollando su propio ordenador personal de 8 bits, al estilo del Apple Macintosh. A IBM le interesaba que Microsoft portara su BASIC, considerado uno de los primeros lenguajes de programación para ordenadores personales, para que se incluyera en la memoria ROM de su nuevo ordenador.

El 12 de agosto de 1981 *IBM* presentó su nuevo ordenador personal, conocido como PC y al sistema operativo se le nombró PC-DOS. *Microsoft* mantuvo el nombre MS-DOS para sus propios desarrollos.

> ***Nota:*** *Aunque la creencia general es que MS-DOS fue creado por Microsoft Corporation, en realidad el verdadero creador de este sistema fue Tim Paterson, un empleado de* Seattle Computer Products.

A partir de la aparición en 1981 del IBM-PC de 16 bits en el bus de direcciones, MS-DOS es el sistema operativo más difundido y considerado un estándar, ya que hay millones de ordenadores personales distribuidos por el mundo. La primera versión funcionaba sobre un equipo que disponía de 64 KB de memoria RAM y dos lectores de disquetes de 5,25 pulgadas de una cara, con una capacidad de 160 KB. El microprocesador era un Intel 8088 de 8 bits a una velocidad de 4,7 MHz.

Este sistema operativo fue patentado por las empresas Microsoft Corporation e IBM, con dos versiones similares, una de cada empresa, llamadas MS-DOS y PC-DOS respectivamente.

A MS-DOS le acompañan unos números que indican la versión. Si la diferencia entre dos versiones es la última cifra representa que sólo tiene pequeñas variaciones con respecto a la versión que la precede. Sin embargo, si es en la primera cifra representa cambios fundamentales. Las versiones se comenzaron a numerar por 1.0 en agosto de 1981. En mayo de 1982 se lanzó la versión 1.1 con soporte de disquetes de dos caras. La versión 2.0 se creó en marzo de 1983 para gestionar el PC-XT, que incorporaba disco duro de 10 MB. Su principal aporte fue el soporte de estructura de directorios y subdirectorios.

En agosto de 1984, con la aparición de los ordenadores del tipo AT, que empleaban un microprocesador Intel 80286 a 8 MHz de velocidad y tenían soporte de disquetes de 5,25 pulgadas de alta densidad (HD 1.2 MB), MS-DOS evolucionó hacia la versión 3.0. Esta versión podía ser instalada en ordenadores más antiguos, pero no se podía realizar la operación a la inversa, es decir, no era posible instalar versiones anteriores en el nuevo ordenador.

La versión 3.2 se lanzó en diciembre de 1985, para admitir unidades de disquete de 3,5 pulgadas (DD 720 KB y HD 1.44 MB). Casi un año y medio después, en abril de 1987, apareció la versión 3.3, con la capacidad de crear múltiples particiones en el disco duro.

La versión 4.0 de noviembre de 1988, gestiona discos duros con particiones de más de 32 MB y hasta 512 MB. Dispone de una nueva interfaz gráfica y soporte de memoria expandida. Además, esta versión, permite el empleo de la memoria expandida del ordenador; anteriormente MS-DOS sólo podía reconocer 640 KB de memoria RAM. Actualizar el ordenador a la versión 4.0 desde una versión anterior puede traer dificultades ya que habrá que dar formato el disco duro con la nueva versión y es posible que algunos programas necesiten funciones de MS-DOS que ya no están disponibles.

La versión 5.0 llegó para junio de 1991 y proporciona controladores (*drivers*) para gestionar nuevas ampliaciones de memoria e incorpora un editor y un entorno gráfico bastante potente, además que puede ser instalado independientemente de la versión anterior de sistema operativo.

La versión 6.0 se lanzó en abril de 1993 y como padecía de muchos errores fue sustituida el mismo año por la versión 6.2. Las mejoras de la versión 6.0 incluyen herramientas de compresión de discos, antivirus, programas de copias de seguridad por menú, defragmentador de disco y el administrador de memoria ampliada, conocido como MemMaker. A finales de 1993 se lanzó la versión 6.2 con mejoras en el duplicador de espacio en disco y la posibilidad de borrar un directorio independientemente de su contenido, entre otras ventajas.

4.1.2. La instalación

Para instalar MS-DOS bastará con ejecutar el programa de instalación que encontramos en el disquete número uno de la distribución oficial de MS-DOS. No es posible ejecutar MS-DOS desde los disquetes de instalación ya que dichos archivos están comprimidos.

El programa de instalación detecta el tipo de hardware y de software que contiene el PC y le comunica a este si no cumple con los requisitos mínimos o si existen características incompatibles con MS-DOS.

4.1.3. El arranque

Cuando encendemos el ordenador, MS-DOS chequea los dispositivos de entrada y salida, es decir, teclado, monitor, discos duros, lector de disquetes, memoria RAM, así como cualquier otro periférico que haya sido instalado. Después busca el archivo de arranque del sistema operativo y lo carga. La búsqueda se realiza en el disco duro, primeramente. Si allí no encuentra el archivo, busca en la unidad lectora de disquetes.

En el proceso de arranque intervienen distintos archivos cada uno con una misión específica.

El MSDOS.SYS es el *kernel* o núcleo del sistema operativo y sus funciones más importantes son la gestión de archivos, de registros de memoria, entre otras. Es independiente del hardware y está considerado uno de los archivos imprescindibles del sistema operativo, pues, además, contiene un grupo considerable de servicios de sistema.

El IO.SYS que contiene un conjunto de instrucciones para la transferencia de entrada/salida desde los periféricos a la memoria. Además, prepara el sistema en el arranque, así como a los controladores (*drivers*) de los dispositivos instalados.

El COMMAND.COM se encarga del análisis sintáctico y la gestión de las órdenes que el usuario le da al ordenador. Es uno de los archivos de sistema de MS-DOS. Es el intérprete de los comandos, mediante los cuales el usuario se comunica con el ordenador. También contiene los comandos internos de MS-DOS.

Está dividido en 3 partes:

1. **Residente:** Es cargada en la porción baja de la memoria, por encima del kernel y de la BIOS. Gestiona las órdenes Control-Espacio y los errores críticos.
2. **Inicialización:** Está encargada de procesar el AUTOEXEC.BAT. A diferencia de la parte residente, es descargada después de cumplir su función.
3. **Transitoria:** Es cargada en el extremo superior de la memoria. Prepara el símbolo para la entrada de las órdenes del usuario (*prompt*). Es la parte que ejecuta las órdenes que le damos al ordenador. Es cargada bajo demanda.

El COMMAND.COM chequea las órdenes siguiendo la secuencia siguiente:

- Si es una orden para ejecutar un comando interno.
- Si es una orden para ejecutar un comando externo.
- Si es una orden que involucra un archivo .COM.
- Si es una orden que involucra un archivo .EXE.
- Si es una orden que involucra un archivo .BAT.

El CONFIG.SYS es también un archivo de sistema. MS-DOS lo ejecuta antes del AUTOEXEC.BAT y contiene comandos de configuración del ordenador. Depende de las tareas puede que necesitemos una configuración distinta. Sin este archivo o sin algún comando de él, el sistema puede no funcionar. Puede contener comandos para cargar dispositivos, establece el máximo de archivos a abrir a la vez y las zonas temporales de memoria o buffer.

El AUTOEXEC.BAT es un tipo especial de archivo de procesamiento de lotes de comandos, porque se autoejecuta cuando el sistema operativo arranca. De ahí su nombre. Los comandos inicializan opciones del sistema operativo, como la fecha y el día de la semana, inicialización del ratón, opciones de la memoria extendida a expandida, el tipo de teclado, etc.

El arranque, paso a paso

1. Es encendido el ordenador.
2. Es leída la memoria ROM y se inicia la ejecución del *bootstrap* con la exploración del sector de arranque, creado al instalar MS-DOS en el disco duro.
3. El *bootstrap* verifica que exista el archivo IO.SYS. Si lo encuentra es que el ordenador tiene instalado MS-

DOS y es posible arrancarlo. Si aparece un error, casi siempre es porque falta este archivo.
4. Es transferido el control al IO.SYS y cargado en la parte baja de memoria RAM.
5. El IO.SYS carga la BIOS que controla los periféricos y el *sysinit* creado por Microsoft, que determina la cantidad de memoria del sistema.
6. El *sysinit* se reinstala así mismo en la parte alta de la memoria y en su lugar carga el kernel, al mismo tiempo que comprueba la cantidad de memoria del sistema.
7. El kernel verifica el estado de los periféricos.
8. El *sysinit* llama a los servicios del kernel y ejecuta el CONFIG.SYS. Si encuentra algún error lo notifica pero no se detiene.
9. El *sysinit* carga el COMMAND.COM.
10. El *sysinit* es descargado de la memoria.

4.1.4. El sistema de archivos

MS-DOS controla la gestión de archivos del ordenador, como la mayoría de los sistemas operativos conocidos. Para ello tiene una estructura arborescente y jerárquica en la que se identifican unidades de almacenamiento, dentro de ellas directorios y a su vez, dentro de ellos, otros directorios y los archivos. Las unidades son los disquetes, en su correspondiente lector, el disco duro, el CD ROM, entre otras. Los directorios son carpetas donde se guardan los archivos. Los archivos son la menor unidad de almacenamiento y pueden ser de varios tipos; de datos, de sistema, programas, etc. Cada unidad de almacenamiento dispone de una tabla, que describe la localización y los detalles de todos los directorios y archivos que contiene, conocida como FAT (*File Allocation Table*).

Directorios

Un directorio es una zona o división lógica de almacenamiento. Cada directorio es visto por el sistema operativo como una estructura jerárquica en forma de árbol. En cualquier momento el usuario está en un determinado directorio y a menos que se indique el cambio a otro de ellos, todos los archivos se buscan o se crean en él. Lo mismo que para los archivos, un directorio se identifica con un nombre, compuesto de 1 a 8 caracteres y una extensión de 0 a 3 caracteres. El directorio conocido como directorio raíz, es el padre jerárquico de todos los directorios y archivos de una unidad de almacenamiento y se indica con una ruta. La ruta está formada por la letra que identifica a la unidad de almacenamiento y uno o varios directorios, separados por la barra invertida. Por ejemplo, la ruta del directorio raíz del disco duro C se escribiría C:\.

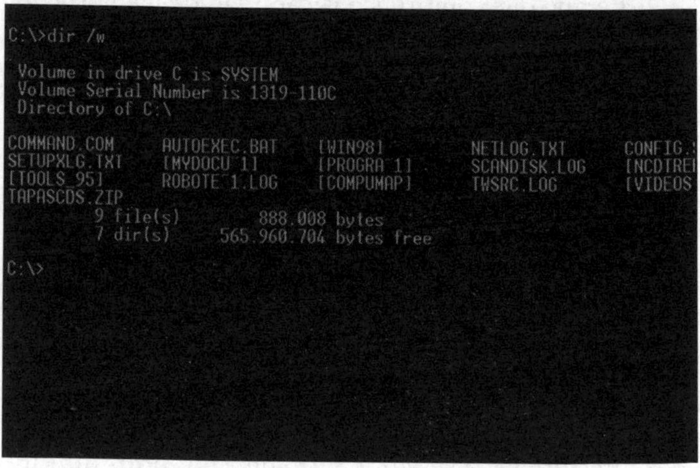

Figura 4.1. Comando DIR de MS-DOS.

Cuando se crea un directorio automáticamente el sistema operativo crea otros dos subdirectorios, que no es posible borrar:

- El directorio . que hace referencia al directorio en sí.
- El directorio .. que hace referencia al directorio padre.

Lo anterior se puede encontrar en todos los directorios de una unidad de almacenamiento, con excepción del directorio raíz.

Archivos

El archivo es la menor unidad de almacenamiento de información en MS-DOS. Su estructura consta de:

- Nombre.
- Tamaño.

- Fecha y hora de creación o última modificación.
- Atributos.

El nombre va seguido de una extensión y separados por un punto.

El nombre puede tener de uno a ocho caracteres y la extensión de cero a tres. MS-DOS admite caracteres para nombres de archivos, desde la A hasta la Z, del 0 al 9 y caracteres especiales (^, $, !, #, %, &, {, }, (,), -, _, ...). La extensión de un archivo, no es puro trámite, habitualmente indica el tipo de archivo. La tabla 4.1 describe para cada extensión, de las más comunes, el tipo de archivo al que hace referencia.

Tabla 4.1. Extensiones y tipos de archivo en MS-DOS.

Extensión de archivo	*Tipo de archivo*
BAT	Archivo de procesamiento por lotes
BAK	Archivo de copia de seguridad
COM	Archivo de comandos ejecutable
EXE	Archivo ejecutable
DOC	Archivo de documentos
TXT	Archivo de texto
DBF	Archivo de base de datos
HLP	Archivo de ayuda (*help*)
SYS	Archivo de sistema
TMP	Archivo temporal
BAS	Archivo de lenguaje de programación

Los atributos permiten asociar a los archivos características especiales.

Son cuatro atributos; de sistema, oculto, de sólo lectura y de archivo, además de uno especial que indica cuando es un directorio. Estos atributos pueden estar activados o desactivados.

- **De sólo lectura (*read-only*):** Se usa para proteger un archivo de forma que sólo pueda ser leído y no pueda ser borrado ni modificado.
- **De archivo (*archive*):** Se usa para conocer si ha sido modificado un archivo. Se activa al crear un archivo

o modificarlo, aunque se puede desactivar. Es muy útil para copias de seguridad.

- **Oculto (*hidden*):** Se usa para esconder un archivo y evitar que sea procesado por comandos de MS-DOS. Cuando está activado, no es posible borrar ni copiar el archivo, ni aparece el mismo al hacer un listado del contenido del directorio. Si el archivo es ejecutable, podrá ser ejecutado sin problemas y si es un archivo de datos, éstos podrán ser consultados.
- **De sistema (*system*):** Se usa para identificar los archivos propios del sistema operativo, usados para cargar la configuración del ordenador e inicializarlo. Se puede activar en cualquier archivo y éste se comportará como un archivo oculto, pero no se podrán ejecutar.
- **De directorio:** Es el atributo que indica al sistema que es un directorio. No es posible modificarlo.

Para ver y modificar los atributos se usa el comando ATTRIB, el cual explicaremos más detalladamente en el siguiente epígrafe.

4.1.5. Los comandos

- **MD nombre:** Para crear un directorio indicando el nombre. Es un comando interno.
- **RD nombre:** Para borrar un directorio, que debe estar vacío. Es un comando interno.
- **DELTREE:** Para borrar un directorio sin que esté vacío. Es un comando externo.
- **DIR:** Para ver el contenido de un directorio. Es un comando externo.
- **CD:** Para cambiar el directorio activo. Es un comando interno.
- **TREE:** Comando externo que presenta de forma gráfica la estructura de directorios. Tiene dos parámetros, /F para mostrar los nombres de los archivos que cada directorio contiene y /A para mostrar la misma información, pero en modo texto.
- **MOVE:** Para mover o renombrar directorios, excepto el directorio activo.
- **TYPE:** Para mostrar el contenido de un archivo de texto. Es un comando interno.

- **PRINT:** Para imprimir un archivo de texto por impresora. Tiene cuatro parámetros, `/T` que borra la cola de impresión y coloca el nuevo archivo en el buffer de la impresora, `/D` para indicar el puerto en el que está instalada la impresora, `/Q` para indicar el tamaño de la cola de impresión y `/U` para indicar el valor del tiempo a esperar si la impresora no está lista.
- **COPY:** Para copiar archivos de un lugar a otro. Tiene como único parámetro /V, para verificar la copia. Es un comando interno.
- **MOVE:** Para mover un archivo de un directorio a otro. El parámetro más importante es /Y para indicar que si el directorio destino no existe, debe ser creado.
- **RENAME:** Para cambiar el nombre de uno o varios archivos. Es un comando interno.
- **DEL, ERASE:** Para eliminar los archivos especificados. El parámetro más importante es /V, para pedir confirmación antes de borrar un archivo. Es un comando interno.
- **FC:** Para comparar archivos. Con el parámetro /B realiza la comparación en forma binaria y con el parámetro /L realiza la comparación línea a línea.
- **UNDELETE:** Para recuperar archivos que hayan sido borrados con el comando **DEL**. Es un comando externo y tiene tres parámetros interesantes, `/LIST` para mostrar la lista de archivos recuperables, `/ALL` para recuperar todos los archivos sin pedir confirmación y `/DOS` para crear una lista de archivos eliminados con el comando `DEL` y otra de archivos eliminados por otras vías.
- **XCOPY:** Para copiar archivos y directorios con diferentes opciones.
- **VERIFY (ON/OFF):** Para indicar al sistema operativo si debe comprobar que los archivos hayan sido escritos correctamente en el disco.
- **DOSKEY:** Para recordar, con una combinación de teclas, los últimos comandos introducidos.
- **ATTRIB nombre opciones:** Para ver y modificar los atributos de un archivo. Las opciones son:

  - **+/- A:** Cambia el atributo de modificado.
  - **+/- H:** Activa o desactiva el atributo de oculto.
  - **+/- R:** Cambia el atributo de sólo lectura.
  - **+/- S:** Activa o desactiva el atributo de sistema.

- **FDISK:** Para ver y modificar las particiones de un disco duro.
- **FORMAT unidad opciones:** Para dar formato lógico de alto nivel a la unidad de almacenamiento especificada. Las opciones son:
  - `/Q` para dar formato rápido.
  - `/U` para dar formato incompleto.
  - `/S` para copiar los archivos de arranque del sistema después de dar formato al disco.
  - `/V` para indicar la etiqueta que identifica al disco.
  - `/F` para indicar el tamaño con el que se le debe dar formato al disco.
- **SYS:** Para transferir el COMMAND.COM a un disco con formato.
- **DISKCOPY:** Para copiar un disquete a otro.
- **DISKCOMP:** Para comparar dos disquetes sector por sector.
- **CHKDSK:** Para comprobar la integridad de los datos almacenados en el disco.
- **DEFRAG:** Para defragmentar y optimizar el uso del espacio en el disco. Reordena los archivos en forma secuencial.
- **SCANDISK:** Para comprobar la integridad de los datos almacenados, sobre la base del chequeo del estado del disco.

Figura 4.2. Archivo CONFIG.SYS de MS-DOS.

4.2. Otros sistemas operativos

Hay tres grandes familias de ordenadores con sus respectivos sistemas operativos. Los grandes ordenadores, que llevan incorporados varios microprocesadores funcionando a la vez o en paralelo. Los ordenadores de tipo medio, que tienen de uno a cuatro microprocesadores muy versátiles que funcionan en paralelo y por último los ordenadores personales, que tienen un ordenador más o menos rápido. En este epígrafe nos referiremos, brevemente, a los sistemas operativos que pertenecen al primero y segundo grupos.

4.2.1. Unix

Cuando en 1966, un grupo de investigadores de los Laboratorios Bell desarrolló un sistema operativo experimental llamado MULTICS, se estaba gestando el nacimiento de Unix. Muchas fueron las idas y venidas de la estabilización del sistema operativo, tal y como hoy se le conoce en sus dos vertientes principales; la desarrollada por los Laboratorios *Bell* y la desarrollada por la Universidad de *Berkeley*.

En 1973, fue escrito el kernel de Unix en C, un lenguaje de programación de alto nivel, a diferencia de la mayoría de los sistemas, escritos generalmente en Assembler. El Unix en C se podía mantener con mayor facilidad y podía portarse a otros sistemas informáticos casi sin modificaciones.

Así, Unix se hizo muy popular por sus innovaciones y por estar escrito en lenguaje de alto nivel modificable. Pero también porque sus prestaciones siguieron creciendo.

Tabla 4.2. Cronología de UNIX.

Fecha	*Hechos*
1974	Se empieza a usar en los Laboratorios Bell la cuarta edición.
1977	Salen la quinta y sexta ediciones, con muchas más herramientas.
1978	Entre los Laboratorios Bell y las universidades se cuenta con más de 600 ordenadores que usan el sistema operativo.

Fecha	Hechos
1979	Sale la séptima edición.
1982	Primera versión comercial.
1985	Sale la versión 2, con protección de archivos y registros para uso exclusivo por un programa, control de tareas y administración ampliada del sistema.
1989	Sale la versión 4, que fusiona las distribuciones más populares de Unix y los sistemas BSD, Xenix y SunOS, con ajustes a los estándares definidos IEEE, ANSI y NIST.

4.2.2. Linux

Linux es un sistema operativo gratuito y de libre distribución inspirado en el sistema operativo Unix, escrito por Linus Torvalds con la ayuda de miles de programadores en Internet. Linux no es en general tan sencillo de emplear como otros sistemas operativos, como MS-DOS, aunque con el desarrollo de interfaces gráficas cada vez más amigables, se amplía su uso y se eliminan los tabúes que rodean a este tipo de software.

Pese a todo, la enorme flexibilidad de Linux y su gran estabilidad, además de sus bajos costos, han hecho de este sistema operativo una opción a tener en cuenta por aquellos usuarios que se dediquen a trabajar con redes de ordenadores, naveguen por Internet o empleen su tiempo en la programación de aplicaciones.

El futuro de Linux es brillante e involucra cada vez más y más gente y más y más empresas, tan importantes en el mundo informático, como IBM, Intel, Borland, entre otras.

¿Qué son las distribuciones? Una de los primeros conceptos que aparecen al iniciarse en Linux es el concepto de distribución. Una distribución es un agrupamiento del *kernel* del sistema operativo Linux original y otras aplicaciones.

En principio las empresas que desarrollan las distribuciones de Linux cobran derechos por estas aplicaciones, aunque en la mayor parte de las ocasiones se pueden conseguir descargándolas de sitios Web en Internet, de libros, revistas, sin que ello implique una tenencia ilegal del producto.

Todas estas formas son gratuitas y legales.Las distribuciones más conocidas son RedHat, Debian, Slackware y SuSE, todas ellas incluyen el *software* más reciente y ya en explotación, como por ejemplo, compiladores del lenguaje de programación C/C++, editores de texto, juegos, programas para el acceso a Internet, así como el entorno gráfico de Linux: X Window.

Al contrario que otros sistemas operativos, el trabajo con Linux no se realiza en un entorno gráfico, como primera opción, sino introduciendo comandos de forma manual. Linux dispone de varios programas que se encargan de interpretar los comandos que introduce el usuario y realiza las acciones oportunas en respuesta.

Estos programas denominados *shell* son el modo típico de comunicación en todos los sistemas basados en Unix, incluido Linux. Para muchas personas el hecho de tener que introducir los comandos de forma manual puede parecer intimidante y dificultoso, aunque en general los comandos de Linux son relativamente simples y muy poderosos.

No obstante, casi todas las distribuciones más recientes incluyen el entorno X Window, que es el encargado de controlar y manejar la interfaz gráfica de usuario.

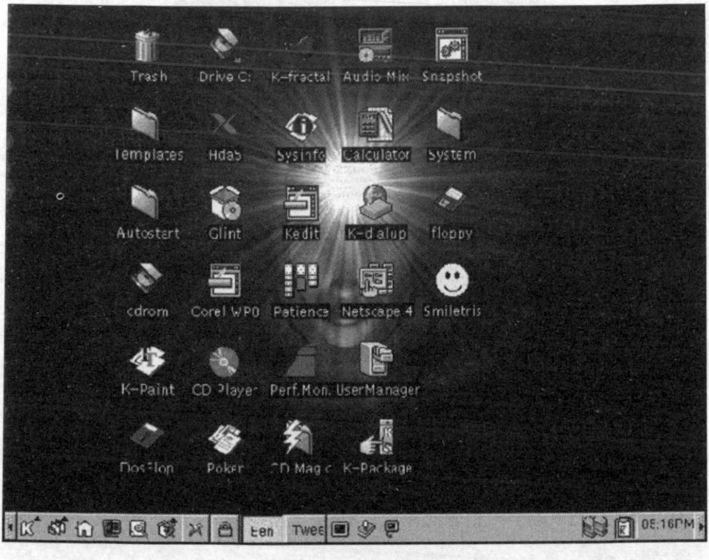

Figura 4.3. Escritorio de entorno gráfico en Linux.

Linux es un sistema operativo multitarea y multiusuario. Esto quiere decir que es capaz de ejecutar varios programas o tareas simultáneamente y dar servicio a varios usuarios, también en forma simultánea. Por lo tanto, todos los usuarios de un ordenador con Linux deben tener una cuenta de usuario en el sistema que establezca sus privilegios y permisos.

A su vez Linux organiza a los usuarios en grupos, de forma que se puedan establecer privilegios generales a cada uno de ellos, para el acceso a determinados archivos o servicios del sistema. Esta organización es muy recomendable para el trabajo con ordenadores en red.

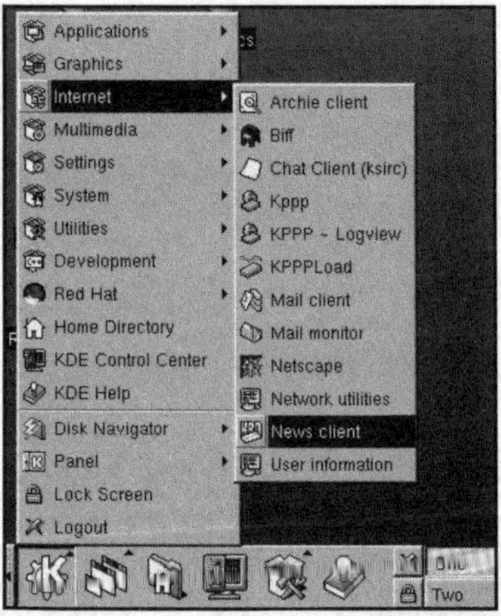

Figura 4.4. Menú de inicio del entorno gráfico en Linux.

Las últimas versiones de cada distribución de Linux, se muestran en la siguiente tabla.

Tabla 4.3. Algunas de las versiones de las distribuciones de Linux.

Distribución	*Versión*
Red Hat	8.0
Debian	3.0r1
SuSE	8.1
Slackware	8.1

4.2.3. OS/2

OS/2 son las siglas de Sistema operativo de segunda generación. La idea de OS/2 surgió entre IBM y Microsoft a mediados de los 80, en un intento de hacer un sucesor de MS-DOS, el cual ya empezaba a acusar el paso del tiempo y claramente no aprovechaba todos los recursos de los ordenadores basados en el microprocesador Intel 80286.

OS/2 1.0 salió en abril de 1987 y era un sistema operativo de 16 bits, pensado para trabajar sobre el microprocesador Intel 80286. Aprovechaba plenamente el modo protegido de este ordenador, haciendo uso de sus capacidades para protección de memoria, gestión de multitarea, etc. El resultado fue un sistema operativo estable, rápido y muy potente.

OS/2 ya tenía incorporado desde esa primera versión la multitarea real. Se podían ejecutar varias sesiones simultáneamente, en cada una de ellas se podían tener múltiples programas y cada uno de ellos podía tener múltiples hilos (*threads*) en ejecución. Se trataba de una multitarea jerárquica, con cuatro niveles de prioridad:

- **Crítica:** Útil para programas que requieren atención casi constante por parte del microprocesador, como, por ejemplo, un módem.
- **De primer plano:** Correspondiente al programa que controla el monitor, el teclado y el ratón.
- **Media:** Para programas en *background* ejecutados por el usuario.
- **Desocupada:** Para tareas de poca importancia o lentas, como el *spooler* de impresión.

Dentro de cada nivel de prioridad, a excepción de la de primer plano, existen 32 niveles de prioridad, los cuales son asignados dinámicamente a cada programa por el sistema operativo en función del porcentaje de uso que cada uno de ellos haga del microprocesador. OS/2, además, permitía la habilitación de memoria virtual, con lo que se podían ejecutar programas más largos que lo que la memoria RAM instalada permitiría en principio. Los requerimientos de aquella versión eran un Intel 80286 con 2 MB de memoria RAM. Por otro lado, incluía la característica de compartir código, al cargar dos veces un mismo programa. El código no se duplicaba en memoria RAM, sino que el mismo código era ejecutado por dos hilos (*threads*) diferentes. Esto permitía ahorrar mucha memoria. Esta versión de OS/2 era íntegramente en modo texto. Si bien el sistema operativo daba la posibilidad de usar el modo gráfico de la tarjeta del ordenador, no incluía ninguna interfaz que ayudase en ello.

En la versión 1.1, aparecida en octubre de 1988, llegó, finalmente el Presentation Manager, un gestor en modo gráfico, junto con la primera versión de Work Place Shell. Ambos formaban un entorno gráfico muy parecido al aún no comercializado Microsoft Windows 3.0.

El gran problema de OS/2 es que seguía siendo un sistema operativo de 16 bits, con lo que no aprovechaba plenamente las capacidades del microprocesador Intel 80386 que empezó a extenderse con gran rapidez. La versión de OS/2 de 32 bits presentada por Microsoft en 1990 era casi igual que la versión 1.3, con la única e importante diferencia de que el kernel era de 32 bits. IBM, por su parte, quería un escritorio orientado a objetos y no el clásico *shell* de OS/2 1.x, que fuera copiado por Microsoft para su Microsoft Windows 3.0.

OS/2 2.0, la primera versión de OS/2 de 32 bits, salió al mercado en 1992, como un sistema operativo de IBM. Tenía todas las ventajas de los anteriores OS/2, unido al nuevo núcleo de 32 bits. No se trataba, por tanto, de un retoque de la versión de 16 bits, sino un sistema operativo prácticamente nuevo que aprovechaba al máximo las capacidades del modo protegido del microprocesador Intel 80386.

El Work Place Shell fue muy mejorado con el resultado de un shell totalmente orientado a objetos, con acceso directo a los archivos, directorios dentro de los directorios, uso de alias y un escritorio de verdad. *IBM* consiguió vender OS/2 2.0 ampliamente, sin embargo, no consiguió su auténtico despegue, en parte por la falta de apoyo por parte de las empresas productoras de software.

A principios de 1994 aparece OS/2 Warp, nombre comercial de la versión 3.0 de OS/2. En ella surgen nuevos elementos: un paquete multimedia y un paquete de aplicaciones que permite trabajar con el ordenador con sólo instalar el sistema operativo Así mismo, la cantidad de hardware soportado fue ampliado de manera considerable, para casi cualquier dispositivo existente en el mercado; lector de CD-ROM, impresora, tarjeta de sonido, tarjeta PCMCIA, tarjeta gráfica, tarjeta de captura de vídeo, interfaz SCSI, etc.

Poco después sale al mercado una revisión de OS/2 Warp, con el nombre de Warp Connect, la cual añade un paquete completo de conexión a redes, para cualquier estándar de red, incluyendo Novell Netware y protocolo TCP/IP.

En noviembre de 1996 se hizo la presentación de Merlín, nombre clave de OS/2 4.0 y que, en contra de lo que mucha gente piensa, no tiene nada que ver con el mítico mago de la corte del rey Arturo, sino con un pájaro parecido a un águila. Merlín trae todo lo que ofrecía OS/2 3.0, pero lo amplía con un conjunto extra de características que lo hicieron más versátil.

5

Programas más usados

5.1. Editor de texto

El editor de texto es una herramienta muy común en el ordenador. Es el programa que facilita la edición de documentos, con determinado formato y características, que si bien la forma en que se definen, puede variar de un software a otro, en general guardan similitud entre sí.

Con un editor de texto se podrá escribir una carta, un currículo, una monografía; también se podrá enriquecer el documento con imágenes o ilustraciones, colores y tipografías. De esta forma la edición de documentos ha dejado de pertenecer al mundo de los mecanógrafos profesionales, para convertirse en una tarea accesible a cualquier usuario de un ordenador personal.

5.1.1. Principales funciones

Las funciones más típicas en un editor de texto, parten con la creación de un **Nuevo** documento y la elección de su estilo. Una vez que aparezca la tan temida hoja en blanco, se podrá escribir en el documento el texto y guardarlo en un archivo, nombrado apropiadamente para ser identificado en forma rápida, sólo por el nombre. Por lo tanto, la función **Guardar** es otra de las que no falta en un editor de texto.

En muchas ocasiones se necesita contar con un borrador para revisar o hacer anotaciones, que luego se pasarán al documento como correcciones. La función **Imprimir**, siempre que se disponga de una impresora, permitirá obtener una versión en papel del documento. Si una vez revisado se precisa retomar el documento para hacer los cambios pertinentes, la función Abrir documento, será de utilidad para ubicar y volver a editar el texto.

Otras funciones comunes son la elección de tipografías, dar formato a los párrafos del documento y definir los márgenes por cada hoja. Funciones más sofisticadas van de la mano de las características específicas del software.

5.1.2. Editores de texto más conocidos

1. **Microsoft Word**
   - Etiquetado inteligente de las opciones de autocorrección.
   - Traducción.
   - Ejecución de comandos de voz, con lo que los usuarios pueden dictar texto, realizar cambios de formato directos y explorar los menús utilizando el sistema de voz y los comandos vocales.
   - Combinar correspondencia.

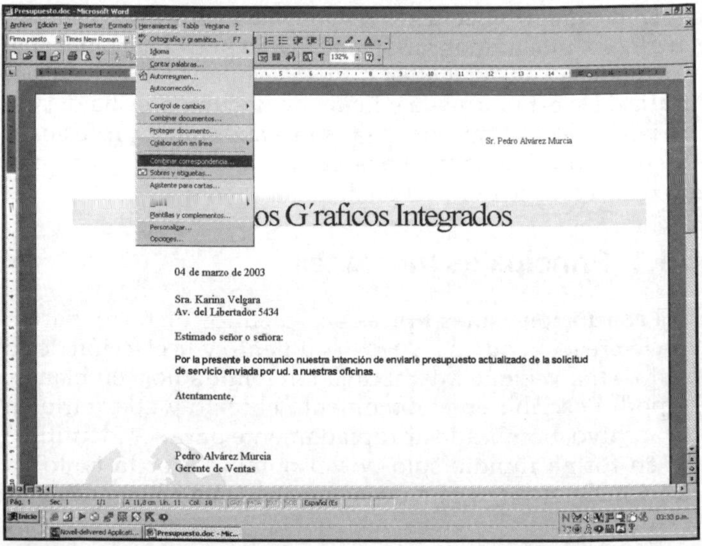

Figura 5.1. Combinación de correspondencia Microsoft Word.

   - Conteo de palabras.
   - Empleo de marcas de agua.

Figura 5.2. Marcas de agua en Microsoft Word.

- Soporte de idioma adicional.
- Estilos de lista.

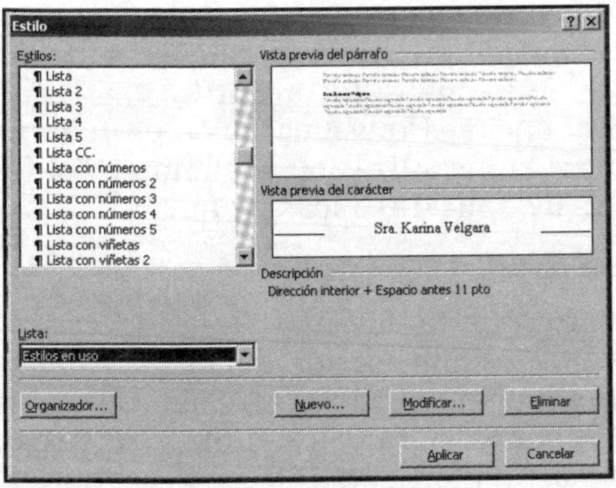

Figura 5.3. Estilos de lista en Microsoft Word.

- Estilos de tabla.
- Lienzo de dibujo.
- Selección múltiple.
- Viñetas de imagen.

2. **WordPerfect**

Figura 5.4. WordPerfect comercial.

- Permite la creación de documentos profesionales, tales como boletines informativos, informes y folletos, con la incorporación de gráficos, diagramas y tablas.
- Las potentes herramientas de escritura para diversos idiomas permiten verificar la ortografía en los documentos, sin necesidad de utilizar un módulo de idioma.
- La capacidad mejorada de conversión de archivos Microsoft permite compartir y mantener la mayor parte de los documentos.
- El conjunto de caracteres actualizado y un *Scrapbook* mejorado permite insertar el símbolo del Euro en los documentos.
- La función Previsualización en tiempo real permite la visualización preliminar del formato antes de aplicarlo a los documentos.

3. **Lotus Word Pro**

- Forma parte de SmartSuite Millennium Edition 9.7, la última edición del office-suite ganador de premios que incluye también Lotus 1-2-3, Lotus Freelance Graphics, Lotus Approach, Lotus SmartCenter, Lotus Organizer y Lotus FastSite.
- Emplea filtros de archivo que permiten el intercambio de documentos de forma fluida de y para el Word Pro y Microsoft Word.
- Es una herramienta de gran utilidad para la redacción de cartas, informes, redacción de libros, trabajos universitarios y escolares.

Figura 5.5. Lotus Word Pro.

- Permite combinar en el mismo documento, gráficos, imágenes y texto ofreciendo todas las posibilidades de presentación de documentos de forma impactante y profesional.
- Permite la corrección ortográfica automática.

5.2. Base de datos

Una base de datos se define como un conjunto de datos organizados y relacionados entre sí, que son recolectados y explotados por los sistemas de información de una empresa o negocio en particular.

Las bases de datos proporcionan la infraestructura requerida para los sistemas de apoyo a la toma de decisiones y para los sistemas de información estratégicos, pues se basan en el análisis de la información contenida en las bases de datos de la organización De ahí la importancia de conocer cómo están estructuradas las bases de datos y su manejo.

5.2.1. Conceptos fundamentales

Para empezar, explicaremos las ventajas que ofrece utilizar un modelo de datos definido e implementado en una base de datos.

1. **Globalización de la información:** Permite a los usuarios considerar la información como un recurso corporativo que carece de dueños específicos.
2. **Eliminación de información redundante o duplicada.**

3. **Eliminación de información inconsistente:** Una base de datos debidamente diseñada, mantiene la consistencia de los datos, aun cuando sean frecuentes las operaciones de actualización.
4. **Información compartida:** Varios sistemas o usuarios pueden utilizar la información almacenada y ordenada en una base de datos.
5. **Integridad en la información:** Sólo se registra la información correcta, pues se somete antes de guardarla definitivamente a sucesivos procesos de validación.
6. **Independencia de los datos:** Los datos no están sujetos a los programas que los manejan, es decir, se pueden hacer cambios a la información que contiene la base de datos o tener acceso a ella, por diferentes vías, con la obtención de los mismos resultados.

Una base de datos está integrada por el Sistema Organizador de Base de datos, conocido con las siglas DBMS, acrónimo del inglés *DataBase Management System*, el Administrador de la Base de datos, también llamado DBA, del inglés *DataBase Administrator* y el Modelo de datos.

El Sistema Organizador de Base de datos (DBMS)

El DBMS es un conjunto de programas que se encargan de manejar la creación y todos los accesos a las bases de datos. Se compone de un lenguaje de definición de datos (DDL, *Data Definition Language*), de un lenguaje de manipulación de datos (DML, *Data Manipulation Language*) y de un lenguaje de consulta (SQL, *Standard Query Language*).

> ***Nota:** El lenguaje de definición de datos comprende las instrucciones para describir el modelo de datos y los programas que se usan para construir, actualizar y consultar la información que contiene una base de datos. El lenguaje de manipulación de datos es utilizado para escribir programas que crean, actualizan y extraen información de las bases de datos. El lenguaje de consulta es empleado por el usuario para ejecutar consultas en la base de datos. Su ventaja fundamental es que permite al usuario hacer recuperación de datos sin tener que escribir un programa, sólo con instrucciones como* Select, Update, Insert *y* Delete.

La secuencia conceptual de operaciones para tener acceso a la información que contiene una base de datos se puede resumir de la siguiente manera:

1. El usuario solicita información contenida en la base de datos.
2. El DBMS intercepta la solicitud o la petición y lo interpreta.
3. El DBMS realiza las operaciones necesarias para ejecutar la solicitud.

El Administrador de la Base de datos (DBA)

A diferencia del DBMS, el DBA es una persona física, encargada de definir y controlar las bases de datos corporativas y también proporcionar asesoría a los usuarios que la precisen. Además, es el usuario con más privilegios, en lo que a seguridad se refiere, que debe tener un sistema de información, llamado en ocasiones, súper usuario, que además, tiene a su cargo la definición del esquema de permisos y perfiles que tendrán los usuarios de la base de datos. De esta manera se logra una restricción del acceso a la información en relación con el nivel jerárquico de las personas dentro de una entidad empresarial.

El Modelo de datos

Para diseñar una base de datos se han diseñado varios modelos desde la aparición de esta herramienta informática, el modelo jerárquico, el modelo de red, el modelo relacional y modelo orientado a objetos. La tabla 5.1 describe las principales características de cada modelo.

Tabla 5.1.

Modelo	*Características*
Jerárquico	1. La información se organiza a través de representaciones jerárquicas o relaciones padre-hijo, de manera similar a una estructura arbórea. 2. Se pueden representar dos tipos de relaciones entre los datos: relaciones de uno a uno y relaciones de uno a muchos. En el primer tipo se dice que existe una relación de uno a uno si el padre de la estructura de información tiene un solo hijo y al revés, que el hijo tiene solamente un padre. En el

Modelo	Características
	segundo tipo se dice que la relación es de uno a muchos si el padre tiene más de un hijo, pero cada hijo tiene sólo un padre. 3. Limitación a la hora de describir relaciones de muchos a muchos, como por ejemplo la relación maestro-alumno, donde un maestro tiene varios alumnos, pero un alumno también puede tener varios maestros. Otra limitación es con respecto a la eliminación de registros. Si se desea eliminar de la base de datos la información de un padre, esto necesariamente implicará dar de baja a todos los hijos que dependen de este padre, con la consecuente pérdida de datos.
Red	1. Muy similar al modelo jerárquico, intenta resolver la relación muchos a muchos con la incorporación del concepto de registro conector. 2. Su limitación principal es lo engorroso que resulta manejar consultas y/o actualizaciones.
Relacional	1. Su aparición fue una revolución en el manejo y administración de la información en bases de datos. Su principal ventaja es la claridad que ofrece en la definición de los datos. 2. La información se representa a través de arreglos bidimensionales o tablas. 3. El lenguaje de consulta consta de un grupo de instrucciones básicas con las que se puede realizar casi en su totalidad las consultas y actualizaciones. 4. Es, aún el modelo más difundido en cualquier sistema de gestión de información.
Orientado a objetos	1. Tienen una organización similar a la de los árboles, donde cada nodo del árbol representa un campo y cada árbol un registro. Cada tipo de nodo tiene un método búsqueda diferente. 2. Todos los campos pueden ser utilizados como campos llave. 3. No existen implementaciones comerciales de este tipo de bases de datos y los prototipos académicos son una capa de software adicional al manejador de una base de datos relacional.

5.2.2. Aplicaciones

El empleo de las bases de datos está muy extendido en la informática moderna. La mayoría de los datos de cualquier compañía, empresa o institución está ordenada y clasificada en una o varias de ellas. Los productores de software a nivel mundial tienen aplicaciones específicas que proveen a los usuarios más diversos las interfaces necesarias para consultar, actualizar, obtener informes, gráficos y resúmenes, a partir de la información contenida en una base de datos. Entre las que más se destacan son las aplicaciones referidas a la contabilidad y la administración de empresas, ya sea en el control de inventario como en el registro y cálculo de sueldos y prestaciones laborales.

También es frecuente su uso en entidades bancarias, financieras y la bolsa de valores. No están retrasados en su utilización las áreas de investigaciones científicas, educacionales y sociales. En el entorno de las bibliotecas es una de las principales herramientas para clasificar y ubicar en forma rápida la ficha de libros, revistas, catálogos y artículos.

Con el desarrollo de cada vez más potentes motores de base de datos, se pueden guardar y recuperar imágenes de todo tipo, desde fotos captadas por satélites para pronosticar fenómenos climatológicos hasta ilustraciones de las últimas tendencias de la moda para una presentación de alguna prestigiosa firma de ropa.

En casi todas las disciplinas donde se involucre un sistema informático, la presencia de las bases de datos es de una gran contundencia.

5.2.3. Motores de bases de datos en el mercado de programas

Microsoft SQL Server

1. Se amplía desde los dispositivos portátiles a la empresa, mediante el mismo código base y ofrece así una absoluta compatibilidad del código.
2. Soporta la configuración automática y la autooptimización.
3. Servidor OLAP integrado.
4. Servicios de transformación de datos (*Data Transformation Services*) integrados.

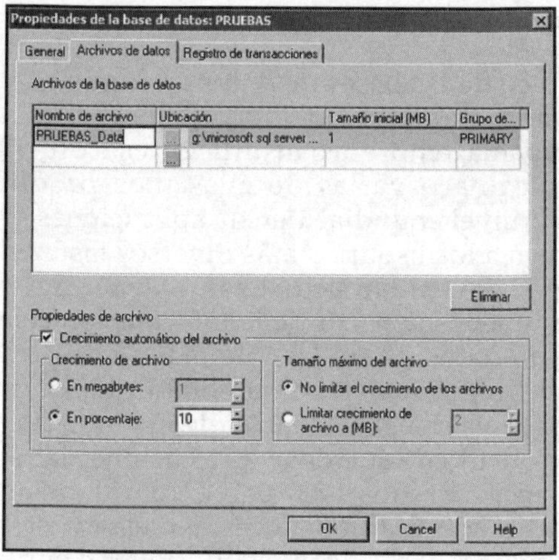

Figura 5.6. Creación de una Base de datos en Microsoft SQL Server.

Figura 5.7. Consola de Microsoft SQL Server.

5. El marco de almacenamiento de datos de Microsoft (*Data Warehousing Framework*) constituye el primer planteamiento de amplia cobertura para la resolu-

ción de los problemas que plantea la utilización de metadatos.

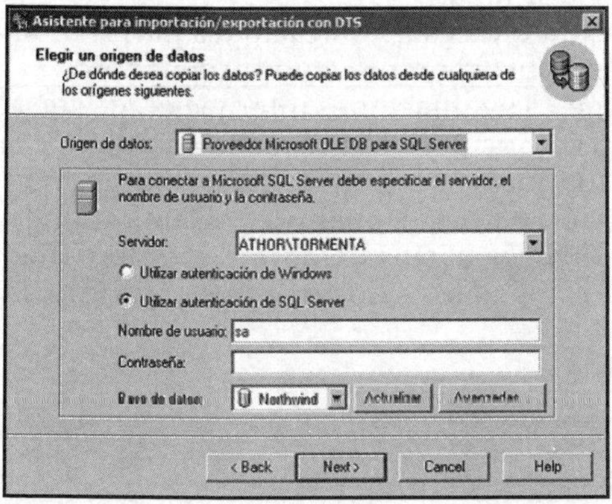

Figura 5.8. Data Transformation Services.

6. Administración multiservidor para un gran número de servidores.

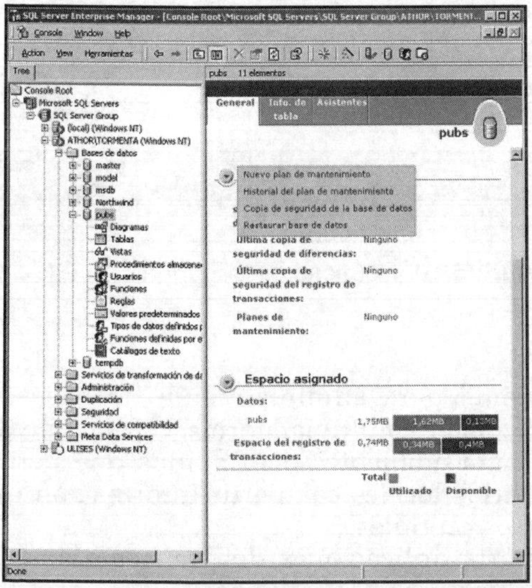

Figura 5.9. Administrador de servidores.

7. Integración con la familia Windows NT Server, Microsoft Office y BackOffice®.

Oracle9i Database

1. Elimina el tiempo de baja. No deja de funcionar si el servidor falla.
2. Ejecuta todas sus aplicaciones más rápido a medida que se incorporan nuevos ordenadores.
3. Tiene 15 evaluaciones internacionales de seguridad.
4. Ofrece Business Intelligence completo e integrado, con la incorporación de ETL (Extracción, Transformación y Carga), analítica y Data Mining.
5. Reduce los costos de administración al administrar todos los datos - documentos, multimedia, e-mail y xml.

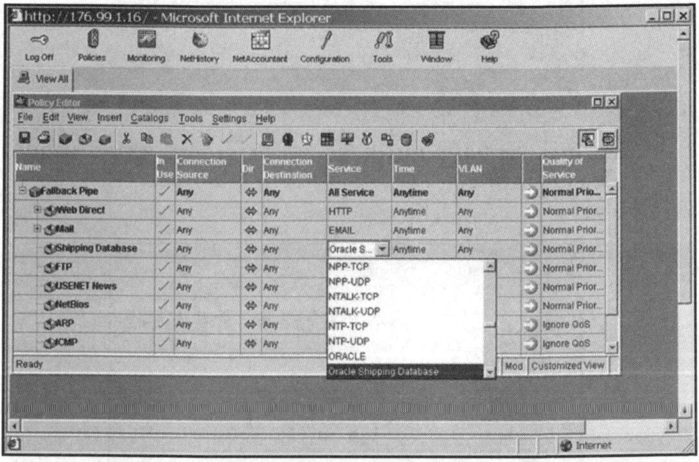

Figura 5.10. Políticas de seguridad en Oracle9i.

IBM DB2

1. Sistema para administración de bases de datos relacionales multiplataforma, especialmente diseñada para ambientes distribuidos que permite a los usuarios locales compartir información con los recursos centrales.
2. Soporta aplicaciones de gran escala, como *Data Warehousing* y *Data Mining*.
3. Incluye características de integridad, para garantizar la protección de sus datos aún en caso de que los sistemas sufran un colapso.

4. Permite realizar respaldos en línea con distintos grados de granularidad, sin que se afecte la disponibilidad de acceso a los datos por parte de los usuarios.
5. Provee la capacidad de hacer frente a múltiples necesidades, desde procesamiento transaccional de misión crítica, hasta análisis exhaustivo de los datos, para el soporte a la toma de decisiones.
6. Incluye tecnología basada en la Web que permite generar aplicaciones en sus Intranet y responder a las oportunidades de negocios disponibles en Internet.

5.3. Hoja de cálculo

El potencial de las hojas de cálculo radica en su capacidad para ejecutar operaciones, analizar y representar gráficamente los datos almacenados en ellas. Si el editor de texto suplantó a las máquinas de escribir, la hoja de cálculo vino a sustituir las sábanas de papel cuadriculado, el lápiz y la calculadora.

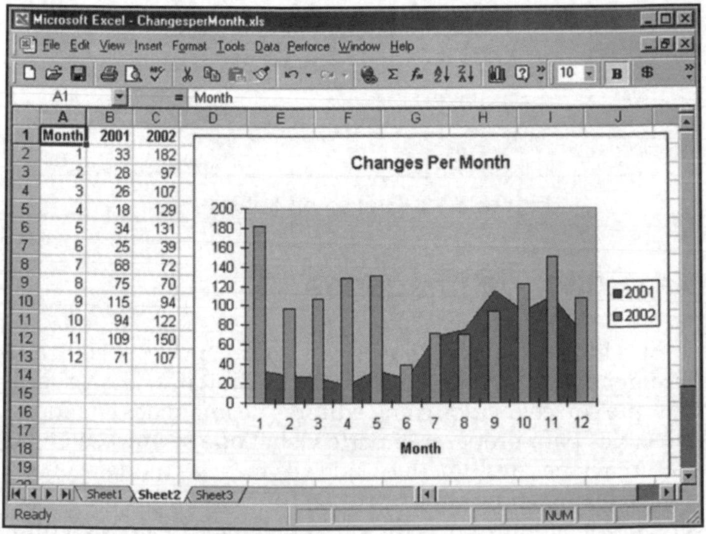

Figura 5.11. Gráfico en Microsoft Excel.

Desde el registro de las compras, gastos y consumibles familiares, hasta el de sueldos y salarios de una pequeña empresa, es posible llevarlas de una manera cómoda y con rápidos resultados en una hoja de cálculo. Sumado a esto, la posibilidad de generar gráficos, histogramas estadísticos y otras representaciones de complicada definición manual, hacen de esta herramienta una de las más usadas por personas de las más diversas profesiones. En el mercado de software existen varios productos de excelente calidad entre los que se destacan Microsoft Excel y Lotus 1-2-3.

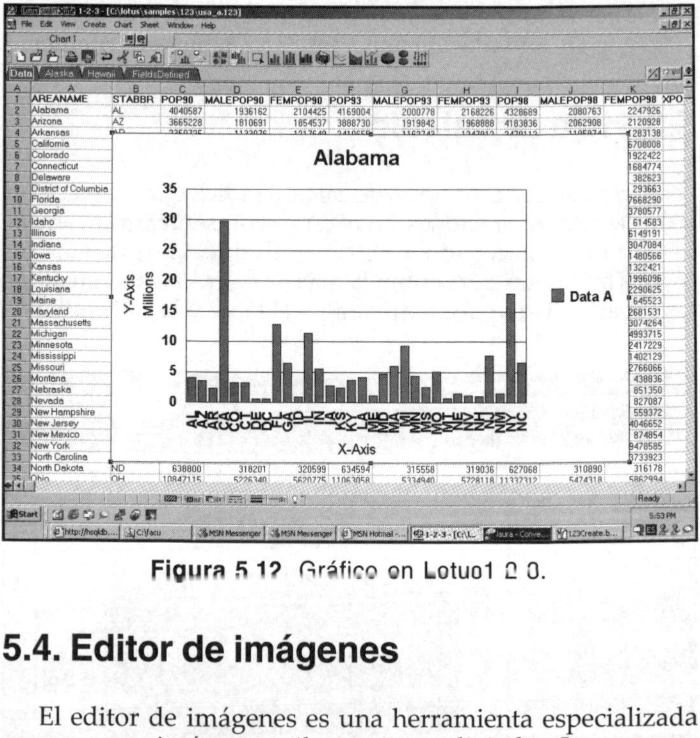

Figura 5.12. Gráfico en Lotus 1-2-3.

5.4. Editor de imágenes

El editor de imágenes es una herramienta especializada para generar imágenes e ilustraciones digitales. Los programas que son conocidos como editores de imágenes son indispensables para preparar la parte visual que se emplea en las presentaciones multimedia. Cada vez más, las modernas versiones de estos programas, ofrecen funciones y posibilidades cercanos a la pintura y el dibujo tradicionales y pueden utilizarse para crear imágenes desde cero, así como trabajar con imágenes digitales, obtenidas con un escáner, con la captura de cuadros de vídeo o con el empleo de una cámara digital.

5.4.1. Formatos de imagen digital

Tabla 5.2. Principales formatos de la imagen digital.

Nombre	*Extensión de archivo*	*Características*
TIF o TIFF (*tagged image file format*)	TIF o TIFF	Este formato puede generar archivos comparativamente grandes, pero con una calidad de imagen excelente. Aunque se desarrolló originalmente para el entorno Apple Macintosh, el formato TIFF se ha impuesto entre los usuarios de PC. Los archivos TIFF pueden almacenar cualquier nivel de profundidad de color de 1 a 32 bits y es, sin duda, el formato ideal si se tiene previsto editar o imprimir una imagen. Ventajas: Mantiene una excelente calidad y por tanto, resulta ideal para archivar originales. Inconvenientes: Archivos grandes. En otras palabras, lo más conveniente probablemente sea guardar los originales de las imágenes favoritas en formato TIF y trabajar con una copia JPG para manipularlas.
JPG o JPEG (*Joint Photographic Experts Group*)	JPG o JPEG	Uno de los dos formatos de imagen más comunes (el otro es .GIF). La compresión JPEG sufre pérdida, lo que significa que, aunque se pierde cierto detalle, ofrece relaciones de compresión excelentes. Al igual que el formato TIF, JPEG admite color de 24 bits (16 millones de colores), pero cada vez que se modifica y guarda un archivo JPEG, se pierde algo más de detalle. Las relaciones de compresión varían en función del programa empleado, aunque la mayoría ofre-

Tabla 5.2. Principales formatos de la imagen digital (cont.).

Nombre	*Extensión de archivo*	*Características*
		cen valores situados entre 1:1 (sin compresión, máxima calidad de imagen) y 1:100 (gran compresión/escasa calidad de imagen). Ventajas: Ideal para grandes imágenes fotográficas, sobre todo en la Web. Inconvenientes: La calidad disminuye cada vez que se guarda el archivo, por lo que no conviene emplearlo para archivar originales.
EPS (*Encapsulated Postscript*)	EPS	Los archivos EPS son la norma para almacenar ilustraciones de alta resolución que no necesitan posterior edición. No se pueden editar (salvo ampliar o reducir), ya que la información está encapsulada dentro del archivo. Ventajas: Homogeneidad en las copias impresas, ideal para logotipos. Inconvenientes: No se pueden editar. Los archivos EPS son la norma para almacenar ilustraciones de alta resolución que no necesitan posterior edición.
GIF (*Graphics Interchange Format*)	GIF	Diseñado específicamente para comprimir imágenes y gráficos creados por ordenador. Los archivos GIF mantienen bordes nítidos y se pueden utilizar en PC y Apple Macintosh. Un archivo comprimido de este modo no experimenta pérdida en la calidad de imagen y puede estar formado por hasta 256 colores (si bien, cuantos menos colores, mayor compresión).

Tabla 5.2. Principales formatos de la imagen digital (cont.).

Nombre	*Extensión de archivo*	*Características*
		Ventajas: Ideal para páginas Web con gráficos pequeños. Inconvenientes: Limitado a 256 colores. Por tanto, no es recomendable para colocar fotografías de alta calidad en la Web o para archivar originales.
BMP (*Bitmap*)	BMP	Formato desarrollado para aplicaciones en Microsoft Windows y por tanto, muy utilizado. Las imágenes de mapa de bits se denominan así porque el formato crea un mapa de los píxeles, línea a línea. El formato BMP no sufre pérdida y resulta adecuado para guardar imágenes que se desea manipular o ampliar posteriormente. Prácticamente todos los programas de edición de imagen reconocen el formato BMP. Su principal ventaja es que mantiene una gran cantidad de información de la imagen. Inconveniente: Los archivos pueden tener un tamaño grande o muy grande.

5.4.2. Obtención de la imagen digital

Antes de entrar en la parte más práctica de este tema, analizaremos brevemente algunos conceptos importantes

- **¿Qué es dpi?:** Las imágenes que se consiguen captar mediante una cámara digital o mediante un escáner, están formadas por multitud de puntos. Dependiendo del escáner o de la cámara que se utilice se podrá captar la imagen con una cantidad mayor o menor de puntos. Es decir, una imagen tendrá más resolución si está formada por mayor número de estos puntos. La medida de esta resolución se da en dpi (*dot per inch*) o en español, ppp, puntos por pulgada. La resolución está íntimamente ligada al dispositivo de salida que se desee usar. Los monitores de los ordenadores modernos tienen una resolución de aproximadamente 72 dpi. Con esta resolución se puede apreciar con bastante detalle y definición una imagen que mide 640x 480 píxeles. Ahora bien, si la imagen fuese impresa en papel, sería necesario aumentar la cantidad de *dpi,* pues de lo contrario se verá pixelada en el papel.
- **¿Qué es captor electrónico o CCD?:** CCD (*Charge-Couple Device*) es la matriz de células que forman el elemento fotosensible de un aparato digital, es decir, un escáner, una cámara, ya sea de fotos o de vídeo. Es un elemento formado por un multitudinario conjunto de transistores sensibles a la luz, los cuales reaccionan eléctricamente ante las diferentes intensidades de luz que reciben.
- **¿Qué significa OCR?:** OCR (*Optical Character Recognize*), es un programa asociado, casi siempre a un escáner, que transforma una página de texto en un archivo de texto, que luego podrá ser editado con un editor. El OCR reconoce la página y transforma la imagen de cada caracter en una letra codificada, como si el texto hubiese sido escrito usando el teclado del ordenador.

Existen en el mundo de la informática moderna varias formas de obtener una imagen digital.

1. Dibujar directamente con el ratón o un lápiz electrónico en un editor de imágenes.

2. Con un escáner.
3. Con una cámara de fotos digital.
4. Con una cámara de vídeo digital.

La primera de ellas no requiere mayor explicación. Se trata de dibujar, como si fuera en un papel, los trazos que la imaginación genere y después guardar el resultado en un archivo con el formato de imagen que se desee.

El principio de funcionamiento de un escáner es la digitalización. Dicho en otras palabras, es la conversión de una información analógica a datos comprensibles por cualquier ordenador. El funcionamiento siempre es el mismo; el escáner "barre" el documento y lo descompone en píxeles. Cuanto más pequeño sea el píxel, más elevada será la resolución y con mayor seguridad se podrá lograr una ampliación de la imagen.

La captura o adquisición de una imagen digital con un escáner puede hacerse a partir de varias fuentes; negativos, diapositivas e impresos tradicionales. El aparato digital, por su parte, una vez digitalizada la imagen, guarda el resultado en el ordenador. A partir de este momento, una vez obtenida la imagen, es tarea del artista elegir las herramientas más adecuadas a sus necesidades y exigencias de calidad, para retocar y manipular el resultado digital. Los escáneres actuales manejan tres tipos de resoluciones, fundamentalmente.

1. **Óptica:** Es una de las características más relevantes en un escáner y está asociada al valor de la resolución horizontal. Este tipo de resolución está limitado por un número de censores integrados en el CCD. Por ejemplo, un escáner con una resolución óptica de 1200 *dpi* y un ancho de reproducción de 21,6 cm., debe contener al menos 10204 acopladores de carga en el CCD.
2. **Mecánica:** Más conocida como resolución vertical, está determinada durante el proceso de reproducción completa. La distancia recorrida por el módulo de reproducción durante la exposición, determina la resolución vertical. Por ejemplo, en una resolución 600x1200 dpi, el primer valor es la resolución óptica que es capaz de obtener el CCD, mientras que el segundo valor refleja el número máximo de movimientos por pulgada que es capaz de hacer el escáner en el plano vertical

3. **Máxima:** Los fabricantes de escáneres han desarrollado métodos y técnicas especiales para incrementar la resolución mediante la interpolación por software o hardware, que permite obtener imágenes con resoluciones por encima de la óptica. Este tipo de resolución se conoce como resolución máxima interpolada.

Las ventajas de las cámaras digitales son muchas, sobre todo si se tiene en cuenta lo que significa el hecho que la imagen sea convertida a formato digital directamente en la cámara.

De ahí la aseveración que es posible conservar toda la información de la imagen y mantener la calidad eternamente. Los grandes cambios que traen consigo las cámaras digitales son, entre otros, que el álbum fotográfico será ahora digital, la obsolencia de la película fotográfica, un mayor control sobre la calidad de las exposiciones y la adaptación a cualquier medio ya sea digital o analógico. Hasta hace relativamente poco tiempo, el único método para conseguir imágenes digitales era revelar la película, escanear las exposiciones impresas en positivo y por último, aplicarse a fondo para conseguir reducir el tamaño de las fotografías para ser descargadas con facilidad en un ordenador.

La fotografía digital ha reducido todos estos pasos a uno, presionar el obturador. Es la propia cámara la que se encarga de asignarle a la imagen las características que definen su calidad, en dependencia del formato elegido.

Teniendo en cuenta las ventajas que la tecnología digital ofrece y el ahorro que representa en materia de consumibles, actualmente, adquirir una de estas cámaras, puede ser una muy seria opción frente a la adquisición de una cámara convencional.

Las cámaras de vídeo digital, son las hermanas mayo res de las de fotos. La captura del vídeo y su posterior descomposición en cuadros, para ser retocados o manipulados como fotogramas independientes, requiere de sistemas informáticos de alto desempeño, con el lógico encarecimiento de sus partes componentes. A pesar de esto, cada vez más se difunde la producción de vídeo digital en ordenadores a una escala más doméstica y de pequeño negocio, sobretodo en compañías dedicadas a la factura de *software* multimedia.

5.4.3. Programas para editar imágenes

Tabla 5.3.

Editor de imágenes	*Compañía*	*Entorno*	*Última versión comercial*
Adobe Photoshop	Adobe	Apple Macintosh, PC	Versión 8.0
Adobe Ilustrator	Adobe	Apple Macintosh, PC	Versión 10.0
Corel Draw Corporation	Corel	Apple Macintosh, PC	Versión 10.0, Versión 11.0
Macromedia Fireworks	Macromedia	PC	Versión MX
Macromedia FreeHand	Macromedia	PC	Versión MX

6

La imagen digital

El ordenador dejó de ser la herramienta solamente empleada para almacenar datos y ofrecer resultados estadísticos, ejecutar programas sofisticados o mantener una base de datos. Todas las aplicaciones en la actualidad que pueden verse en un ordenador contienen implícitamente el uso de la imagen digital. Los productores de hardware se esfuerzan por ofrecer en el mercado tarjetas de vídeo con más y mejores prestaciones. Por su lado, los productores de software amplían las capacidades de los programas y los adaptan a los nuevos requerimientos, ya sea para producir imágenes que van a verse en la Web, como en aplicaciones multimedia o en el mundo de la impresión editorial y publicitaria.

6.1. La fotografía digital

La diversidad de opciones en términos de calidad que brindan las cámaras digitales disponibles en el mercado, asegura ventajas evidentes en la captura digital de imágenes para un creciente número de usuarios.

Un fotógrafo aficionado, por ejemplo, encontrará que las imágenes pueden ser vistas en el visor de la cámara, que no existe coste alguno por las fotografías mientras no sean impresas y que pueden almacenarse en la memoria de su PC.

En el campo profesional, la conveniencia de adoptar esta nueva tecnología es cada vez más reconocida por fotógrafos que producen trabajos comerciales, fotografía de reproducciones de arte e imágenes para uso en la Web y la industria gráfica. De hecho, las cifras que arrojan las investigaciones de mercado confirman la tendencia que la principal aplicación de la fotografía digital se da en la preparación de imágenes de alta resolución para publicidad impresa, seguido por fotografías de baja resolución para usos aficionados y para páginas Web. Así mismo, más de la mitad de los fotógrafos comerciales utiliza cámaras digitales para obtener imágenes que se utilizarán en impresión publicitaria, una aplicación que supera la de retratos y usos artísticos. En este caso, las ventajas para el fotógrafo, el estudio o la agencia publicitaria están en el manejo y corrección de las imágenes con la ayuda de programas como Adobe Photoshop y para el impresor, la integración de la fotografía a un flujo de trabajo cada vez más digitalizado, en el que se eliminan pasos como la producción de películas, con ahorros significativos de tiempo y dinero.

En sus inicios, las cámaras digitales contaban con sensores que permitían la captura de menos de un millón de píxeles. Actualmente, los nuevos modelos incluyen unidades de cuatro, cinco y más megapíxeles, adecuadas tanto para la fotografía profesional como para los procesos de preimpresión. Con mayor capacidad, economía y velocidad es posible alcanzar una calidad similar a la obtenida con cámaras convencionales de 35 milímetros.

Las compañías fabricantes de cámaras, soportes de cámaras y estudios para fotografía digital cuentan con una oferta que cubre las necesidades de una amplia gama de usuarios. Por el uso, configuración y calidad de las imágenes que ofrecen, estos equipos pueden clasificarse dentro de tres rangos fundamentales.

De un lado se encuentran las cámaras con foco fijo o lentes zoom, que en ocasiones cuentan con visores de cristal líquido para apreciar las imágenes una vez capturadas. Este tipo de cámaras, de uso familiar, encuentra también aplicación en fotografías para su uso en la Web, donde la alta calidad de la imagen es menos importante que la obtención de archivos livianos.

Las cámaras de rango medio incluyen sistemas modificados réflex de lentes de 35 mm y su uso predomina en aplicaciones de reportería gráfica. Con este tipo de cámaras se obtiene mayor resolución, puede utilizarse flash y cuentan con propiedades como foco automático y control de la exposición. Ya que su empleo exige el transporte a diferentes lugares, vienen equipadas con paquetes de baterías y algunas cuentan con discos duros internos para almacenar imágenes y acomodar tarjetas PCMCIA, soportes intercambiables que pueden guardar hasta 60 imágenes, en dependencia de la resolución de la exposición.

Figura 6.1. Cámaras digitales.

El rango de cámaras más profesionales comprende unidades de estudio o soportes de cámaras que se adaptan a cámaras profesionales de formato medio. Generalmente se usan para fotografía de estudio y se conectan directamente a un ordenador, donde se almacenan y visualizan las fotografías. Este tipo de soluciones ofrece la más alta resolución y se usa preferencialmente en trabajos publicitarios y catálogos.

Las limitaciones de sus primeras etapas son hoy cosa del pasado y la gran mayoría de los nuevos modelos resultan fáciles de manejar, su capacidad de almacenamiento ha crecido y la calidad de las imágenes es, en muchos casos, comparable a los parámetros obtenidos con la fotografía convencional.

Las ventas de cámaras digitales para los años 2001 y 2002 ascendieron a 15 y 20 millones de unidades, respectivamente, y los precios, acorde con la creciente aceptación por parte de los usuarios, continúan descendiendo y haciendo más asequible su adquisición.

6.1.1. Programas para retoque fotográfico

Los diseñadores gráficos han adoptado programas como CorelDraw, Painter, Canvas, Adobe Illustrator, Macromedia FreeHand o Adobe Photoshop, entre otros, con el propósito de aprovechar las capacidades de cada uno de ellos para producir todo tipo de proyectos que involucre la captura y manipulación de imágenes.

Las compañías productoras de software no se detienen en su empeño por atraer la atención de nuevos usuarios o de asegurar la fidelidad de quienes ya han adoptado sus productos y en cada versión nueva incluyen mejores propiedades, funciones y herramientas.

Adobe Photoshop

Con la salida al mercado de Photoshop 7.0 de Adobe, los diseñadores gráficos han encontrado nuevas propiedades que agilizan su trabajo y abren mayores perspectivas en la creación de imágenes para impresión, uso en la Web y otras aplicaciones.

Figura 6.2. La imagen en Photoshop.

Para trabajos creativos, la nueva versión cuenta, entre muchas otras, con herramientas para simular texturas naturales o técnicas clásicas de pintura, más de 95 filtros para efectos especiales, funciones de distorsión de las imágenes y lápices para dibujos de precisión.

En el campo particular de las imágenes para páginas Web, Photoshop presenta controles de transparencia para los bordes de una imagen que se mezcla con un fondo, al igual que animaciones de imágenes en archivos con formato GIF, realizados a partir de archivos en capas producidos en Photoshop o en Illustrator.

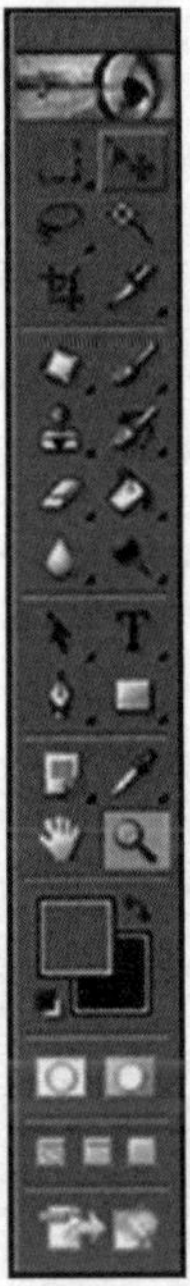

Figura 6.3. Barra de herramientas de Photoshop.

Figura 6.4. Manipulación de imágenes para la Web.

Un uso tradicional de este programa comprende la edición y retoque de fotografías digitalizadas, para lo cual se incluyen en la versión 7.0 herramientas automáticas y manuales de corrección de color, de eliminación de imperfecciones y propiedades de enmascarado de precisión.

La productividad que ofrece la nueva versión de Photoshop, está respaldada por un explorador de archivos para la inspección de las imágenes antes que sean abiertas y para crear, renombrar y administrar las carpetas, además de capas para organizar las imágenes mientras se mantienen disponibles las opciones de edición y paletas de acciones para el procesamiento conjunto de tareas comunes de producción.

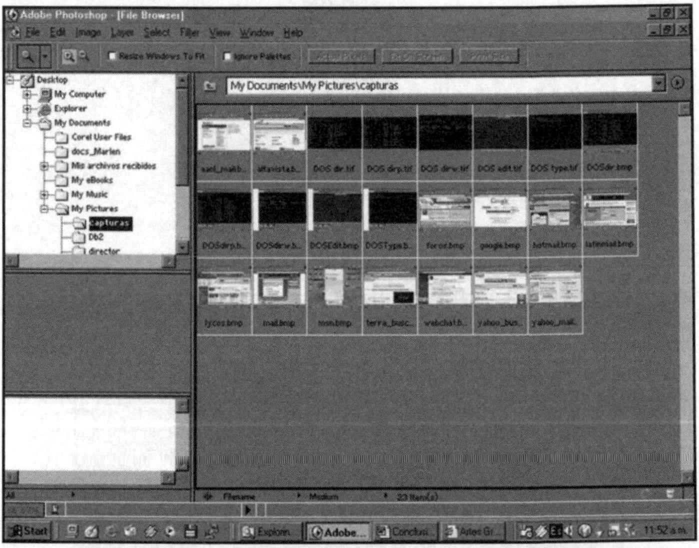

Figura 6.5. Explorador de archivos de Photoshop.

Entre las propiedades que brindan una gran confiabilidad a los usuarios de Photoshop se encuentran el nivel de control, que permite realizar sobre aspectos como la tipografía y el color y su fácil interacción entre distintas plataformas. En cuanto al manejo de los textos, la versión 7.0 permite la edición de textos vectoriales hasta el momento previo a su rasterización, la distorsión de los párrafos para efectos de diseño y una revisión ortográfica bilingüe con capacidad de buscar y remplazar palabras escritas erróneamente.

La administración del color, por su parte, asegura su consistencia a través de distintos dispositivos y mediante controles para la ganancia de punto, la generación del negro y la identificación de colores por fuera del tono, antes de la impresión.

El empleo del formato PDF de Adobe Acrobat para proteger imágenes o grupos de ellas, es otra de las innovaciones fundamentales que pueden usarse en Photoshop. Esto garantiza la seguridad de los originales a través de contraseñas, además que permite el uso de los PDF para hacer presentaciones rápidas de proyectos, sin necesidad de armar portafolios especiales, que suelen ser de archivos con gran tamaño y que no siempre son portables a otros entornos informáticos.

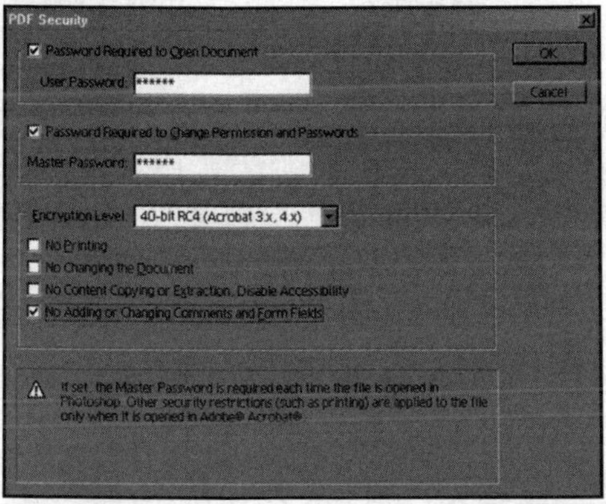

Figura 6.6. Seguridad de imágenes.

CorelDraw

La última versión de este conocido programa se destaca por una interfaz completamente configurable y por la facilidad que tiene el usuario de crear sus propias barras de herramientas o menús y guardarlos para tareas posteriores. CorelDraw soporta múltiples plataformas y cuenta con una amplia variedad de filtros para la importación y exportación de archivos de imagen y texto, desde y hacia otros programas como Photoshop e Illustrator.

Una función especial de esta versión es la opción Symbols, con la cual puede almacenarse un arte en una biblioteca central, para luego insertarla cuantas veces se requiera en un documento.

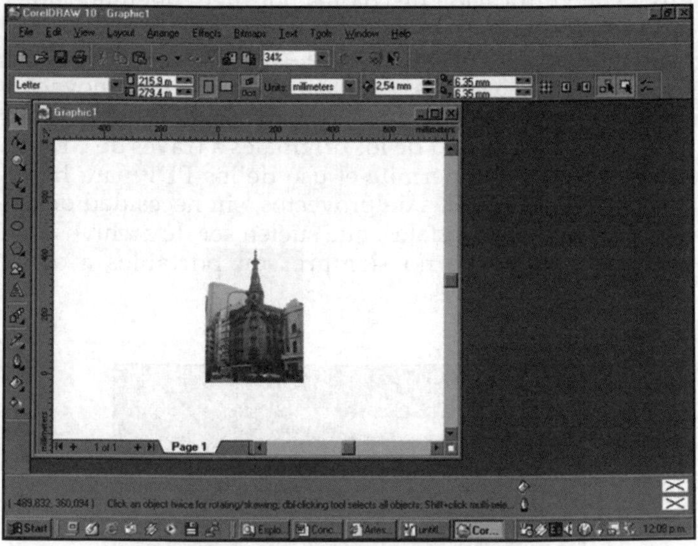

Figura 6.7. La imagen en CorelDraw.

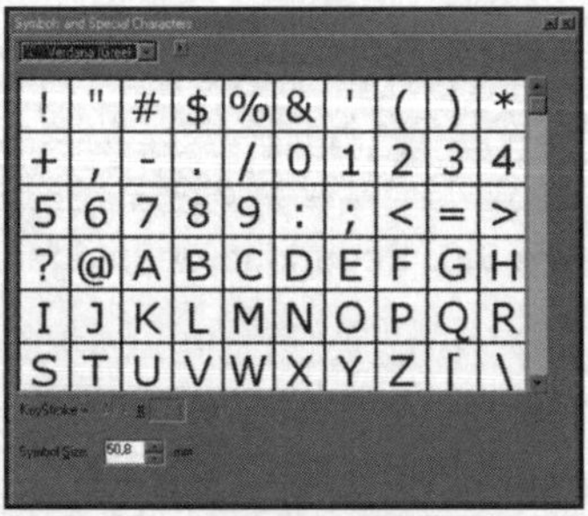

Figura 6.8. Símbolos y caracteres especiales.

Entre las nuevas herramientas de CorelDraw se destacan los pinceles de manchado y rugosidad para crear efectos de emborronamiento y texturas en los contornos de las imágenes, además de la capacidad de convertir textos en curvas para aplicarles efectos artísticos como sombras, sin perder el formato del párrafo. También el tamaño exacto de las imágenes y su rotación se logran fácilmente con el empleo de las opciones de elipse, rectángulo y curvas, lo mismo que el trazo de curvas y líneas cuando se utiliza la herramienta Polyline. La versatilidad de CorelDraw se extiende a tareas de diseño, diagramación, edición de imágenes y animación vectorial, con la propiedad de agilizar el número de pasos requeridos para finalizar un proyecto.

Corel Painter

Painter 7.0 es el primero de una serie de productos diseñados para complementar o expandir el Photoshop de Adobe. Su desarrollo estuvo a cargo de Procreate, una nueva división de Corel enfocada hacia la satisfacción de las necesidades de ilustradores profesionales. Este programa se ha posicionado sólidamente en el campo del diseño gráfico por la capacidad de generar imágenes de un realismo casi táctil, creadas con un conjunto de herramientas que incluye pinceles de óleo, acuarelas, tizas y mosaicos.

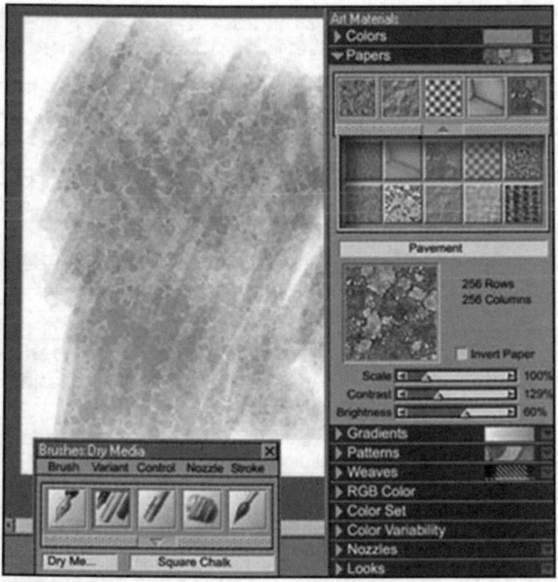

Figura 6.9. Herramientas de dibujo de Corel Painter.

En la versión 7.0 de Painter se ha mejorado la herramienta para la aplicación de acuarelas, mediante la introducción de una capa que simula con gran precisión la suspensión de pigmentos en agua y pinceles que permiten controlar la difusión de los trazos sobre el fondo, la interacción con otros colores y la reacción ante el grano del papel.

Las modificaciones de la función de acuarela permiten que los usuarios se habitúen al manejo de los nuevos controles, modifiquen sus técnicas de ilustración y aprendan el uso de los nuevos pinceles que no existían en las versiones anteriores. Una nueva tecnología incorporada en esta versión es la de tinta líquida, que funciona al igual que la de la acuarela en una capa especial de fondo, para simular la viscosidad de la tinta en imágenes semejantes a las de los dibujos tradicionales, pigmentos esmaltados y técnicas de batik.

Los ilustradores han encontrado de gran utilidad la inclusión de herramientas y funciones, como se describen en la tabla 6.1.

Tabla 6.1.

Función	*Descripción*
Modificación de las imágenes.	La ampliación continua y variable de las imágenes, que remplaza a la de incremento fijo.
Imágenes para páginas Web.	La capacidad de revisar archivos con formato GIF y JPEG antes de exportar las imágenes para la Web.
Filtros.	Los filtros para exportar archivos con formato PSD que no distorsionan las capas ni las transparencias.
Configuración personalizada.	La posibilidad de guardar y compartir herramientas y parámetros personalizados.

Canvas

Canvas, producto de la firma Deneba, es un programa de amplia aceptación por parte de los ilustradores, sus principales usuarios, que integra en una sola aplicación el dibujo, la edición de imágenes, el diseño de documentos, la creación de presentaciones y la producción gráfica para la Web.

En la versión 8.0, Deneba ha incluido más de 100 nuevas propiedades y mejoras que hacen de este programa una buena alternativa para los diseñadores que desean una opción asequible, con un adecuado balance entre precio y calidad.

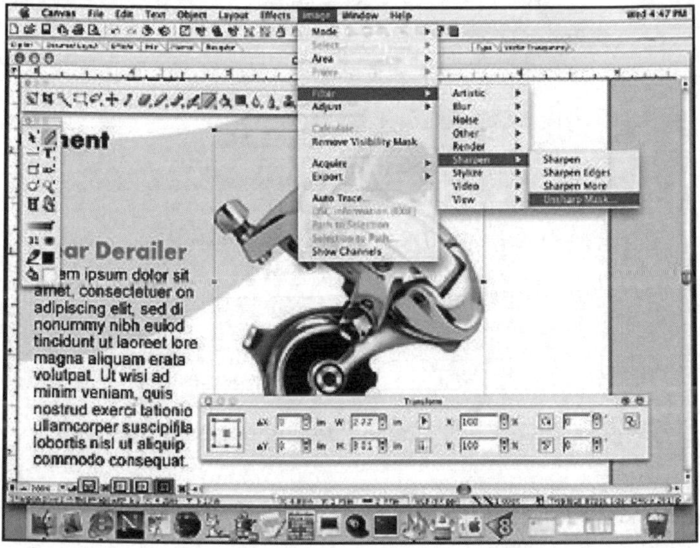

Figura 6.10. Espacio de trabajo de Canvas.

La tecnología Sprite, incorporada en la versión 8.0, permite la aplicación de efectos de capas y transparencias a cualquier objeto, imagen de mapa de puntos o texto.

Adicionalmente, la herramienta Brezier Curve para funciones avanzadas de dibujo, la posibilidad de deshacer pasos en cualquier secuencia, un gran número de herramientas de caligrafía y la opción de dar color con patrones o texturas, acercan este programa de diseño a la funcionalidad de otras opciones en el mercado.

Canvas 8.0 se destaca por su facilidad de instalación y la inclusión en él de demostraciones prácticas que guían al usuario en su funcionamiento y en la utilización de las herramientas agrupadas en 26 paletas.

Una novedosa función de esta versión consiste en la posibilidad de grabar y ejecutar las secuencias de un trabajo para agilizar la ejecución de tareas repetitivas, que pueden incluso compartirse con otros usuarios, independientemente de la plataforma en la que se trabaje.

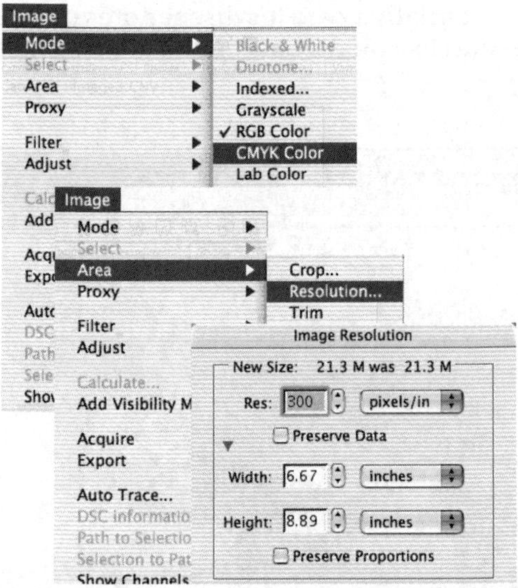

Figura 6.11. Configuración de una página en Canvas.

Macromedia FreeHand

FreeHand es un programa de ilustración para imágenes vectoriales producido por la firma Macromedia, que abarca varias herramientas nuevas para el dibujo y la creación de animados dirigidos muy específicamente para la Web. Además de las opciones básicas de dibujo presentes en versiones anteriores, incluye una nueva función denominada FreeForm, con la cual puede darse cualquier forma deseada a los objetos, así como la herramienta Envelope para distorsionar y lograr efectos poco vistos en las imágenes.

Para el trabajo en aplicaciones comerciales, el programa ofrece la posibilidad de alterar las proporciones de los dibujos bidimensionales para que parezcan realizados en planos diferentes y cuenta con filtros para importar y exportar archivos con formato PDF y que además permiten el manejo completo de archivos Acrobat de páginas múltiples.

Los diseñadores profesionales que trabajan con gráficos para uso en páginas Web, pueden encontrar muy útil el filtro para la exportación de archivos con formato GIF, que ajusta el color de un objeto para lograr la mejor apariencia de este, al ser visto en un navegador de Internet. De igual manera el soporte del programa a la función Flash permite dar animación a las ilustraciones, una función con amplio uso en las presentaciones de páginas Web.

Figura 6.12. Documento principal en FreeHand.

Adobe Illustrator

En las últimas versiones del popular programa Adobe Illustrator, sus creadores han ampliado las capacidades para convertirlo en una aplicación utilizable por parte de los diseñadores para imágenes en la Web y que facilita la preparación de archivos para entrega inmediata y con mayores posibilidades de exportación. En Illustrator es posible exportar y guardar archivos en casi cualquier formato, como EPS, PDF, SWF, SVG, GIF, JPEG, PNG, BMP, PICT, PCX, PXR, TGA y TIF.

Una característica particular es la permanencia de la interfaz con la que se encuentran familiarizados los usuarios de otras aplicaciones y la inclusión de propiedades que facilitan el trabajo. Por ejemplo, la opción de seleccionar píxeles como unidad de medida de las imágenes para apreciar la manera en que un arte se producirá como imagen rasterizada o funciones que propician la optimización de los archivos y lograr el equilibrio perfecto entre la calidad de la imagen y el peso del archivo.

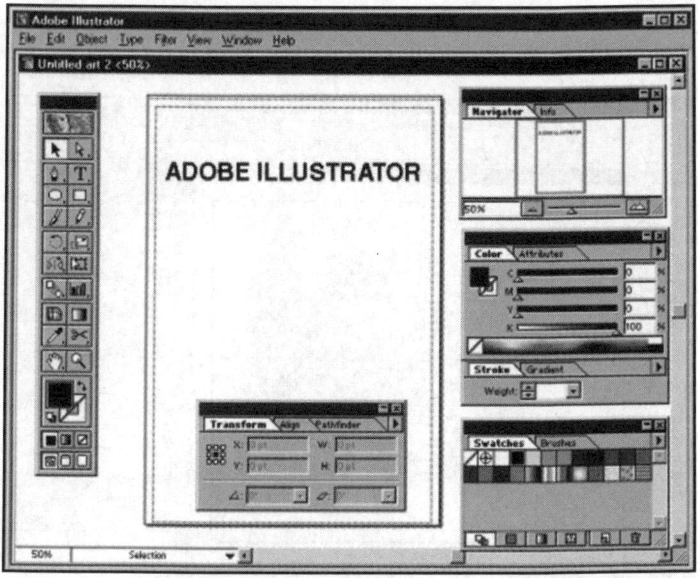

Figura 6.13. Adobe Illustrator.

Figura 6.14. Herramientas de Illustrator.

Una nueva paleta de capas facilita el manejo de los distintos objetos de una ilustración, lo que se complementa con la opción de aplicar transparencias a las capas o los objetos y con las funciones de enmascarado, para un mejor control de las partes de los objetos que se desea dejar visibles.

La integración que brindan las nuevas versiones de Illustrator asegura que al abrir un archivo de Photoshop se conserven las máscaras, los modos de mezcla y las transparencias. También que las capas puedan convertirse en objetos separados en Illustrator. De la misma manera, cuando un archivo de Illustrator se exporta a Photoshop se preservan también las capas, las máscaras de opacidad, las transparencias, los modos de mezcla y la tipografía editable.

6.2. La imagen digital para la Web

Uno de los factores a los que se le atribuye el éxito de la Web es que en las páginas que pueden ser vistas en un navegador están mezclados el texto con gráficos, fotos, animaciones y hasta vídeo.

Ahora bien, el hecho de incluir estos medios tan llamativos al ojo humano, tiene sus reglas. Desde el empleo de los formatos de archivo de imagen adecuados, hasta la velocidad de descarga en una página Web, son importantes propiedades que deben tenerse en cuenta.

6.2.1. Formatos de archivos para la Web

En la producción de páginas Web, los desarrolladores, actualmente, pueden emplear tres formatos de archivos; GIF, JPG y PNG.

El formato GIF (Graphics Interchange Format)

Creado por Compuserve en los 80, el formato GIF es, esencialmente, un formato de color indexado de 8 bits que puede mostrar hasta 256 colores. Con esta profundidad de color es suficiente para garantizar que un archivo generado como GIF tenga un tamaño pequeño. Pero además, a esto se suma, el empleo de un algoritmo de compresión de archivo, específicamente el LZW, que elimina todo el espacio que no se utiliza para reducir el número de datos efectivos que se guardan en el archivo. Este algoritmo de compresión, tiene como característica fundamental que no hay pérdida de datos.

> **Nota:** *El algoritmo de compresión LZW debe su nombre a sus creadores* Lempel, Ziv *y* Welch.

El formato GIF no ha quedado estático desde su creación. En una segunda y más sofisticada especificación, la GIF89a, el formato admite transparencias, animaciones y entrelazado.

Este último permite el despliegue progresivo de la imagen, cuando la resolución es mayor.

Los archivos con formato GIF son ideales para mostrar imágenes con pocos colores y altamente contrastadas.

El formato JPG o JPEG (Joint Photographic Experts Group)

El formato JPG es el resultado del uso de un estándar para la codificación de imágenes con colores continuos, entendiéndose por colores continuos los que tienen un rango limitado de color o de escala de grises.

Este formato tiene una profundidad de color de 24 bits, que al llevarlo a cantidad de colores, se estaría refiriendo al orden de los 16.777.215 colores. Este elevado número abarca toda la gama de colores que puede registrar el ojo humano.

El algoritmo de compresión de archivo que está asociado al formato JPG, a diferencia del formato GIF, se basa en la pérdida de información. El algoritmo aprovecha la deficiencia de la vista de un ser humano y elimina del archivo aquella información que no puede ser registrada. De esa forma, se pueden obtener archivos más pequeños, sin que eso vaya en detrimento de la calidad de la imagen. Un aspecto importante, es que el algoritmo de compresión para el formato JPG puede ser ajustable. Mientras mayor es la compresión, el archivo es más liviano, sin embargo la calidad de la imagen es menor.

En caso de guardar un archivo JPG con menor compresión, éste es más pesado, pero la imagen es de mayor calidad. El uso de este formato es ideal para mostrar imágenes con degradados de color, como ocurre con fotos más realistas.

El formato PNG (Portable Network Graphics)

De uso relativamente reciente, el formato PNG es una alternativa al GIF, un poco más robusto. De la misma manera que el GIF, emplea un algoritmo de compresión sin pérdida de datos, aunque abarca profundidades de color desde los 8 hasta los 24 bits. De ahí que sea compatible con el formato JPG. También admite transparencias de hasta 256 niveles.

Su principal limitación es que los archivos con este formato, sólo podrán ser vistos por los navegadores más modernos, como por ejemplo el Microsoft Internet Explorer 6.0 o superiores o el Netscape Navigator 7.0.

6.2.2. El color en los archivos de imagen para la Web

Los colores que se puedan ver en un archivo de imagen, que se muestra en un navegador dependen no sólo del formato del archivo, sino también de la tarjeta de vídeo del ordenador y de la paleta de colores que puede ser capaz de admitir el navegador en sí.

Un poco de teoría del color no vendría mal en este punto en que analizamos la creación de imágenes para las páginas Web.

- **Síntesis aditiva de los colores-luz:** La luz, en términos poco estrictos puede definirse como una clase de energía radiante visible al ojo humano. La luz blanca es, entonces, la coincidencia simultánea de todas las longitudes de onda del espectro óptico de la luz, con igual intensidad para todas ellas. En cambio, cuando el ojo recibe solamente una parte del espectro visible, el resultado es la luz coloreada o lo que es lo mismo, percibimos un color determinado. El modelo RGB de color es un modelo basado en el color-luz, que emplea la síntesis aditiva de luces coloreadas para obtener, en principio, la luz blanca, es decir, la suma óptica del rojo, el verde y el azul, nos ofrece el espectro completo.

> ***Nota:*** *RGB, es un acrónimo de las palabras en inglés* Red *(rojo),* Green *(verde) y* Blue *(azul).*

- **Síntesis sustractiva de la luz:** Los objetos que nos rodean los vemos coloreados porque están recubiertos por sustancias químicas llamadas pigmentos, que tienen la propiedad de absorber algunas o todas las longitudes de onda de la luz y reflejar el resto, que son las que en definitiva percibe el ojo humano.

Los colores-pigmento base son el amarillo, el magenta y el cian. Al ser la combinación de los colores-luz pueden absorber y reflejar colores, como se muestra en la tabla 6.2.

Tabla 6.2.

Zona de color	*Descripción*	*Luz absorbida*	*Luz reflejada*
Zona Cian	CIAN = luz verde + azul	ROJA	VERDE y AZUL
Zona Magenta	MAGENTA = luz roja + azul	VERDE	ROJA y AZUL
Zona Amarilla	AMARILLA = luz roja + verde	AZUL	ROJA y VERDE

La superposición de los tres colores-pigmento dará como resultado la absorción de todos los colores del espectro óptico de la luz, más conocido como el color negro.

El modelo CMYK de color está basado en la síntesis sustractiva de los colores-pigmento para obtener el color negro o la ausencia de color.

***Nota:** CMYK es un acrónimo de las palabras en inglés* **C**yan *(cian),* **M**agenta *(magenta),* **Y**ellow *(amarillo) y* Blac**K** *(negro).*

- **Tono, saturación y valor:** Estos tres conceptos refieren calidad del color que vemos en una imagen. El tono es el color en sí, o sea, rojo, verde o azul, aunque también se incluye el gris. La saturación es la intensidad con que se percibe el color, mientras que el valor define si un color es más claro o más oscuro.

Una vez dado este repaso teórico, rápido, pero importante, ¿qué es lo mejor y más conveniente, en materia de color, para crear imágenes para la Web?

Aspectos a tener en cuenta en el uso del color

Lo más importante es garantizar la comunicación. Los colores empleados lo mismo en los textos que en los gráficos e ilustraciones, deben permitir una llegada rápida al público. No es conveniente superponer colores que impidan la visualización correcta del mensaje.

En segundo orden de importancia está respetar la imagen corporativa, si se trata de una empresa, compañía o institución. Elegir los mismos colores con los que la audiencia está familiarizada, garantizan su permanencia. También en este punto se puede incluir, además del color, el empleo de logotipos y tipografías que definen a la entidad.

En tercer lugar, el tamaño de los archivos de imagen, fondos y texturas debe ser lo suficientemente óptimo como para garantizar una descarga rápida y progresiva de la gráfica empleada. Aquí juega un papel fundamental el empleo de los formatos de archivos adecuados, en dependencia de los colores y de la calidad de las imágenes que se desea mostrar.

Después de estos insoslayables puntos, hay que tener en cuenta aspectos, que van desde la calidad de la audiencia que visita la página, hasta su composición demográfica. Hombres, mujeres y niños tienen diferentes reacciones ópticas ante los colores. También es conveniente el empleo del color para resaltar y para identificar las secciones de una página, de manera que se describa mediante el uso de este recurso la importancia que tiene dentro del sitio Web.

- **Resolución:** La resolución, referida a la imagen digital, está definida, la mayoría de las veces, por el número de píxeles. Mientras más píxeles tenga una imagen mayor será su capacidad de resolución. Las dimensiones de una imagen digital, medida en píxeles tienen valores absolutos, de ahí que sean el medio más seguro al determinar el tamaño de un archivo.

> ***Nota:*** *Para saber el tamaño de un archivo de una imagen dimensionada en píxeles, basta con multiplicar su resolución por la cantidad de colores del modelo de color elegido. Una imagen de 300 x 240 píxeles en RGB (3 colores) daría un tamaño de archivo de 216 KB.*

- **Píxeles versus vectores:** La resolución fija que ofrece una imagen dimensionada en píxeles limita en alguna medida el ajuste de su tamaño, ya que se corre el riesgo que la imagen quede deformada en su nitidez. Los formatos vectoriales de archivos, mejor soportados por programas como Adobe Illustrator, que emplea líneas vectoriales para definir las dimensiones de una ilustración, no depende de la resolución y puede escalarse a cualquier tamaño, sin que ello vaya en detrimento de la calidad de la imagen visualizada o impresa. Muchos diseñadores emplean los formatos vectoriales en el momento creativo. Sin embargo, cuando está elegido el arte final, siempre que se vaya a emplear en formato digital, se pasan los archivos a formatos en píxeles, entre otras cosas, porque disminuye considerablemente el tamaño de los archivos y también porque el ojo humano, al mirar un monitor, no capta las sutilezas que el formato vectorial da a la imagen. No hay que enfrentar estas dos formas de dimensionar la imagen digital. Una complementa la otra y su uso está determinado por el objetivo final de un proyecto.

6.2.3. ¿Qué se usa para producir imágenes en Internet?

En un epígrafe anterior se ha visto una panorámica general del software disponible en el mercado para la producción gráfica digital. La mayoría de los programas disponibles poseen herramientas que permiten crear imágenes para incluir en páginas Web.

Sin embargo, por su amplia difusión entre los desarrolladores de sitios Web, el programa Macromedia FreeHand, es actualmente uno de los que mejor resuelve, con sus herramientas y prestaciones, la creación de imágenes para la Web.

Creando imágenes y animación para la Web con FreeHand

Para mostrar los documentos FreeHand en un navegador de Internet se puede emplear una o la combinación de las siguientes funciones.

1. Asignar un URL, como un vínculo, a objetos o textos, desde el panel de navegación.

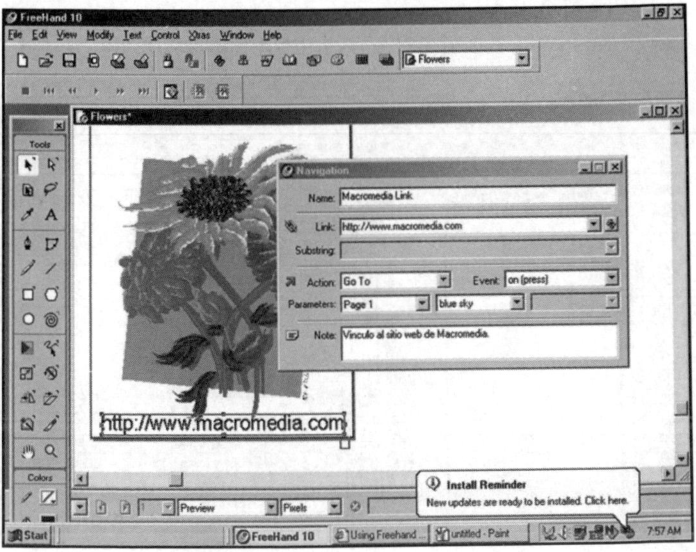

Figura 6.15. Creación de vínculo.

2. Convertir un documento FreeHand en archivo HTML, con el uso de la opción Publish as HTML.

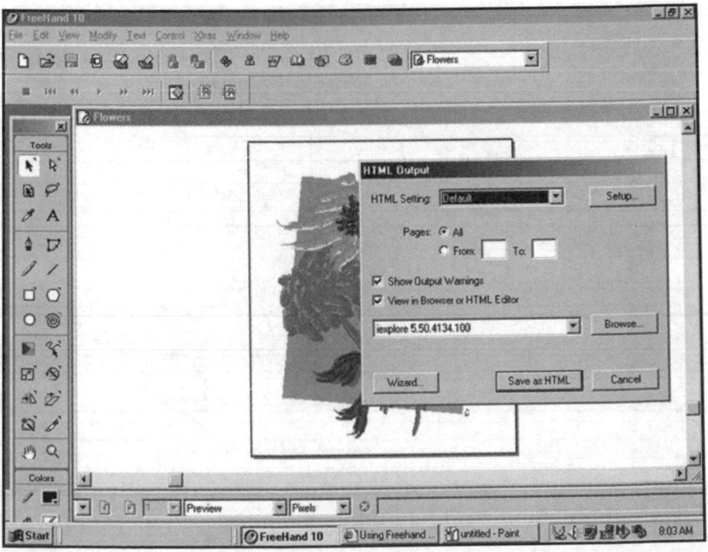

Figura 6.16. Publicación como HTML.

3. Guardar documentos FreeHand que se usarán en páginas Web, como archivos con formatos GIF, JPG o PNG.

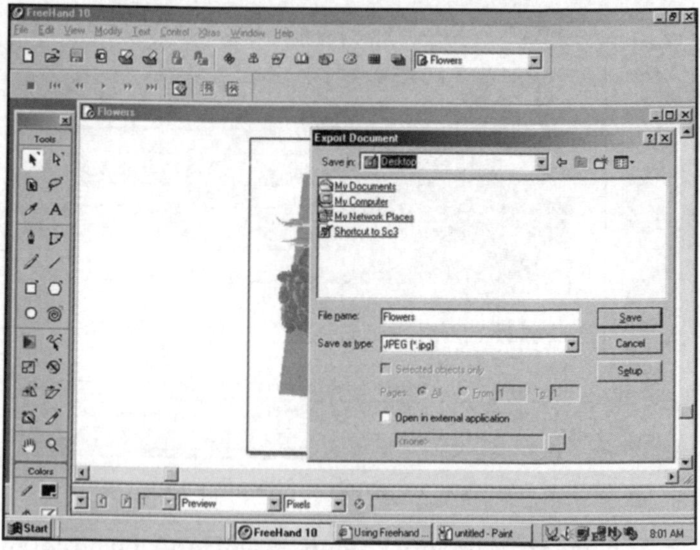

Figura 6.17. Guardar formatos para la Web.

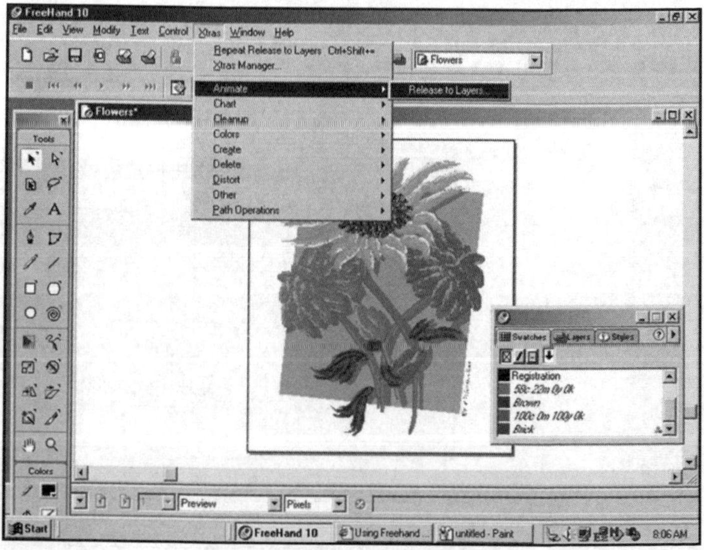

Figura 6.18. Animate Xtra.

4. Usar la opción Animate Xtra, para convertir un documento FreeHand en una animación Macromedia Flash.
5. Asignar acciones de Flash a objetos y textos en un documento FreeHand para crear interactividad.

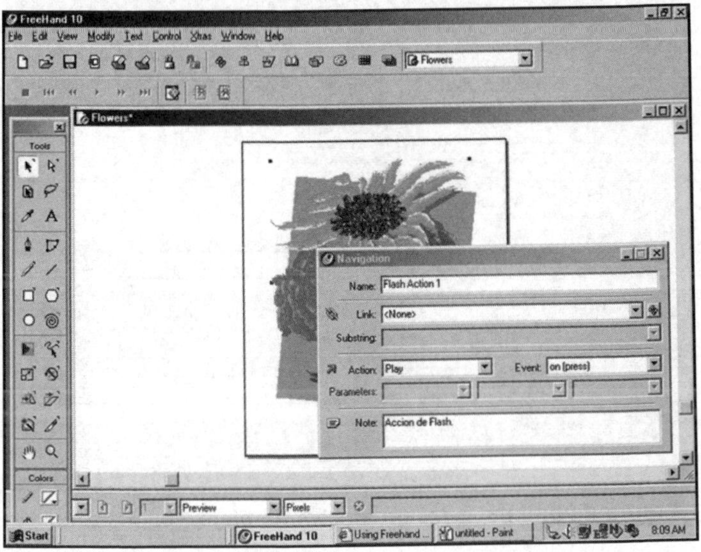

Figura 6.19. Creando interactividad.

6. Exportar un documento FreeHand como un archivo con formato de Macromedia Flash (SWF).
7. Revisar una animación Flash en FreeHand.

6.3. La tercera dimensión, posibilidades y aplicaciones

Al buscar las claves para ver el mundo en 3D, a través de un ordenador hay que tener en cuenta algunos factores que influyen de una manera decisiva en la percepción del mundo 3D artificial.

1. Si se mira el monitor, en realidad lo que se ve es una superficie 2D y se requiere generar la sensación de una tercera dimensión. Los objetos que se muestran deben guardar un orden, en profundidad, lo cual

puede ser simulado con efectos, como sombras, que ayudan a dar esa sensación.

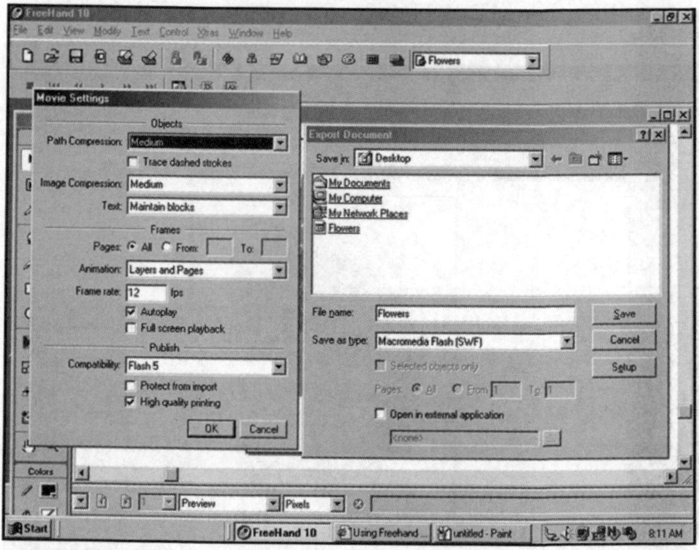

Figura 6.20. Para crear un archivo en Flash con FreeHand.

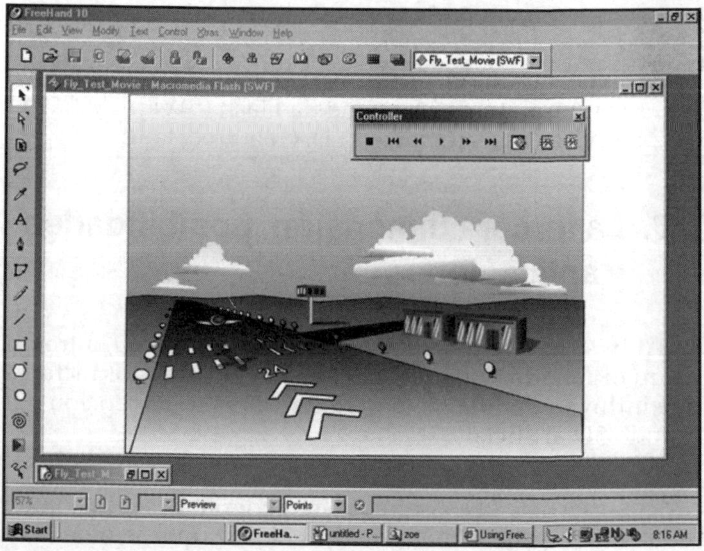

Figura 6.21. Flash Player Window en FreeHand.

2. La escena debe ser interactiva, es decir podrá responder a determinadas acciones o eventos, que no se consigue sólo con el *render* o dibujo de la escena en tiempo real.
3. Puede que lo que se muestra no sea realista o no tenga las características de un objeto real. Se pueden hacer simplificaciones para que la escena parezca real aunque no sea realista.

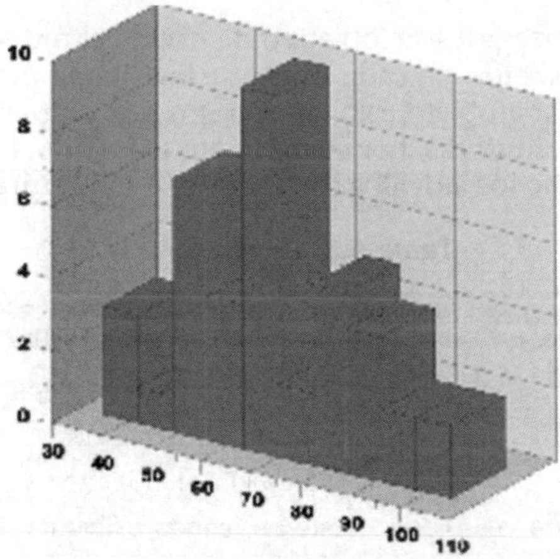

Figura 6.22. Gráfico 3D.

El ordenador debe guardar el mundo artificial en forma digital y además debe permitir moverlo, cambiarlo, iluminarlo y dotarlo de texturas sin pausas, para que de una sensación de movimiento normal. Otro punto importante es que el ordenador tiene una memoria limitada y se necesita de configuraciones del entorno informático preparadas para almacenar toda la información que una escena real contiene. De ahí que en el proceso de digitalización de una escena real se pueda optar por perder alguna información, en aras de hacer más livianos los archivos digitales que contienen el mundo 3D que se está recreando. Cuando se genera una escena 3D artificial siempre se intenta que tenga el máximo de información posible para aumentar el nivel de detalle. Aunque el verdadero objetivo es equilibrar el nivel de detalle, la facilidad de manipulación de la escena y el tamaño de los archivos.

Figura 6.23. Símbolo Antispam 3D.

Para conseguir este objetivo de divide el mundo en conjuntos de objetos y a cada objeto se le asignan propiedades. A su vez cada objeto está compuesto por unidades básicas llamadas primitivas, por ejemplo, un triángulo. Las primitivas son como los ladrillos con los que se construirá la escena.

Tabla 6.3. Primitivas 3D.

Nombre	*Descripción*
3D píxeles	También llamados voxels.
Vectores	Indican una dirección.
Polígonos	Triángulos, cuadriláteros.
Primitivas de volumen	Esferas, conos, cilindros.

Los polígonos son las primitivas más usadas para representar escenas. Están compuestos por vértices y forman un plano. Los objetos 3D serán, entonces, un conjunto de polígonos.

Nota: *Un vértice es una coordenada 3D.*

Para simular escenas de mayor complejidad visual se usan triángulos, porque con ellos se puede formar polígonos más complejos. Un cuadrado son dos triángulos. Otro punto a favor de los triángulos es que pueden compartir fácilmente vértices, formando mallas de polígonos entrelazados. La gran mayoría de las tarjetas de vídeo aceleradoras trabajan mejor con escenas definidas por triángulos. Los microprocesadores gráficos modernos son, en realidad, calculadoras especializadas en cálculos sobre triángulos.

¿Cómo llevar a la práctica, con el uso del hardware y el software del ordenador, lo anteriormente explicado?

1. Crear el mundo, la escena, a representar. El artista que diseña 3D construye cada elemento del mundo en tercera dimensión, es decir, el modelo compuesto de triángulos, los datos de animación para cada elemento y las texturas a aplicar a cada objeto. Finalmente sitúa los objetos en sus posiciones.

   También modela aquellas partes de la escena que no son objetos, como por ejemplo el cielo.
2. Escribir el programa que determina cómo interactúan los objetos y cómo se mueven. Este programa es el software encargado de controlar lo que sucede en el mundo 3D; movimiento de los objetos y movimiento del punto de referencia. La información que genera se usa para hacer una lista con todos los objetos visibles que se deben dibujar en cada fotograma. A estas listas se conoce como Display List.
3. Generar listas de polígonos para procesarlos. Es la composición final de la lista de objetos. Se eliminan los objetos que no entran en el rango de visión. En este paso también se asegura que toda la información sobre geometría, texturas y datos de animación estén almacenados en la memoria del ordenador.
4. Procesar la geometría.
5. Dibujar los píxeles de la escena.

Concretamente, lo referente al procesamiento de la geometría y el render o dibujo, es realizado por el hardware, con las tarjetas aceleradoras de vídeo. A medida que el hardware es perfeccionado por los fabricantes, la simulación de las imágenes que obtenemos es mejor y por supuesto, la necesidad de adquirir nuevas aceleradoras, para incorporar los novedosos.

6.3.1. Creando 3D con el ordenador

El programa más popular, entre los diseñadores que se dedican a crear mundos 3D en el ordenador, es sin ninguna duda el 3D Studio Max. A él se le dedicará este epígrafe, como un paseo breve por sus principales prestaciones y características, de manera que estimule a profundizar en el tema, a aquellos que se interesen por emprender proyectos de este tipo.

¿Qué es 3D Studio Max?

3D Studio Max es una aplicación para crear modelos y animaciones en tres dimensiones a partir de vistas. La utilización de 3D Studio Max permite la fácil visualización y representación de los modelos, así como su exportación y almacenado en otros formatos distintos a los que utiliza el propio programa.

El formato de dibujo empleado en 3D Studio Max es por defecto MAX, es decir, todos los archivos tendrán extensión MAX, aunque también se pueden guardar en otros formatos.

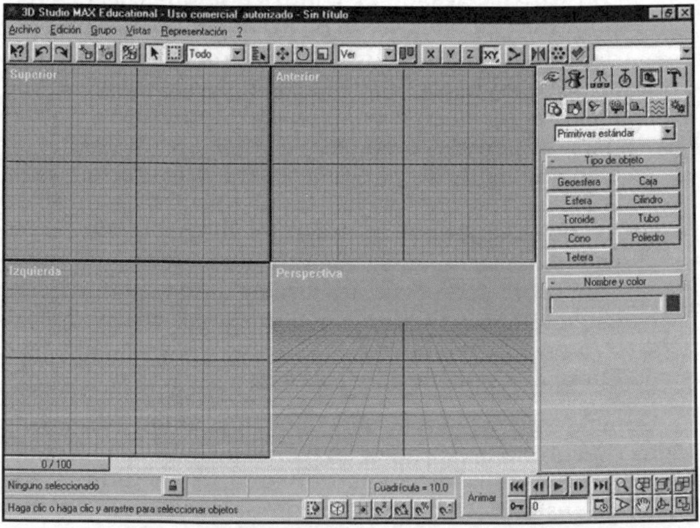

Figura 6.24. Entorno de 3D Studio Max.

Los aspectos más importantes, en 3D Studio Max, para recrear una escena 3D se explican a continuación.

- **Creación de Primitivas estándar y correctores:** Las primitivas geométricas son las que en el entorno de MAX se denominan estándar y son un grupo de ocho, caja, esfera, cilindro, toroide, tubo, cono, poliedro y tetera.
- **Creación de formas y texto:** La creación de formas y texto es uno de los apartados más importantes de la utilización de 3D Studio Max. Una forma o un texto se crean de la misma manera.

- **Creación de Booleanos:** Los Booleanos son objetos de composición que permiten crear nuevas geometrías mediante la combinación de objetos geométricos. Los objetos son combinados a través de las operaciones booleanas de unión, intersección o sustracción.

Tabla 6.3. Parámetros de las primitivas.

Primitiva	*Punto XYZ*	*Parámetros*
Caja	Centro de la base	Largo, ancho y alto
Esfera	Centro	Radio
Cilindro	Centro de la base	Radio y alto
Toroide	Centro	Radio 1 y radio 2
Tubo	Centro de la base	Radio 1, radio 2 y alto
Tetera	Centro de la base	Radio

Tabla 6.4. Booleanos.

Tipo	*Descripción*
Unión	El objeto booleano incluye el volumen de los dos objetos originales. La parte correspondiente a la intersección o superposición se elimina.
Intersección	El objeto booleano sólo contiene el volumen común a ambos objetos originales, es decir, el volumen de la intersección de los dos objetos.
Sustracción	El objeto booleano incluye el volumen de un objeto original al que se le sustrae el volumen de la intersección.

- **Creación de Luces:** 3D Studio Max tiene luces invisibles predeterminadas para que la escena siempre esté iluminada. En cuanto se crea la primera luz de la escena, se apagan las luces predeterminadas. Si elimina todas las luces de la escena, se restablecen las luces predeterminadas.
- **Creación de Cámaras:** Una cámara en 3D Studio Max es un punto de referencia con el que se mira determinado objeto o escena. Esencialmente son dos tipos de cámaras.

Tabla 6.5. Cámaras.

Tipo	*Descripción*
Cámara libre	Es una cámara sin objetivo. Las cámaras libres ven el área en la dirección a la que apuntan. Son más fáciles de utilizar cuando su posición se anima a lo largo de una trayectoria, como en la exploración de un edificio o dentro de un vehículo en marcha.
Cámara con objetivo	Ven el área en torno al objeto de destino que se designa al crearlas. Este tipo de cámara es el recomendable si la cámara no se desplaza por una trayectoria mientras se representa la escena o animación.

- **Creación de materiales y texturas:** El editor de materiales y texturas es una de las herramientas más destacadas en 3D Studio Max. Además de incluir a la escena u objeto lo que se desea, se puede ir apreciando, en tiempo real, los cambios que van ocurriendo, en las ventanas de presentación.

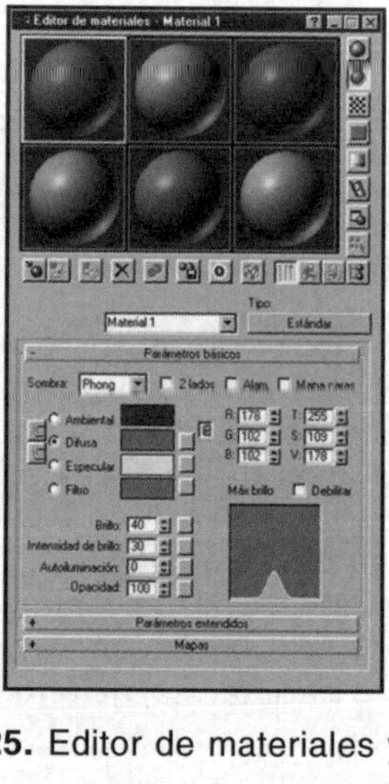

Figura 6.25. Editor de materiales y texturas.

El editor permite mantener y ver la presentación preliminar de seis materiales a la vez. Las ventanas de ejemplo contienen de forma predeterminada unas esferas sombreadas con los materiales estándar. Cuando las seis ranuras de ejemplo estén llenas y haya asignado los materiales a los objetos de la escena, se puede regresar al primero para continuar la creación de materiales.

7 La informática aplicada

7.1. Multimedia

El término multimedia, define a cualquier combinación de texto, gráficos, imágenes, sonido, animación y vídeo que llega a nosotros a través de un ordenador u otros medios electrónicos. Cuando se mezclan elementos como fotografías y animación deslumbrantes, sonido, vídeo clips y textos informativos, se pueden lograr efectos sorprendentes en el auditorio. Si además se le añade interactividad el éxito es rotundo. Una aplicación multimedia estimula los ojos, los oídos, las yemas de los dedos y lo que es aún más importante, estimula el cerebro.

Aunque la definición de multimedia es relativamente sencilla, lograr los resultados deseados con un proyecto de esta naturaleza puede ser complicado. No sólo se debe comprender cómo hacer que cada elemento juegue su papel, sino también se necesita saber cómo utilizar las herramientas informáticas y la tecnología para que formen en conjunto. Las personas que tejen los hilos de la multimedia son los desarrolladores multimedia.

Las herramientas de programación están diseñadas para administrar los elementos multimedia individualmente y permitir la interactividad, en caso que esta sea uno de los objetivos del proyecto. Además de proporcionar los métodos para lograr el resultado deseado, la mayoría de las herramientas de desarrollo multimedia ofrecen, además, facilidades para crear y editar texto e imágenes y tienen extensiones para controlar los reproductores de sonido, vídeo y otros dispositivos relacionados. El principal y más importante propósito es mejorar las presentaciones tradicionales de información basadas sólo en texto y proporcionar beneficios importantes que atraen y mantienen la atención y el interés.

Así mismo, aumentar la retención de la información presentada, siempre que el diseño, el guión y la navegación interactiva tengan un adecuado diseño.

7.1.1. Las herramientas de desarrollo multimedia a fondo

Las herramientas de desarrollo brindan el marco esencial para organizar y editar los elementos de un proyecto multimedia, que incluye la manipulación de gráficos, sonidos, animaciones y secuencias de vídeo. Las herramientas de desarrollo se utilizan para lograr la interactividad y generar las interfaces de usuario, además de combinar los elementos multimedia en un único producto.

Los programas de desarrollo multimedia tienen un entorno integrado para unir el contenido y las funciones de un proyecto. En general poseen habilidades para crear, editar e importar tipos específicos de datos; incorporar las secuencias de reproducción y proporcionar un método estructurado, con la ayuda de algún lenguaje de programación, para responder a las acciones del usuario. Con un software de desarrollo multimedia se pueden obtener los siguientes resultados:

1. Producciones de vídeo.
2. Animaciones.
3. Demostraciones y guías interactivas.
4. Presentaciones.
5. Capacitación interactiva.
6. Simulaciones técnicas.

Tipos de herramientas

Las herramientas de desarrollo se organizan en grupos, de acuerdo a la presentación que emplean para dar secuencia y organizar los elementos multimedia.

- **Herramientas basadas en tarjetas o páginas:** En estos sistemas de desarrollo los elementos se organizan como páginas de un libro. Permiten reproducir elementos de sonido, ejecutar animaciones y reproducir vídeo digital.

- **Herramientas basadas en iconos:** En estos sistemas de desarrollo los elementos multimedia y las señales de interacción se organizan como objetos en un marco estructural. Simplifican la organización del proyecto y pueden incluir diagramas de flujos de actividades junto con vías de bifurcación.
- **Herramientas basadas en tiempo:** En estos sistemas de desarrollo los elementos y eventos se organizan en el tiempo.

Cada proyecto multimedia tendrá una estructura interna, un propósito y requerirá de diferentes características y funciones. El desarrollador debe estar preparado para seleccionar la herramienta que más se adapte al trabajo que tiene por delante. Los fabricantes de software para desarrollar aplicaciones multimedia, continuamente, están mejorando las herramientas, con nuevas características y un superior desempeño.

La edición

Los elementos multimedia necesitan ser creados, editados y convertidos a los formatos de archivo estándares. Las herramientas de edición para estos elementos, particularmente el texto y las imágenes, están incluidas, con frecuencia en el software de desarrollo. En la medida que así sea, se contará con un entorno más integrado y autónomo, para evitar el uso de cualquier otro software adicional.

La organización

El proceso de organización, diseño y producción multimedia involucran la creación de guiones y diagramas de flujo. Algunas herramientas de desarrollo proporcionan capacidades para la generación de diagramas de flujo visuales o alguna facilidad de vista panorámica que ilustre la estructura del proyecto en forma general. Los guiones o diagramas de navegación también pueden ayudar a organizar el proyecto.

La programación

Los sistemas de desarrollo multimedia ofrecen uno o más de los siguientes enfoques:

- **Programación visual con señalamientos e iconos:** La programación visual con iconos es quizás el proceso de desarrollo más fácil. Si se pretende reproducir un sonido o colocar una imagen, simplemente se arrastra el icono del elemento en la lista de reproducción. Las herramientas de desarrollo visuales, como *Macromedia Authorware*, son particularmente útiles para presentaciones.

- **Programación con lenguaje de guiones:** Las herramientas de desarrollo que ofrecen un lenguaje de guiones para el control de la navegación, así como habilitar y controlar acciones del usuario son más poderosas. En la medida en que el lenguaje de guiones incluya más comandos y funciones, el sistema de desarrollo será más completo y versátil. Un ejemplo de este tipo de herramientas es *Macromedia Director*.
- **Programación con herramientas tradicionales:** No son herramientas propiamente destinadas a la producción multimedia. Por el contrario, fueron fabricadas con otros propósitos, sin embargo se le han ido agregando capacidades para el desarrollo de aplicaciones multimedia. Es el caso de los entornos de programación como Microsoft Visual Basic o Microsoft Visual C++.

La interactividad

La inclusión de interactividad en una aplicación multimedia permite a los usuarios finales controlar el modo en que desean consultar el contenido. Las herramientas de desarrollo deben brindar uno o más niveles de interactividad. La "bifurcación simple" permite ir a otra sección de la aplicación multimedia. La "bifurcación condicional" permite avanzar a partir del resultado de una decisión o a partir de eventos.

Los ajustes del desempeño

Los proyectos multimedia complejos requieren una sincronización de eventos muy exacta. En ocasiones se hace difícil lograr la sincronización porque existen diferencias en el desempeño de los ordenadores. Algunas herramientas de desarrollo permiten asociar la velocidad de reproducción a la velocidad de un entorno informático específico, pero otras no. En muchos casos se precisa usar el lenguaje de guiones de la propia herramienta o las facilidades especializadas de programación para especificar el tiempo y la secuencia en los sistemas con diferentes microprocesadores.

La reproducción

La herramienta de desarrollo debe permitir la construcción de un segmento que pueda ser probado de inmediato. De esta forma se puede ir refinando poco a poco el proyecto, sin esperar a llegar a su terminación

La distribución

La distribución de un proyecto multimedia requiere la construcción de una versión ejecutable. Esto permite que el proyecto pueda ser ejecutado independientemente de la herramienta con que fue desarrollado. En términos exactos a esta capacidad se le llama *runtime*.

7.2. Realidad virtual

Realidad virtual es un término que suele asociarse a casi todo aquello que tiene que ver con imágenes en tres dimensiones generadas por ordenador y la interacción de los usuarios con este ambiente gráfico. Ello supone la existencia de un complejo sistema electrónico para proyectar espacios visuales en 3D y para enviar y recibir señales con información sobre la interacción del usuario, quien, con un sistema de este tipo, puede sentir que se encuentra inmerso en un mundo virtual.

7.2.1. Conceptos generales

A finales de los 80, los gráficos generados con la ayuda del ordenador entraron en una nueva época. Una vez que las imágenes tridimensionales comenzaran a reemplazar a las bidimensionales, comenzó a surgir la necesidad de un espacio de trabajo totalmente interactivo generado a través de la tecnología. Es precisamente a finales de esta década, en 1989, cuando se estandariza, por parte de Jaron Lanier, el término realidad virtual.

A partir de los años 90, los sistemas de realidad virtual se han visto enriquecidos con sensaciones del mundo real a través de estímulos visuales, auditivos y de otro tipo que involucran al usuario de manera interactiva.

El objetivo de la realidad virtual es crear una experiencia que haga sentir al usuario que se encuentra inmerso en un mundo virtual, aparentemente real. Para ello, se sirve de gráficos 3D así como del sonido que envuelve las escenas mostradas. La realidad virtual utiliza la visión de un observador, el usuario, quien se mueve dentro del mundo virtual utilizando dispositivos adecuados, como "visores" o "guantes electrónicos".

La realidad virtual explota todas las técnicas de reproducción de imágenes y las extiende para que sean usadas dentro del entorno en el que el usuario puede examinar, manipular e interactuar con los objetos expuestos. Un mundo virtual es un modelo matemático que describe un espacio tridimensional, dentro del cual están contenidos objetos que pueden representar cualquier cosa, desde una simple entidad geométrica, por ejemplo un cubo o una esfera, hasta una forma compleja, como puede ser un desarrollo arquitectónico, un nuevo estado físico de la materia o el modelo de una estructura genética. Se trata, en definitiva, de un paso mas allá de lo que sería la simulación por ordenador, para convertirse en simulación interactiva, dinámica y en tiempo real de un sistema.

7.2.2. El empleo de la realidad virtual en la educación

Estudiantes y profesores de todos los niveles de educación han enfrentado un problema con bastante preocupación, algunas áreas de la enseñanza son difíciles de asimilar y transmitir. En busca de una solución y con el desarrollo de la tecnología se ha incrementado el interés en una importante rama de la informática que fue creada en los años 60 y desarrollada desde finales de los 80, conocida como realidad virtual.

La realidad virtual tiene importantes aplicaciones en la educación en general pues hay indicios que permiten afirmar que estimula de manera considerable el proceso de aprendizaje a través del llamado efecto de inmersión que genera el ordenador, gracias al cual los estudiantes pueden interactuar completamente con un ambiente creado artificialmente y donde se ponen en juego los sentidos del tacto, el oído y la vista por medio de aparatos especiales conectados al ordenador, como "guantes de datos" y "visores". Estos aparatos tienen sensores que detectan el movimiento en forma precisa y repercuten en el mundo virtual en el que los estudiantes interactúan. La Web es también un medio adecuado para la realidad virtual, donde los internautas pueden almacenar los mundos virtuales e intercambiar información con otros participantes activos. Gracias a estos elementos, los estudiantes pueden aprender de cualquier área del conocimiento.

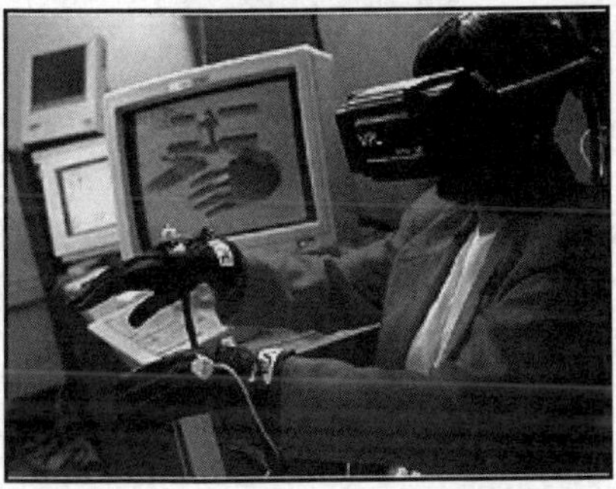

Figura 7.1. Set de realidad virtual.

De acuerdo con investigaciones y desarrollos recientes, las aplicaciones de realidad virtual más notables en la educación se dan en la enseñanza de las artes, entrenamiento técnico y las aplicaciones en salones de clase virtuales.

Aunque en algunos casos la realidad virtual puede producir aislamiento social, bien dirigido su uso, las ventajas son sustanciales.

Con esta tecnología se logra captar la completa atención y reacción de los estudiantes con el lógico incremento de la curva de aprendizaje. Según algunos experimentos realizados en la Universidad de Washington, se obtuvo que los estudiantes que emplearon ayudas virtuales pueden aprender de manera más rápida y asimilar información de una manera más consistente que aquellos que usan las herramientas de enseñanza tradicionales.

Los estudiantes no sólo pueden leer textos y ver imágenes con el visor, además, pueden escuchar narraciones, efectos de sonido y música relacionados con el tema que están aprendiendo.

Con los "guantes de datos" pueden sentir la textura, dimensiones e inclusive la temperatura de objetos virtuales.

De esta forma, se adquieren datos provenientes de diferentes fuentes de información en tiempo real.

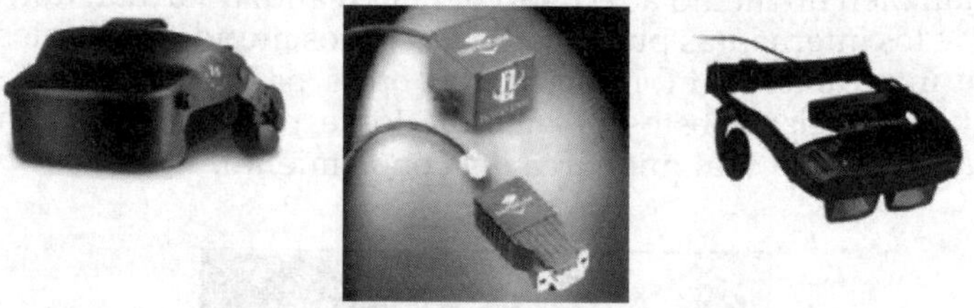

Figura 7.2. Casco, sensores y visor.

7.2.3. Realidad virtual e Internet

Virtual Reality Modeling Language (VRML) es un lenguaje para el desarrollo de aplicaciones de realidad virtual en Internet, en forma de mundos virtuales compuestos de un espacio, normalmente tridimensional, donde los objetos son interactivos. En estos mundos virtuales el usuario podrá adentrarse, eligiendo entre varias perspectivas e interactuar con los objetos que allí se encuentran. Esta tecnología es cada vez más accesible para el usuario medio, quien puede disponer de mejores equipos multimedia a precios muy accesibles.

La especificación original de este lenguaje, denominada VRML 1.0, es de octubre de 1994 y se basaba en un producto de la compañía Silicon Graphics. En 1994 se creó el *VRML Architecture Group* (VAG), con el objetivo de ayudar en la claridad e implementación de la especificación inicial de este nuevo lenguaje. Con posterioridad, este organismo ha sido sustituido por el VRML Consortium, entre cuyos miembros se encuentran Netscape, Microsoft, IBM y Silicon Graphics.

VRML 1.0 es un lenguaje para la descripción de mundos virtuales estáticos, que cumple tres requisitos fundamentales, es independiente de la plataforma donde se ejecute el visualizador, tiene capacidad para trabajar de un modo eficiente con conexiones lentas y es extensible, es decir, susceptible de ser ampliado fácilmente.

Después de la definición de la primera versión, se observó que los mundos estáticos no eran suficientes, sino que hacía falta que los objetos tuviesen comportamientos propios y que el usuario pudiese interactuar con ellos. Por ello, en 1995 el VAG solicitó propuestas de modificaciones a la especificación VRML que permitiesen lograr dichos objetivos. En 1996, la propuesta denominada *Moving Worlds* presentada por *Silicon Graphics* fue ratificada por el VAG como la especificación oficial VRML 2.0. Esta nueva versión es mucho más compleja que su predecesora y en ella destaca la posibilidad de especificar comportamientos para los objetos, ya sea usando el propio lenguaje VRML o mediante scripts en lenguajes externos, como JavaScript, Java, Visual Basic, los cuales no están limitados por la especificación. También la posibilidad de interacción con el usuario mediante la definición de una serie de sensores de posición, de contacto, de colisión, etc. La información registrada por estos sensores es enviada a los diferentes objetos que componen el mundo virtual y en función de los valores recibidos, cada objeto virtual actuará en consecuencia. Finalmente, el lenguaje de descripción de escenas tridimensionales ha sido ampliado significativamente, para obtener efectos de fondo y sonido en estéreo.

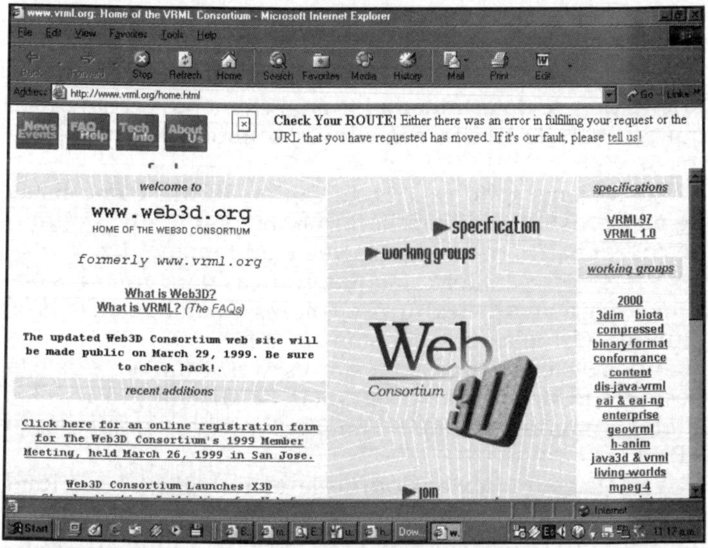

Figura 7.3. Página Web principal de VRML Consortium.

VRML 2.0 permite interactuar con el mundo virtual, sin embargo, no es posible interactuar con otras personas que estén inmersas, en ese momento, en el mismo mundo virtual. Living Worlds es la propuesta de *Silicon Graphics* que fuera examinada por el VRML Consortium para la versión 3.0.

Según esta propuesta, todas las personas que entran a un mundo virtual pueden definir su propia representación en el entorno tridimensional, tanto para la detección de colisiones como para el aspecto que el usuario tendrá ante el resto de los visitantes.

Una de las herramientas imprescindibles para visitar cualquiera de los mundos virtuales realizados con VRML es el denominado visor o navegador.

Se trata de un software que puede funcionar como un programa independiente o como un *plug-in* de un navegador o *browser*.

Todos ellos tienen al menos tres características en común, visualizan presentaciones tridimensionales de un archivo escrito en *VRML*, ofrecen algún mecanismo para cambiar el punto de vista del usuario dentro del mundo virtual y tienen algún medio para el acceso a Internet.

Por otra parte, existen editores que permiten crear objetos y mundos virtuales. VRML es un lenguaje de descripción de escenas en el que cada escena se compone de objetos, éstos pueden ser elementos sólidos situados y orientados de determinada forma o elementos intangibles que afectan a la escena, como luces, sonido y distintos puntos de vista.

Los objetos sólidos se codifican en VRML como listas de números que definen la forma, mediante un conjunto de coordenadas tridimensionales y un tamaño. Los editores VRML ofrecen herramientas gráficas para crear los objetos y para añadir texturas y colores a su superficie. Los mundos virtuales creados con un editor se registran en archivos de texto, cuya extensión es .wrl. También existe la posibilidad de utilizar programas de diseño gráfico, los cuales generan automáticamente archivos en formato VRML.

VRML es una extensión de la tecnología de realidad virtual. Pone al alcance de todos, las grandes posibilidades que ésta ofrece, así como el gran poder comunicativo que origina su integración en la Web. Estas características, junto a la facilidad, tanto de visualización como de desarrollo, hacen que se convierta en una herramienta ideal para transmitir conocimiento.

7.3. Robótica y control automático de la producción

Los primeros robots creados en toda la historia de la humanidad, tenían un único fin, entretener a sus dueños. Los inventores se interesaban solamente en conceder los deseos de entretener a quien les pedía construir el robot. Sin embargo, estos inventores se comenzaron a dar cuenta que un robot podía imitar movimientos humanos o de alguna criatura viva. Los movimientos podían ser mecanizados y de esta manera, automatizar algunas de las labores más sencillas de aquellos tiempos. El origen del desarrollo de la robótica, se basa en el empeño por automatizar la mayoría de las operaciones en una fábrica. El primer acercamiento se remonta al siglo XVII en la industria textil, cuando se diseñaron telares controlados por tarjetas perforadas.

Figura 7.4. Robot rastreador de luz.

El término robótica procede de la palabra robot. La robótica es, por lo tanto, la ciencia o rama de la ciencia que se ocupa del estudio, desarrollo y aplicaciones de los robots.

Los robots son dispositivos compuestos de sensores que reciben datos de entrada y que pueden estar conectados a un ordenador. Al recibir la información de entrada, el ordenador indica al robot la ejecución de una acción. También es posible que los robots dispongan de microprocesadores propios que reciben la entrada captada por los sensores y son ellos los que ordenan al robot la ejecución de las acciones para las cuales está concebido. En este último caso, el propio robot es a su vez un ordenador.

Actualmente, una de las finalidades de la construcción de robots es su intervención en los procesos de fabricación. Estos robots son los encargados de realizar trabajos repetitivos en las cadenas de proceso de fabricación, como pintar, moldear, soldar, trasladar materiales, etc. En una fábrica sin robots, los trabajos antes mencionados los realizan técnicos especialistas en cadenas de producción. Con los robots, el técnico puede librarse de la rutina y el riesgo que sus labores implican, con lo que la empresa gana en rapidez, calidad y precisión. En los próximos cien años, seguramente en todas las fábricas del mundo habrá robots trabajando.

7.3.1 Tipos de robots

Robots impulsados neumáticamente

La programación de estos robots consiste en la conexión de tubos de plástico a la unidad de control neumático. La parte inferior de la unidad neumática es un secuenciador que proporciona presión y vacío a la unión en una secuencia controlada por el tiempo. La parte superior es la unión, propiamente dicha, que activa cada una de las piezas móviles del robot. Las conexiones determinan qué piezas intervendrán en el movimiento, en qué dirección se moverán y los diferentes pasos que deberán efectuar. Al modificar las conexiones de la unión se podrán programar otras secuencias diferentes.

Estos robots son los más simples que existen. Hay quien opina que a este tipo de máquinas no se le debería llamar robots, sin embargo, en ellas se encuentran todos los elementos básicos de un robot. Es decir, son programables, automáticas y pueden realizar gran variedad de movimientos.

Robots equipados con servomecanismos

Otro tipo de robots más sofisticados desde el punto de vista del control y de las prestaciones que ofrecen es los que llevan servomecanismos. El uso de servomecanismos va ligado al empleo de sensores, como los potenciómetros, que informan la posición del brazo o la pieza que se ha movido del robot, una vez que éste ha ejecutado una orden. Esta posición es comparada con la que realmente debería adoptar el brazo o la pieza después de la ejecución de la orden. Si no es la misma, se efectúa un movimiento más hasta llegar a la posición indicada y así ajustar el movimiento.

Robots punto a punto

Si se agrega a los servomecanismos una memoria electrónica capaz de almacenar programas y un conjunto de circuitos de control digital, se obtienen robots más potentes y de mejor manejo.

La programación de este tipo de robots se efectúa mediante una caja de control que posee un botón de control de velocidad para ordenar al robot la ejecución de los movimientos paso a paso.

Se clasifican, por orden de ejecución, los pasos que el robot debe seguir, al mismo tiempo que se puede ir grabando en la memoria la posición de cada paso. Éste será el programa que el robot ejecutará. Una vez terminada la programación, el robot inicia su trabajo según las instrucciones del programa.

A este tipo de robots se les llama punto a punto, porque el camino trazado para la realización de su trabajo está definido por pocos puntos.

Gracias a la memoria electrónica que poseen estos robots, se pueden tener almacenados varios programas. El modo de elegir uno de los programas almacenados se hace a través de una señal de entrada que le llega al robot por las órdenes que da el programador.

Estos robots se usan por ejemplo en las cadenas de soldadura de carrocerías de automóviles. Los robots están programados para soldar automóviles de varios modelos distintos. El programador, o un sensor, reconoce el tipo de automóvil y decide el programa que se ha de aplicar en cada caso.

Estos programas constan de pocos pasos, muchas veces sólo cien. Esto implica que no sirven como controladores de robots para trabajos de continuo movimiento. Para aliviar este inconveniente, se usa una cinta en la que se almacenan miles de pasos de programa que el robot leerá y ejecutará.

En estos casos la cinta actúa como memoria. Robots de este tipo, que se pueden encontrar en cadenas de pintura, ya empiezan a trabajar como si fueran ordenadores.

Robots controlados por ordenador

Otro tipo de robots son aquellos que se pueden controlar mediante un ordenador. Con él es posible programar el robot para que mueva sus brazos en línea recta o describiendo cualquier otra figura geométrica entre puntos preestablecidos. La programación se realiza con una caja de control o con el teclado. El movimiento de los brazos se especifica a través de varios sistemas de coordenadas según la referencia que se tome, la mesa de trabajo en la que se encuentra apoyado el robot o el extremo del brazo del robot. El ordenador permite además, acelerar o retardar los movimientos del robot, especialmente en la manipulación de objetos pesados.

Robots con capacidades sensoriales

Los robots con capacidades sensoriales forman la última generación de este tipo de máquinas. Su uso en ambientes industriales es muy escaso debido a su elevado costo de fabricación. Actualmente, las compañías industriales valoran las ventajas económicas de mantener los robots que trabajan con objetos inmóviles o bien incorporar este último tipo de robots. La razón del encarecimiento de estas máquinas es el alto costo de los aparatos sensoriales y del software que se emplea en el manejo.

A pesar de todo, la investigación sobre los aparatos sensoriales está en pleno apogeo, lo que conducirá seguramente a un abaratamiento de éstos y a un aumento de su potencia y de sus capacidades.

Estos robots se usan, por ejemplo, en cadenas de embotellado para comprobar si las botellas están llenas o si la etiqueta está bien colocada.

Robots mosquitos

A la década de los ochenta pertenecen progresos en robótica verdaderamente notables. Una tarea tan simple como la de quitar el polvo con una aspiradora y esquivar convenientemente los obstáculos que haya, no se programa tan fácilmente en un robot. El punto importante es la detección de los obstáculos, que no siempre son los mismos ni están en el mismo sitio y la maniobra para eludirlos y seguir trabajando con la aspiradora. En comparación, los robots industriales, que realizan operaciones muy precisas y a veces complejas, no plantean tanta dificultad en su diseño y fabricación. La razón de ello estriba en lo exacto de sus respectivas tareas.

La experimentación en operaciones quirúrgicas con robots abre nuevos campos tan positivos como esperanzadores.

La cirugía requiere de los médicos una habilidad, precisión y decisión muy cualificadas. La asistencia de ingenios puede complementar algunas de las condiciones que el trabajo exige.

En operaciones delicadísimas, como las de cerebro, el robot puede aportar mayor fiabilidad. Últimamente, se ha logrado utilizar estas máquinas para realizar el cálculo de los ángulos de incisión de los instrumentos de corte y reconocimiento en operaciones cerebrales, así mismo, su operatividad se extiende a la dirección y el manejo del trepanador quirúrgico para penetrar el cráneo y de la aguja de biopsia para tomar muestras del cerebro. Estos instrumentos se utilizan para obtener muestras de tejidos de tumores de difícil acceso, para lo que resulta esencial la intervención del robot.

Robots industriales

El robot industrial nace de la unión de una estructura mecánica articulada y de un sistema electrónico de control al que se integra un ordenador. Esto permite la programación y control de los movimientos que debe efectuar el robot y la memorización de las secuencias de trabajo, por lo que le da al robot una gran flexibilidad y posibilita su adaptación a muy diversas tareas y medios de trabajo.

El robot industrial es un dispositivo multifuncional, apto para diversas aplicaciones, al contrario de la máquina automática clásica, fabricada para realizar de forma repetitiva un tipo determinado de operaciones.

El robot industrial se diseña en función de los movimientos que deberá ejecutar, es decir, lo que importa son sus grados de libertad, su campo de trabajo, su comportamiento estático y dinámico.

La capacidad del robot industrial para reconfigurar su ciclo de trabajo, unido a la versatilidad y variedad de sus elementos terminales, como pinzas, garras y herramientas, le permite adaptarse fácilmente a la evolución o cambio de los procesos de producción.

Los robots industriales están disponibles en una amplia gama de tamaños, formas y configuraciones físicas.

7.3.2. El futuro de la robótica

A pesar que existen muchos robots que ejecutan trabajos industriales, en general, son incapaces de desarrollar la mayoría de operaciones que la industria requiere. Al no disponer de capacidades sensoriales bien desarrolladas, el robot no puede realizar tareas que dependen del resultado de una anterior.

En un futuro próximo, la robótica puede experimentar un avance espectacular con las cámaras de televisión, como aparato sensorial, más pequeñas y menos caras y con los ordenadores más potentes y accesibles.

Los sensores serán diseñados de modo que puedan medir el espacio tridimensional que rodea al robot, así como reconocer y medir la posición y la orientación de los objetos y sus relaciones con el espacio. Se dispondrá de un sistema de proceso sensorial capaz de analizar e interpretar los datos generados por los sensores, así como de compararlos con un modelo para detectar los errores que se puedan producir. También, habrá un sistema de control que podrá aceptar comandos de alto nivel y convertirlos en órdenes, que serán ejecutadas por el robot para realizar tareas enormemente sofisticadas.

Si los elementos del robot son cada vez más potentes, también tendrán que serlo los programas que los controlen desde el ordenador. Si los programas son más complejos, el ordenador deberá ser más potente y cumplir los requisitos mínimos para dar una respuesta rápida a la información que le llegue a través de los sensores del robot.

Paralelo al avance de los robots industriales será el avance de las investigaciones de los robots llamados androides, que también se beneficiarán de los nuevos logros en el campo de los aparatos sensoriales. De todas formas, es posible que pasen decenas de años antes que se vea un androide con mínima apariencia humana en cuanto a movimientos y comportamiento.

7.4. Tratamiento digital de imágenes en las investigaciones médicas

El estudio de las imágenes médicas está relacionado con la interacción radiación-tejido y con el desarrollo de la tecnología apropiada para extraer toda la información clínicamente útil de las observaciones de esta interacción. La información se presenta habitualmente en forma de imagen médica. Se conocen cuatro modalidades de imagen.

La "imagen de rayos X convencional" que se genera mediante un haz de rayos X que atraviesa al paciente e incide directamente sobre una película sensible. La película revelada ofrece una representación directa del paso de los rayos X a través del paciente. En la imagen las zonas más oscuras representan tejidos en los que los rayos X han sufrido poca atenuación (tejidos blandos) y las zonas más claras representan tejidos en los que los rayos X han sufrido mucha atenuación (hueso, calcificaciones). Estas imágenes son siempre de tipo cualitativo, no cuantitativo.

La versión tomográfica de los rayos X es la "Tomografía Axial Computarizada", que ofrece imágenes de secciones transversales del paciente con las mismas características que las de rayos X convencionales. En los estudios de medicina nuclear se inyecta una sustancia radiactiva, a manera de contraste, en el paciente y se sigue su desarrollo mediante un detector que se mueve sobre él. Aunque la imagen registrada por el detector tiene una resolución espacial bastante pobre, su ventaja es que ofrece información sobre funciones fisiológicas desde el momento de la inyección. Es una medida directa de la localización y concentración del isótopo radiactivo usado.

La aplicación de reconstrucción tomográfica ha generado dos nuevas modalidades de imagen nuclear, el *Single Proton Emission Computed Tomography* (SPECT) y el *Positron Emission Tomography* (PET). Para generar "imagen de ultrasonidos", un pulso de energía ultrasónica se propaga por el paciente y se recoge el eco de la señal reflejada o retrodispersada por los distintos tejidos. Los ecos recogidos secuencialmente con un transductor generan una sección transversal del paciente que se muestra en forma de imagen en un monitor de vídeo. Por último, las "imágenes de resonancia magnética" se obtienen enviando pulsos de radiofrecuencia a un cuerpo sometido a un campo magnético. En esta situación, los átomos del cuerpo son capaces de absorber la energía enviada y devolverla al medio. Con una antena se capta la señal que devuelve el cuerpo y se transforma en imagen. La ventaja de esta modalidad es que emplea radiación no ionizante y que genera imágenes de alto contraste en cualquier plano del espacio.

7.4.1. Equipos de captura y estaciones de trabajo

Durante muchos años, la película fotográfica fue el único medio de almacenamiento de imágenes. Los ordenadores han proporcionado nuevos modos de almacenamiento, procesado y transferencia de imágenes. Ahora es posible adquirir imágenes, realizar operaciones matemáticas sobre ellas, almacenar y recuperar imágenes de sitios remotos, sin necesidad de utilizar película. Las líneas telefónicas y otros medios de comunicación como Internet, con protocolos estandarizados de comunicación de imágenes, hacen posible que se muestre, casi instantáneamente, toda la información necesaria para elaborar un diagnóstico.

Los fotones de rayos X son radiación electromagnética con una energía unas 104 veces mayor que la de los fotones lumínicos. Un sistema simple para generar rayos X consiste en un generador de alto voltaje, un tubo de rayos X, una pantalla intensificadora y la película sensible. La radiografía computarizada hace uso de unas pantallas intensificadoras modificadas que son capaces de almacenar la información radiográfica sin necesidad de utilizar película. Después de la exposición, la pantalla se introduce en un escáner láser donde la fluorescencia se amplifica y se convierte en una señal digital preparada para ser procesada y almacenada en el ordenador.

La tomografía axial computarizada (TAC), utiliza básicamente el montaje de la radiografía digital, salvo que el emisor de rayos X, la fuente de alimentación y los detectores están montados sobre un anillo giratorio. La información de los detectores recogida a lo largo de un giro de 360º es postprocesada con un ordenador con el empleo de los algoritmos de retroproyección para generar las imágenes de secciones transversales del paciente. Los TAC helicoidales o espirales utilizan arreglos de detectores, de manera que pueden producir varios cortes en cada giro del anillo.

Las imágenes de resonancia magnética se generan introduciendo el cuerpo en un imán, que puede generar un campo magnético variable. Para excitar los átomos de hidrógeno se utiliza un generador de pulsos de radiofrecuencia y para recoger la señal emitida por el cuerpo se utilizan antenas sintonizadas a una frecuencia que viene marcada por la intensidad del campo magnético. Para conseguir hacer imagen en cualquier plano del espacio se utilizan las antenas de gradiente, que modifican la intensidad del campo magnético principal. La señal recogida por las antenas se envía a un ordenador que, tras efectuar un análisis por series de Fourier, presenta la imagen digital en una pantalla.

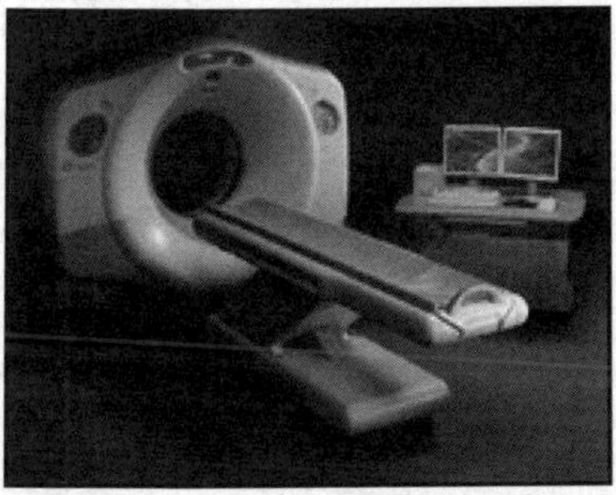

Figura 7.5. Equipo para Tomografía Axial Computarizada.

En medicina nuclear se trata de detectar los rayos Gamma producidos dentro del mismo paciente por la desintegración de la sustancia radioactiva inyectada. La pieza principal es el detector de ioduro de sodio. El detector tiene tres componentes, el propio cristal de centelleo, el tubo fotomultiplicador, que convierte la señal luminosa en señal eléctrica y el soporte electrónico, que amplifica y convierte esta señal eléctrica en algo más utilizable. Se necesita un colimador delante del detector para acotar el campo de vista.

Esto se llama cámara de Anger. El SPECT utiliza una cámara de Anger que gira alrededor del paciente. El colimador está diseñado para recoger radiación proveniente de rayos paralelos. El postproceso es análogo al que utiliza la tomografía computarizada. El PET utiliza la detección simultánea de dos fotones emitidos en direcciones opuestas. En un modelo simple de PET se tienen dos cámaras de Anger modificadas y situadas en los extremos de un diámetro. La modificación consiste en la sustitución del colimador por circuitos de coincidencia y de cálculo. Los sistemas más sofisticados tienen un anillo de detectores que no necesita rotar.

Con la diferencia de tiempos de detección en detectores opuestos se puede calcular la posición de desintegración del isótopo.

7.4.2. Aplicaciones clínicas del procesamiento de imagen

Según el procesamiento de la imagen las aplicaciones clínicas se dividen en dos campos absolutamente diferentes, aunque complementarios, la segmentación y la fusión.

El objetivo primordial de la segmentación de una imagen es mejorar el conocimiento de las relaciones anatomo-geométricas de los objetos de interés soslayando la información irrelevante. Este proceso es clave para las técnicas de imagen ya que permite el aislamiento y por lo tanto una mejor comprensión de las lesiones o áreas anatómicas de interés como pueden ser los grandes objetos anatómico-microscópico, es decir, sustancia blanca cerebral, sustancia gris, núcleos grises, sistema ventricular. También objetos de especial significado anatómico, como nervios y vasos. Por último algún tipo de lesiones, como tumores, necrosis, edemas o infartos.

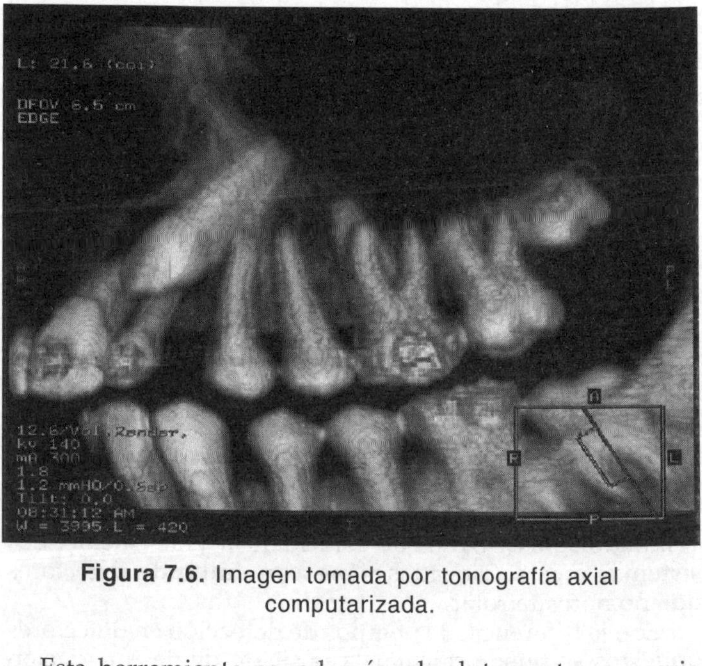

Figura 7.6. Imagen tomada por tomografía axial computarizada.

Esta herramienta es, además, absolutamente necesaria en la tarea de la representación de objetos 3D, que serán, a su vez, las formas necesarias que abrirán las puertas a las herramientas de planificación en terapias neuroquirúrgicas o radioterápicas. Por otra parte, las masas, son lesiones anatómicas donde se ponen a prueba todos los recursos del procesado de imágenes. Desde un punto de vista anatomogeométrico producen una distorsión de forma, con alteraciones volumétricas muy significativas. Hay alteraciones en la localización, extensión, tamaño de los diferentes objetos protagonistas y aún más, estos parámetros son influenciables por la terapéutica. El aislamiento para el seguimiento evolutivo de las lesiones, mediante la segmentación de las imágenes diagnósticas obtenidas y su posterior medición con volumetría seriada es de gran interés. La creación de una imagen suma utilizando la segmentación, el registro y la fusión de imágenes con una forma idónea de presentación en forma de imagen con visualización en 3D.

Las aplicaciones clínicas de la fusión incluyen la posibilidad de registrar estudios realizados con una misma técnica pero en tiempos distintos o con modalidades diferentes, así como la fusión de estudios multimodalidad, que abre un gran campo de aplicaciones clínicas entre las que destacan las siguientes:

1. **Diagnóstico radiológico:** La diversificación de los estudios radiológicos hace que cada vez sea más necesario la combinación de estudios que permitan obtener en una sola imagen la información ósea y parenquimatosa.
2. **Diagnóstico isotópico:** Ésta es una de las aplicaciones más prometedoras, pues permite abordar desde un punto de vista funcional múltiples patologías cerebrales, con el aporte de un soporte anatómico mediante la fusión de la imagen isotópica con una resonancia magnética. Ello permite compensar la menor resolución de las imágenes PET y SPECT, para localizar con precisión las alteraciones visibles en estos estudios. Está especialmente indicado en estudios pre y postquirúrgicos de pacientes epilépticos o con sospecha de recidiva tumoral y en aquellas patologías como las psiquiátricas, donde los hallazgos radiológicos son irrelevantes o poco específicos.
3. **Navegación quirúrgica:** Al integrar las imágenes de un paciente con el espacio 3D real o campo quirúrgico y con la ayuda de sistemas de localización o punteros, se dota al neurocirujano de una imagen virtual

que le permite saber en cada momento cuál es la trayectoria simulada que está siguiendo.

4. **Radioterapia:** Con la información proveniente de un estudio de tomografía computarizada es posible ayudar a determinar la dosis que debe recibir una zona concreta del paciente. Empleada de forma conjunta con la resonancia magnética se puede localizar contornos.
5. **Atlas:** Una aplicación futura sería la confección de atlas de enfermedades más precisos y con la información estadística necesaria para su uso clínico. Su utilización podría evitar la realización de aquellos estudios radiológicos que se obtienen únicamente para localización de áreas anatómicas.

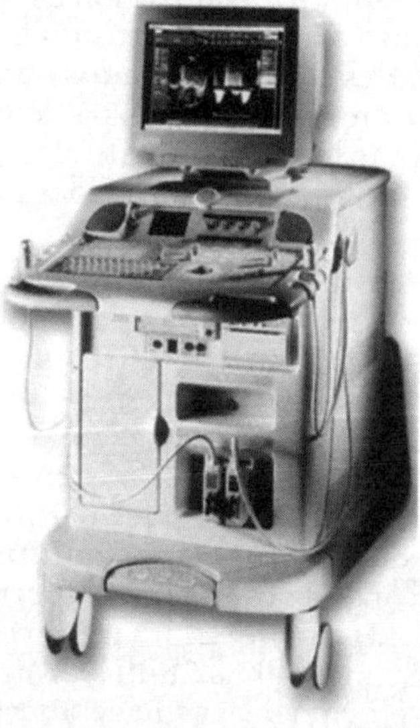

Figura 7.7. Equipo para EcoDopler Color Cardiovascular.

7.4.3. Otras aplicaciones

1. **Telemedicina:** La posibilidad de transmitir imágenes médicas y de compartir información en puntos distantes ha dado lugar en los últimos años a la aparición del concepto de telerradiología o, en general, a la telemedicina con imágenes.

2. **Conectividad de equipos:** La progresiva digitalización e interconexión de equipos de imagen médica ha llevado a la necesidad de una normalización en cuanto a formatos y protocolos de trabajo con la información de imagen. El estándar DICOM, se ha impuesto de facto entre los fabricantes de equipos de adquisición y de proceso de imágenes médicas.

8

La comunicación entre ordenadores

8.1. Conceptos fundamentales

Una red, en su definición más clara, es un sistema de comunicaciones, porque permite la comunicación entre usuarios y además compartir recursos, ya sean archivos, directorios o dispositivos de entrada/salida. En otras palabras, es un sistema de comunicaciones que garantiza la conectividad de varias unidades y que permite el intercambio de información.

En términos informáticos más exactos, se entiende por red al conjunto de ordenadores autómomos, interconectados. Dos ordenadores están interconectados si son capaces de intercambiar información. La conexión puede lograrse con el uso de distintos soportes; cables, láser, fibra óptica y satélites.

8.1.1. Objetivos de las redes

Son muchas las compañías, instituciones y organizaciones que cuentan con un número considerable de ordenadores en operación y no siempre están geográficamente cerca. Por ejemplo, una compañía con varias fábricas puede tener un ordenador en cada una de ellas para mantener un seguimiento de los inventarios, controlar la productividad y procesar la nómina.

En un principio cada uno de estos ordenadores puede haber estado en funcionamiento de manera aislada con relación a los ordenadores de las demás fábricas, sin embargo, en algún momento, la gerencia puede decidir interconectarlos para tener la capacidad de extraer y correlacionar información referente a la compañía, en su totalidad.

El objetivo principal es compartir recursos, o lo que es lo mismo, que todos los programas, datos y equipos estén disponibles en cualquier punto de la red, sin importar la localización física del recurso y del usuario.

Otro objetivo es proporcionar una mayor fiabilidad del sistema administrativo. Si uno de los ordenadores deja de funcionar por algún motivo, la información correspondiente a esa fábrica estará disponible en la red. Todos los archivos podrían duplicarse en dos o tres máquinas o en un servidor, de tal manera que si una no se encuentra disponible, podría utilizarse algunas de las copias.

Un tercer objetivo es el ahorro económico. Las grandes máquinas tienen una rapidez mucho mayor. Una red de ordenadores puede proporcionar un poderoso medio de comunicación entre personas que se encuentran muy alejadas entre sí.

Con el uso de una red es relativamente fácil para dos personas preparar informes, revisar datos e incluso tener una conversación instantánea en línea, aunque vivan o trabajen en lugares distantes.

8.1.2. Diferencia entre sistemas distribuidos y sistemas centralizados

En los entornos con grandes ordenadores o *mainframe*, el procesamiento y la memoria se manejan en forma centralizada. Las razones van desde el costo y la seguridad, hasta la gestión de los recursos.

El ordenador central se convierte en el núcleo de la organización de procesamiento de datos y en la mayoría de los casos, se cuenta con un equipo de profesionales que tienen como sus principales tareas mantener y administrar el sistema informático.

Las terminales conectadas al ordenador central permiten que otros usuarios puedan compartir las posibilidades de cálculo, los datos y la memoria disponibles.

Este tipo de organización centralizada se diferencia de una organización distribuida, como ocurre al configurar una red LAN (*Local Area Network*).

En una organización distribuida, la mayor parte de los procesos se ejecuta en la memoria local de los ordenadores personales, a los que usualmente se les conoce como estaciones de trabajo.El servidor de archivos o sistema central se convierte en el lugar para almacenar los archivos y para administrar la red, además de ser el ordenador al que se conectan las impresoras y otros recursos compartidos.

Este tipo de red puede ser un sistema cerrado que utilice sus propios métodos de comunicación, lo que significa que otros fabricantes no pueden colaborar al desarrollo del sistema, por ejemplo, con software complementario.

También puede ser un sistema abierto que ofrece a otros fabricantes sus especificaciones e incluye herramientas de programación que permiten la creación, con bastante facilidad y rapidez, de aplicaciones complementarias.

Uno de los estándares de redes que se ha impuesto de manera contundente es el Modelo de Interconexión de Sistemas Abiertos, en inglés *Open System Interconection* (OSI). Este modelo define una red por capas que empieza por la capa física más básica, hasta la capa más alta, en la que se ejecutan las aplicaciones.

Otro estándar importante en los últimos tiempos es el Modelo de Protocolos para *Internet*, en inglés *Transmission Control Protocol/Internet Protocol* (TCP/IP), que también define un diseño por capas, análogo al Modelo OSI y que esencialmente fue construido para soportar el acceso a Internet.

8.1.3. Modelo OSI

Capas del Modelo OSI

1. **Capa física:** Define las normas y protocolos usados en la conexión. También define los cables y los conectores. Es la encargada de formular las especificaciones de orden mecánico, eléctrico, funcional y de procedimientos, que deben satisfacer los elementos físicos del enlace de datos.

   - **Especificaciones mecánicas:** Se definen las conexiones físicas entre equipos, con la indicación adecuada de la configuración de los conectores, desde el punto de vista físico y lógico.
   - **Especificaciones eléctricas:** Se definen los niveles de señales para el envío de bits. Además se indican características eléctricas de protección contra interferencias.

- **Especificaciones funcionales:** Se definen los métodos para la activación, mantenimiento y desactivación de los circuitos físicos.
- **Especificaciones de procedimiento:** Se define la secuencia de las operaciones que realizará el conjunto de elementos que intervienen en la transmisión física de datos.

2. **Capa de enlace:** Gestiona la entrada/salida como una interfaz de la red. Esta capa está integrada por la parte lógica de la comunicación, que no es otra cosa que el conjunto de procedimientos para el establecimiento, mantenimiento y desconexión de circuitos, así como para el envío de bloques de información. Controla la correcta transferencia de datos y administra los métodos necesarios para la detección y corrección de errores. Los tipos de enlace pueden ser punto a punto, multipunto y enlace en bucle. Algunos protocolos que se usan en este nivel son los protocolos orientados a caracter, protocolos orientados a bit y protocolos HDLC.
3. **Capa de red:** Enruta los paquetes dentro de la red. Es la encargada de transportar los paquetes de datos para el establecimiento y control de la información. Esta capa controla la transmisión a través de los nodos de la red de comunicación e indica el camino correcto que dichos paquetes deben tomar, desde el punto de partida hasta su llegada a su destino final. Para conseguir la transmisión de paquetes a través de los nodos de una red se utilizan dos modelos de protocolos, el datagrama y el de circuito virtual.
4. **Capa de transporte:** Comprueba la integridad de datos, ordena los paquetes y construye las cabeceras de los paquetes. Realiza la transmisión de datos de forma segura y económica, desde el equipo emisor al equipo receptor. Las unidades de datos del protocolo de transporte (TPDU) son los elementos de información intercambiados cuando se mantiene una conexión. El TPDU está compuesto por la cabecera y por los datos. La cabecera contiene información dividida en la parte fija que indica el tipo de TPDU, información del destino y la parte variable que contiene determinados parámetros. Los datos contienen la información a transportar.

5. **Capa de sesión.** Gestiona la conexión entre las capas más bajas y el usuario. Es la interfaz de usuario de la red. Esta capa presenta un modo para el establecimiento de conexiones denominado sesiones, que garantiza la transferencia de datos de forma ordenada y la liberación de la conexión, una vez terminada la transferencia. Permite la fijación de puntos de sincronización en el diálogo para poder repetir éste desde algún punto, la interrupción del diálogo con posibilidades de reiniciarlo y el uso de testigos (*tokens*) para dar turno a la transferencia de datos.
6. **Capa de presentación:** Ofrece al usuario posibilidades como transmisión de archivos y ejecución de programas. Controla los problemas relacionados con la representación de los datos que se pretenden transmitir. Esta capa se encarga de la preservación del significado de la información transportada. Cada ordenador puede tener su propia forma de representación interna de los datos, por eso es necesario tener acuerdos y conversiones que aseguren el entendimiento entre ordenadores con diferentes configuraciones y plataformas.
7. **Capa de aplicación:** Las aplicaciones de software de red se ejecutan en este nivel. La capa de aplicación contiene los programas del usuario que hacen el trabajo real para el que fueron adquiridos los ordenadores. Controla y coordina las funciones a realizar por los programas de usuario o aplicaciones. Cada aplicación puede tener sus propias y particulares necesidades de comunicación, algunas de ellas tienen como objetivo la comunicación a distancia. Estas últimas aplicaciones especializadas en comunicaciones son las de transferencia de archivos (FTP), correo electrónico (e-mail) y las terminales remotas (Telnet), entre otros.

En resumen los objetivos básicos de esta capa son:

- Permitir el funcionamiento de aplicaciones, que sean ejecutadas por los usuarios.
- Ofrecer ciertas aplicaciones especializadas en procesos típicos de comunicación.

Todas las capas del modelo OSI son transparentes al usuario final. Los administradores de la red son los encargados de controlar los puntos de la red a los distintos niveles.

8.1.4. Modelo TCP/IP

Capas del modelo TCP/IP

1. **Capa Host a Red:** La capa inferior, se relaciona con la capa física respecto del modelo OSI. Contiene varios estándares entre los que se encuentra el Ethernet que establece las reglas para enviar datos por cable coaxial delgado (10Base2), cable coaxial grueso (10Base5), par trenzado (10Base-T), fibra óptica (10Base-F) y su propio método de acceso al medio físico. También contiene el llamado *Token Bus* que puede usar estos mismos medios pero con un método de acceso diferente.

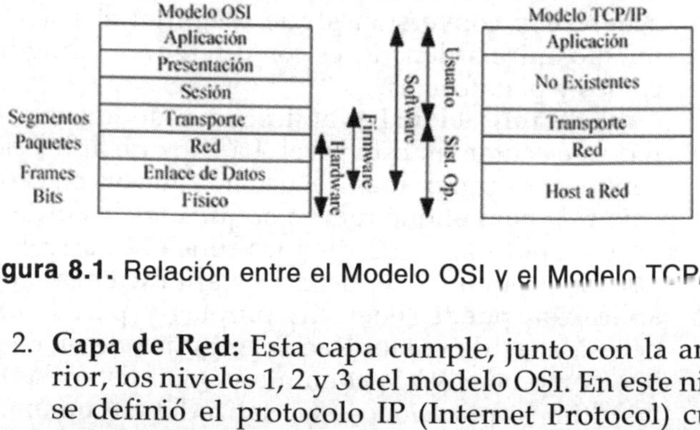

Figura 8.1. Relación entre el Modelo OSI y el Modelo TCP/IP.

2. **Capa de Red:** Esta capa cumple, junto con la anterior, los niveles 1, 2 y 3 del modelo OSI. En este nivel se definió el protocolo IP (Internet Protocol) cuya responsabilidad es entregar paquetes en los destinos indicados. Para ello, realiza las operaciones apropiadas de ruteo y la solución de problemas, como la congestión de tráfico o caídas de enlaces.
3. **Capa de Transporte:** Está formada por dos protocolos, TCP y UDP. El primero es un protocolo confiable, orientado a conexión, que ofrece un medio libre de errores para el envío paquetes. El segundo es un protocolo no orientado a conexión y no es confiable.
4. **Capa de Aplicación:** En la última capa se encuentran decenas de aplicaciones ampliamente conocidas actualmente. Las más populares son los protoco-

los HTTP, FTP, Telnet, DNS, el servicio de correo electrónico (SMTP), entre otros, usados para la conexión y navegación por Internet.

8.2. Características de las redes

- **Servicios de archivos:** Las redes y servidores trabajan con archivos, que son controlados por el administrador de la red. Este servicio debe tener un adecuado manejo y supervisión de la reproducción, almacenamiento y protección de los archivos.
- **Recursos compartidos:** En los sistemas dedicados, los dispositivos compartidos, como los discos duros y las impresoras, están muy ligados al servidor de archivos o en muchos casos, a un servidor de impresión.
- **Sistema de tolerancia a fallos:** Permite que exista un cierto grado de supervivencia de la red, aunque fallen algunos de los componentes del o los servidores. Entre los servicios que ofrece es la duplicación o espejado de los discos duros, para garantizar el acceso a la información y las aplicaciones en caso de interrupción.
- **Sistema de Control de Transacciones:** Es un método de protección de la integridad de las bases de datos. Así si una operación falla cuando se escribe en una base de datos, el sistema deshace la transacción (*rollback*) y la base de datos vuelve a su estado anterior.
- **Seguridad:** El administrador de la red es la persona encargada de asignar los derechos de acceso adecuados a la red y las claves de acceso a los usuarios.
- **Acceso Remoto:** Garantiza la conexión por medios alternativos, por ejemplo, vía telefónica.
- **Conectividad entre Redes:** Permite que una red se conecte a otra. La conexión usualmente es transparente para el usuario.
- **Comunicaciones entre usuarios:** Los usuarios pueden comunicarse entre sí fácilmente y enviarse archivos a través de la red.
- **Servicios de impresoras:** Usualmente se destina un ordenador para controlar las impresoras de la red. Varias impresoras pueden estar conectadas y el or-

denador se encarga de administrar las colas de impresión que almacenan los trabajos de la red.

8.2.1 Estructuras

Las redes de computadores personales son de distintos tipos y se agrupan, según su estructura.

Sistemas punto a punto

En una red punto a punto cualquiera de sus estaciones puede funcionar como servidor, puesto que puede ofrecer sus recursos a las restantes estaciones de trabajo. Pueden acceder a los recursos de otras estaciones sin compartir las suyas propias.

El objetivo básico de este tipo de estructura es compartir recursos. Sin embargo, sus principales desventajas son la falta de seguridad y la baja velocidad.

Sistemas con servidor dedicado

Una red local que está configurada en modo dedicado pone a disposición de la red todos los recursos de su microprocesador, de la memoria y del disco duro. En estos sistemas, los discos duros tienen un formato especial, para funcionar en modo dedicado. Ofrecen la mejor respuesta en tiempo, seguridad y administración.

Sistemas con servidor no dedicado

Ofrece las mismas posibilidades que un sistema dedicado y añade la posibilidad de utilizar el servidor como estación de trabajo. El servidor se convierte en dos máquinas. Su eficiencia disminuye.

8.2.2. Componentes básicos de una red

Servidor

Es un ordenador utilizado para administrar el sistema de archivos de la red, controlar las impresoras, las comunicaciones, entre otras funciones. Puede ser dedicado o no dedicado. El sistema operativo bajo el cual funciona la red está instalado y configurado en el disco duro del servidor, junto con las herramientas de administración del sistema y las utilidades de usuario. Cuando el servidor es dedicado su tarea es procesar las peticiones realizadas por las estaciones de trabajo. Estas peticiones pueden ser de acceso a disco, a colas de impresión o de comunicaciones con otros dispositivos. La recepción, gestión y realización de estas peticiones puede requerir un tiempo considerable, que se incrementa proporcionalmente al número de estaciones de trabajo activas en la red.

Como el servidor gestiona las peticiones de todas las estaciones de trabajo, su carga puede ir aumentando. Se puede entonces llegar a una congestión; el tráfico puede ser tan elevado que impide la recepción de algunas peticiones enviadas. Cuanto mayor es la red, medida en el número de dispositivos interconectados, es de vital importancia tener que el servidor cuente con elevadas prestaciones. Se requiere una buena memoria RAM para hacer óptimos accesos a disco duro y mantener las colas de impresión. El rendimiento del microprocesador es otro factor importante y como se ha visto en el Capítulo 1 de este libro, no sólo depende del microprocesador en sí, sino de la combinación con el *chipset* del ordenador.

Estaciones de trabajo

Usualmente se conectan a la red a través de la tarjeta de conexión y el cableado correspondiente. Se pueden identificar como terminales tontas o terminales inteligentes. Las terminales llamadas tontas no poseen capacidad propia de procesamiento, mientras que las terminales inteligentes se encargan de sus propias tareas y solicitan recursos al servidor cuando lo necesitan.

Tarjeta de conexión de red

Permite conectar el cableado entre el servidor y las estaciones de trabajo. Actualmente se cuenta en el mercado con varios tipos de tarjetas que soportan cableados de distintos tipos, para diferentes topologías de red. Las tarjetas tienen programados los protocolos y órdenes necesarios, de acuerdo al tipo de red al que está destinada. Muchas de ellas tienen memoria adicional para almacenar temporalmente los paquetes de datos enviados y recibidos. Esto contribuye a mejorar el rendimiento de la red. La compatibilidad a nivel físico y lógico se convierte en una cuestión relevante cuando se considera el uso de una determinada tarjeta de red.

Cableado

Una vez que se cuenta con las estaciones de trabajo, el servidor y las tarjetas de red están todos los elementos listos para interconectar los dispositivos, con el uso del cableado

Tabla 8.1.

Nombre	*Características*
Par Trenzado	Consiste en dos hilos de cobre trenzado, aislados de forma independiente y trenzados entre sí. El par está cubierto por una capa aislante externa. Ventajas: 1. Es una tecnología muy arraigada por su antigüedad. 2. No requiere una habilidad especial para su instalación. 3. La instalación es rápida y fácil. 4. La emisión de señales al exterior es mínima. 5. Ofrece alguna inmunidad frente a interferencias, modulación cruzada y corrosión.
Cable Coaxial	Se compone de un hilo conductor de cobre envuelto por una malla trenzada plana que hace las funciones de tierra. Entre el hilo conductor y la malla hay una capa gruesa de material aislante y está protegido por una cobertura externa. El cable coaxial grueso soporta largas distancias pero sus costes son más elevados. El cable fino puede ser más práctico para conectar puntos cercanos. Ventajas: 1. Soporta comunicaciones en banda ancha y en banda base. 2. Es útil para señales de varios tipos que incluye voz, vídeo y datos. 3. Es una tecnología conocida y probada ampliamente.
Fibra óptica	Esta conexión es de las más caras, en cuanto a costes. Permite transmitir la información a gran velocidad e impide la intervención de las líneas. Como la señal es transmitida a través de luz,

Nombre	*Características*
	existen muy pocas posibilidades de interferencias eléctricas o emisión de señal. El cable consta de dos núcleos ópticos, uno interno y otro externo, que refractan la luz de forma distinta. La fibra está encapsulada en un cable protector. Ventajas: 1. Alta velocidad de transmisión. 2. No emite señales eléctricas o magnéticas, lo cual redunda en la seguridad. 3. Inmunidad frente a interferencias y modulación cruzada. 4. Mayor economía que el cable coaxial en algunas instalaciones. 5. Soporta mayores distancias.

Figura 8.2. Par trenzado.

Figura 8.3. Coaxial.

Figura 8.4. Fibra óptica.

8.3. Tipos de redes

8.3.1 Redes dedicadas o exclusivas

Son aquellas que por motivos de seguridad, velocidad o ausencia de otro tipo de red, conectan dos o más puntos en forma exclusiva. Este tipo de red se estructura como redes punto a punto o redes multipunto. Cuando se estructura como una red punto a punto permiten la conexión en línea directa entre terminales y ordenadores. Por otro lado, si la estructura es multipunto permite la unión de varias terminales a su correspondiente ordenador y comparten una única línea de transmisión. Este tipo de redes requiere amplificadores y difusores de señal o de multiplexores, que garantizan que las líneas dedicadas se puedan compartir.

8.3.2. Redes compartidas

Son aquellas a las que se une un gran número de usuarios para compartir los requerimientos de transmisión e incluso emplear transmisiones de otra naturaleza. Dentro de este tipo, las redes más usuales, son las de conmutación de paquetes y las de conmutación de circuitos.

Tabla 8.2.

Tipo	Características
Redes de conmutación de paquetes.	Son redes en las que existen nodos de concentración con microprocesadores que regulan el tráfico de paquetes. Un paquete es una pequeña parte de la información que se desea transmitir. Cada paquete se compone de la información, el identificador del destino y los caracteres de control.
Redes de conmutación de circuitos.	Son redes en las que los centros de conmutación establecen un circuito dedicado entre dos estaciones interconectadas.
Redes digitales de servicios	Se basan en desarrollos tecnológicos de conmutación y transmisión digital. La RDSI es una red totalmente digital de uso general, capaz de

Tipo	Características
integrados (RDSI).	integrar un amplio espectro de servicios como son la voz, datos, imagen y texto. La RDSI requiere de la instalación de centrales digitales.

8.3.3. Clasificación

Red LAN (Local Area Network)

Son el punto de contacto de los usuarios finales. Su objetivo principal es intercambiar información entre grupos de trabajo y compartir recursos tales como impresoras y discos duros. Se caracterizan por tres factores: extensión (de unos cuantos metros hasta algunos kilómetros), su tecnología de transmisión (cable de par trenzado o coaxial, fibra óptica, portadoras con infrarrojo o láser, radio y microondas en frecuencias no comerciales) y su topología (anillo, bus único o doble, estrella, árbol y completas). Las velocidades en las LAN van desde los 10 Mbps hasta los 622 Mbps.

Tabla 8.3.

Estándar	Características
IEEE 802.3 o Ethernet	Opera entre 10 y 1000 Mbps. Todos los nodos escuchan todos los paquetes que circulan por la red, sacan una copia y examinan el destinatario. Si el destinatario es el nodo mismo, lo procesa y si no lo descarta para escuchar el siguiente. Al enviar un paquete revisa el medio para saber si está libre; de ser así procede a enviar el dato. Si ocurre que dos nodos enviaron un paquete al mismo tiempo, se provoca una colisión y cada nodo retransmite su paquete después de un tiempo de espera aleatorio.
IEEE 802.5 o *Token Ring*	Opera entre 4 y 16 Mbps y utiliza un *token* o testigo, que permite al nodo que lo posee, enviar paquetes a la

Estándar	Características
IEEE 802.5 o *Token Ring*	red mientras los otros escuchan. Una vez que un nodo termina de enviar paquetes, pasa el *token* a otro nodo para que éste transmita.

Red MAN (Metropolitan Area Network)

Es una red más grande que una LAN en cuanto a topología, protocolos y medios de transmisión, que por ejemplo, puede cubrir un conjunto de oficinas corporativas o empresas en una ciudad. En general, cualquier red de datos, voz o vídeo, con una extensión de una a varias decenas de kilómetros puede ser considerada una MAN.

Tabla 8.4.

Estándar	Características
IEEE 802.6	Usa dos cables *half-duplex* por los cuales se reciben y transmiten voz y datos entre un conjunto de nodos.

Un aspecto típico de las MAN es que el medio físico es de difusión, lo que simplifica el diseño de la red.

Red WAN (Wide Area Network)

Son redes que se expanden en una gran zona geográfica, por ejemplo, un país o continente. Los beneficiarios de estas redes son los usuarios de estaciones donde se ejecutan sus aplicaciones. A la infraestructura que une los nodos de usuarios se le llama subred y abarca diversos dispositivos, como los *routers* o ruteadores y las líneas de comunicación que unen las subredes. En la mayoría de las WAN se utilizan una gran variedad de medios de transmisión para cubrir grandes distancias. La transmisión puede efectuarse por microondas, por cable de cobre, fibra óptica o alguna combinación de los anteriores. Sin importar el medio, los datos en algún punto se convierten e interpretan como una secuencia de unos y ceros para formar marcos de información. Estos marcos son ensamblados para formar paquetes y los paquetes a su vez construyen archivos o registros específicos de una aplicación.

8.4. Distribución y topología de las redes

La topología de una red es la forma en que se distribuyen los cables para conectar al servidor con cada una de las estaciones de trabajo. La topología es similar a un plano de la red dibujado en un papel. Determina dónde pueden colocarse las estaciones de trabajo, la facilidad con que se tenderá el cable y el corte de todo el sistema de cableado, de manera óptima. La flexibilidad de una red en cuanto a su proyección de desarrollo y crecimiento en el tiempo, depende en gran parte de la topología que se elija.

8.4.1. Topologías

Topología de estrella

Se utiliza un dispositivo como punto de conexión de todos los cables que parten de las estaciones de trabajo. El dispositivo central puede ser el servidor de archivos o un dispositivo especial de conexión. El diagnóstico de problemas es sencillo, debido a que las estaciones de trabajo sólo se comunican a través del equipo central. Los fallos en el nodo central son fáciles de detectar y también lo es el cambio de los cables. La colisión de datos es casi imposible porque cada estación tiene su propio cableado. La ampliación de la red es una tarea de poca complicación.

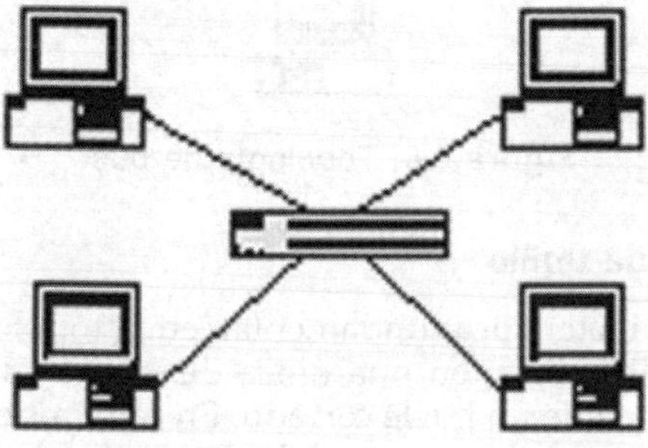

Figura 8.5. Topología de estrella.

Topología de bus

El servidor y todas las estaciones están conectados a un cable central. Todos los nodos comparten este cable y éste necesita acopladores en ambos extremos. Las señales y los datos van y vienen por el cable, asociados a una dirección de destino. Cada nodo verifica las direcciones de los paquetes que circulan por la red para ver si alguna coincide con la suya propia. El cable puede extenderse de cualquier forma por las paredes y techos de la instalación. La topología de bus usa una cantidad mínima de cable, muy fácil de instalar ya que puede extenderse por un edificio en las mejores rutas posibles.

Las principales desventajas son:

1. El cable central puede convertirse en un cuello de botella en entornos con un tráfico elevado al ser el medio compartido por todas las estaciones de trabajo.
2. Es difícil aislar los problemas de cableado en la red y determinar qué estación o segmento de cable los origina.
3. Una interrupción por fallos en el cable hará caer el sistema.

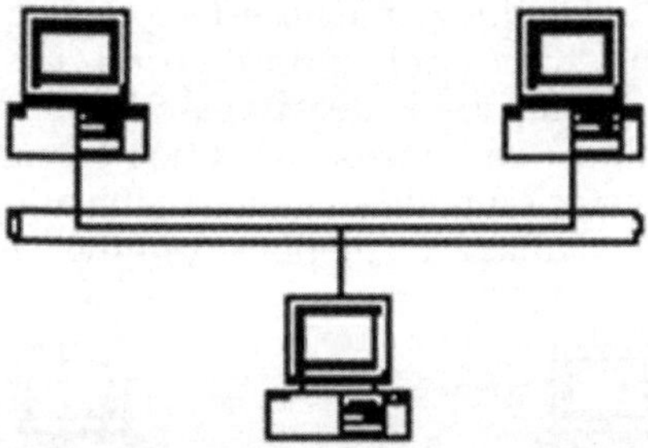

Figura 8.6. Topología de bus.

Topología de anillo

Como característica fundamental, en la topología de anillo las señales viajan en una única dirección a lo largo del cable en forma de un bucle cerrado. En cada momento, cada nodo pasa las señales a otro nodo. Las redes, ordenadas de esta manera, a menudo pueden extenderse a largas distancias y el coste total del cableado será menor que en una configuración de estrella y casi igual a la del bus. Ahora bien, un fallo en el cable hará caer el sistema, aunque en la actualidad existen sistemas alternativos que evitan que esto ocurra.

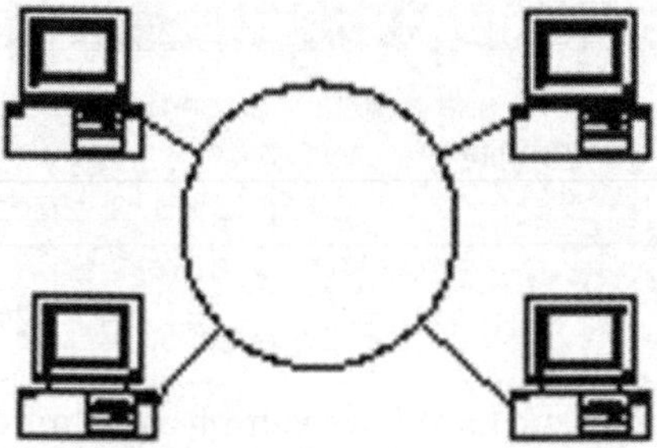

Figura 8.7. Topología de anillo.

Topología estrella/bus

Es una configuración combinada. Aquí un multiplexor de señal ocupa la posición del dispositivo central. El sistema de cableado de la red puede tomar la topología de estrella o de bus. Esto ofrece ventajas en el cableado de edificios que tienen grupos de trabajo separados por distancias considerables.

Topología estrella/anillo

Las estaciones de trabajo se extienden a partir de un conector central para aumentar las distancias permitidas.

8.4.2. Esquemas de distribución

Tabla 8.6.

Esquema	*Descripción*	*Hardware*
Ethernet de par trenzado	Es un sistema económico y fácil de instalar.	1. Tarjeta de red con un conector hembra RJ-45. 2. Conector RJ-45. 3. Cable Ethernet de par trenzado. 4. Concentrador.
Token Ring	Una de las ventajas de este esquema es la redundancia. La principal desven-	1. Tarjeta de red compatible con el sistema *Token*

Esquema	Descripción	Hardware
	taja es que resulta más caro y complejo.	*Ring*. 2. Cable UTP. 3. Unidad de acceso. 4. Multiestación.

Un esquema que también se emplea con mucha frecuencia es el Cliente/Servidor. Su objetivo es ofrecer una alternativa de procesamiento en distintas plataformas, aplicaciones y configuraciones implementadas por los usuarios.

El esquema Cliente/Servidor no es en sí mismo un producto, sino más bien una filosofía, un método de diseño y construcción de aplicaciones. Una arquitectura de este tipo implica cuatro elementos básicos.

1. Plataformas programables.
2. Separación entre función y aplicación.
3. Comunicación entre procesos.
4. Enfoque solicitante-proveedor de servicios.

Las aplicaciones en la arquitectura Cliente/Servidor están funcionalmente separadas en distintos procesos y utilizan la comunicación con el enfoque solicitante-proveedor de servicios. Los clientes pueden ser todo tipo de sistemas inteligentes, desde ordenadores a sistemas propietarios o servidores.

El lado Cliente es una entidad programable que maneja parte de una aplicación que no es compartida por otros y que debe solicitar los servicios que necesita e interactuar con una parte de la aplicación que reside en una función del lado Servidor. La relación del Cliente con el Servidor es necesaria para ejecutar la aplicación en su totalidad.

El lado Servidor es compartido y es el encargado de servicios.

Las aplicaciones construidas a partir del esquema Cliente/Servidor pueden tener controles centrados en el servidor o centrados en el cliente. Para el caso del control centrado en el servidor, éste debe conocer todas las opciones de que disponen los usuarios de la red en todo momento, así como las actividades de visualización, ejecución de programas y gestión de recursos. Para el caso del control en el cliente, éste debe tener el control absoluto de la ejecución de la aplicación, mientras que los recursos compartidos son controlados por el servidor.

La evolución de las arquitecturas Cliente/Servidor es el resultado de cambios que han tenido lugar en cuanto a los requerimientos de los usuarios de red, referidos a la tecnología y a la competencia.

8.4.3. Protocolos

Las tarjetas de conexión de red están diseñadas para trabajar con una determinada topología. Los circuitos integrados en la tarjeta suministran los protocolos para la comunicación con las estaciones de red a través del cableado.

Un protocolo establece las pautas que determinan cómo y cuándo una estación de trabajo puede acceder al cable y enviar paquetes de datos. Los protocolos se diferencian por el punto donde reside el control y por la forma de acceso al cable.

Protocolo de conmutación de circuitos

Un nodo puede solicitar el acceso a la red. Un circuito de control le da acceso a dicho nodo, salvo en el caso que la línea esté ocupada. En el momento en que se establece la comunicación entre dos nodos, se impide el acceso al resto de nodos.

Control de acceso por sondeo

Un controlador central solicita que los nodos envíen alguna señal y les proporciona acceso a medida que lo necesiten. Aquí es el dispositivo de control el que determina el acceso a los nodos.

Acceso múltiple por detección de portadora

Se usa en las redes de topología de bus. Los nodos sondean la línea para ver si está siendo utilizada o si hay datos dirigidos a ellos. Si dos nodos intentan utilizar la línea simultáneamente, se detecta el acceso múltiple y uno de los nodos detendrá el acceso para reintentarlo más tarde. En una red con tráfico elevado, estas colisiones de acceso al medio pueden hacer que el sistema se vuelva lento.

Paso de testigo

Se envía un testigo o *token* a lo largo de la red. Los nodos pueden utilizar este mensaje, si no está siendo utilizado, para enviar datos a otros nodos. Como sólo hay un testigo, no puede haber colisiones. Entonces el rendimiento permanece constante.

8.5. Interconexión

Una red puede aumentar sus capacidades, tanto de operatividad como de cobertura, o simplemente incrementar el número de estaciones conectadas, mediante los dispositivos especiales, diseñados para esos fines.

8.5.1. Dispositivos de interconexión

Repetidores

Son dispositivos activos de solamente dos puertas que permiten interconectar dos medios de comunicación con el propósito de amplificar y reformar los pulsos que forman la señal. Usualmente se utilizan para extender la longitud de los cables en una LAN o conectar medios de diferente tipo. Los repetidores interconectan las LAN al nivel físico. Esto significa, que los repetidores sólo conectan LAN idénticas.

Puentes o Bridge

Pueden ser muchas circunstancias en las que no se puede tener una sola LAN. Por ejemplo, cuando se dispone de un par de LAN diferentes, una *Token Ring* y una Ethernet y se desea conectarlas. También cuando se necesita cubrir una distancia mayor que la que puede cubrirse con una LAN. O cuando se quiere conectar más nodos que los que se permiten en una LAN. Igualmente si se desea evitar que un problema en un nodo pueda colapsar toda la red, pues por ejemplo en una Ethernet, una tarjeta en mal estado puede hacer inoperante toda la red.

En cualquiera de estos casos, es posible tener múltiples redes locales interconectadas mediante el uso de dispositivos llamados *bridges* o puentes. Los *bridges* se encargan de capturar los marcos de una LAN, y reenviarlos selectivamente a otra LAN. Para esto, analizan la dirección de origen y destino del marco.

Hub

Un *hub* permite derivar desde un segmento único varios segmentos del mismo o de otro tipo y así estructurar una LAN de mejor manera. Los *hub* pueden ser pasivos o activos. En los activos se incluyen las funciones básicas de un repetidor. En una red Ethernet los *hub* permiten crear derivaciones desde una red 10Base5 a múltiples segmentos 10Base2, de coaxial, para implementar conexiones multipunto o bien crear conexiones desde una red 10Base2 a múltiples segmentos 10BaseT, de UTP. Se puede decir entonces, que los *hub* 10BaseT son realmente repetidores multipuerta.

8.6. Las redes aplicadas

8.6.1. Microsoft Windows NT

Este avanzado entorno Cliente/Servidor tiene como finalidad aprovechar al máximo las poderosas posibilidades de los ordenadores actuales. La filosofía Cliente/Servidor permite construir una moderna arquitectura de información que garantiza confiabilidad, integración de aplicaciones más sencilla, alta capacidad, alta disponibilidad y rápida recuperación, además de proveer de un avanzado sistema de seguridad.

Windows NT es un entorno de red que presenta una interfaz amigable similar a cualquiera de los productos de Microsoft.

Sus principales características son:

1. Escalable.
2. Sistema abierto.
3. Sistema multitarea con asignación de prioridades.

Windows NT aumenta la eficiencia de los ordenadores en cualquier organización, mejora las utilidades y ayuda a la ejecución de tareas, con mayor rapidez a través de su capacidad multitarea. Posee una interfaz gráfica sencilla y familiar.

Requisitos de hardware

1. Ordenador con microprocesador Intel 80386 o superior.
2. 64 MB de memoria RAM.
3. Una unidad de disquete y un disco duro, con espacio libre de, al menos, 75 MB.
4. Tarjeta de vídeo VGA o SVGA o adaptador gráfico de vídeo compatible con Microsoft Windows NT.
5. Opcionalmente un lector de CD-ROM, compatible con Windows NT.
6. Tarjeta de red, tarjeta de sonido y módem.

8.6.2. Novel Netware

Es un entorno para la comunicación en red, totalmente multiusuario, que permite la conexión de terminales inteligentes a un equipo central, para el ingreso y procesamiento de información, simultáneamente Netware maneja restricciones a nivel de usuario, de tal manera que los usuarios pueden modificar, ingresar o leer datos de los terminales de la red de acuerdo con las prioridades, derechos y restricciones que se asignen a cada uno, con el propósito de proteger los datos y la integridad del entorno. Permite manejar desde 5 hasta 1000 usuarios en la red, con un solo servidor dedicado. Además maneja estaciones remotas conectadas a través de módems. Puede funcionar con más de un servidor y alcanzar de esa manera mayor conectividad y respaldo automático de la información en un segundo disco. Sus principales características son:

1. Acceso a archivos.
2. Bloqueo de Archivos.
3. Seguridad.
4. Control de asignación de recursos.
5. Notificación de eventos.
6. Servicios de directorio y sincronización de un segundo servidor.
7. Conexión y comunicación.
8. Servicios de impresión y gestión de colas de impresión.
9. Gestión de la red.

8.6.3. Intranet

Una Intranet es una red privada que funciona con la tecnología de Internet. La red se construye a partir del modelo TCP/IP. El hardware no es lo que define una Intranet, como en las redes tradicionales, lo que importa son los protocolos y el software. Además, las Intranet pueden coexistir con otra tecnología de red de área local. En muchas organizaciones, los entornos de red ya existentes, que incluyen *mainframe*, redes Netware y bases de datos, se pueden integrar en una Intranet a través de una amplia variedad de herramientas. Entre ellas, los llamados CGI se usan, a menudo, para el acceso a bases de datos desde una Intranet. También, actualmente, el lenguaje de programación Java se está extendiendo para cumplir estas y otras tareas.

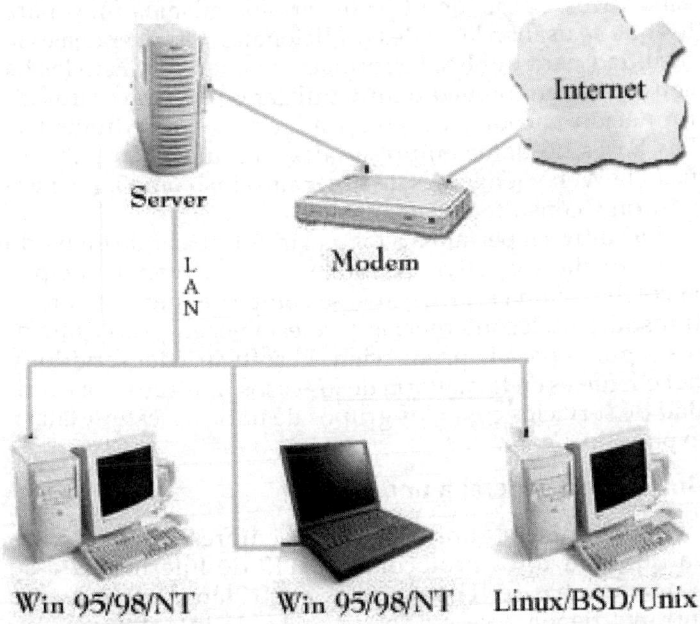

Figura 8.8. Intranet.

Como Internet

Con el enorme crecimiento de Internet, un gran número de personas en las empresas usa sus servicios para comunicarse con el mundo exterior, consultar información y hacer negocios. A la audiencia internauta no le toma mucho tiempo reconocer que los componentes que funcionan con eficiencia en *Internet* podrían ser igualmente valiosos en las redes de sus empresas y ésa es la razón principal por la que las Intranet se están haciendo tan populares. La red debe estructurarse a partir del modelo TCP/IP, que es el protocolo requerido para acceder a los recursos de Internet. Con esta estructura los usuarios podrían conectarse a la red, en forma remota, desde su domicilio o desde dispositivos portátiles, porque contactar con una Intranet es muy parecido a conectarse a Internet. Por otro lado, los sistemas de seguridad pueden separar una Intranet de Internet. La red interna de una compañía podría estar protegida por un *firewall* o cortafuegos, que no es más que la combinación de hardware y software, que permite el acceso a ciertos usuarios, debidamente validados, con propósitos específicos. Se puede utilizar para los mismos fines para los que se usaban las redes tradicionales. Otra ventaja es la facilidad para publicar información en la Web. Esto las ha convertido en un medio muy utilizado para transmitir información corporativa, como noticias y procedimientos. Las bases de datos empresariales, con motores sencillos, usan la Web y lenguajes de programación como Java, para gestión y consultas.

Las Intranet permiten a los usuarios trabajar de un modo más sencillo y efectivo. Se implementa de manera simple, la colaboración en proyectos, se comparte información, se transmiten teleconferencias y se establecen procedimientos seguros para la producción. El software del servidor y del cliente es en la mayoría de los casos, gratuito y la cantidad de servicios como los grupos de noticias, estimulan su expansión.

Una mirada general a una Intranet

Una Intranet es una red privada empresarial o educativa que utiliza los protocolos TCP/IP de Internet para su transporte básico. Los usuarios que están dentro de una Intranet tienen acceso a los recursos de Internet, sin embargo desde afuera no se podrá ingresar a la Intranet, sin tener un usuario válido.

Frecuentemente la Intranet de una empresa se compone de redes diferentes que se comunican entre sí mediante TCP/IP. Cada una de las redes interconectadas son llamadas subredes. El software que permite la comunicación vía correo electrónico, la publicación de tablones de mensaje públicos y la colaboración en el proceso productivo, está entre los programas de Intranet más poderoso. Las aplicaciones que garantizan a las distintas áreas gerenciales de la empresa el envío de información y a los empleados llenar formularios y consultar la información corporativa financiera, son muy populares. La mayoría del software que se utiliza en las Intranet es el estándar que se usa para Internet, como por ejemplo, los navegadores. El software más específico está desarrollado como CGI o en Java. Las Intranet también se pueden utilizar para operaciones comerciales y de negocio; hacer pedidos, enviar facturas y efectuar pagos. Para mayor seguridad, estas transacciones se hacen dentro de la red interna sin salir a Internet, aunque usan el mismo medio físico que se usa en Internet. Es una manera útil para hacer negocios en línea. La información enviada a través de una Intranet llega a su destino correcto mediante los enrutadores, que examinan la dirección IP en cada paquete TCP/IP.

El corazón de una Intranet es la World Wide Web. En muchos casos, la razón por la que se crea una Intranet, en primer lugar, es la facilidad que ofrece de publicar la información en páginas Web con el uso de HTML. La Web permite el uso de multimedia, interactividad y la definición de vínculos o *links* permiten navegar de un lugar a otro, lo mismo dentro de la propia Intranet que por Internet.

Las Intranet están basadas en la arquitectura Cliente/Servidor. El Cliente, que en este modelo no es otra cosa que un navegador de Internet, se usa en un ordenador local, mientras que el Servidor es un ordenador que funciona como *host* o anfitrión. Cuando se consulta una Intranet desde un navegador, en realidad se está consultando una determinada localización de la red. En una Intranet, esa localización puede ser una página Web de una subred o una página de la red en general. Basta con escribir otro URL en el navegador para ir a otra página Web, tal y como se haría en la navegación por Internet. El navegador envía la petición a través del protocolo HTTP hasta el servidor Web. Si la petición es de una página localizada en la Intranet, el navegador envía la petición a esa página. El servidor Web recibe la petición y devuelve la página o documento al navegador. La información se muestra ahora en el ordenador que la solicitó. Después de enviar el objeto al navegador la conexión HTTP es liberada, hasta tanto sea enviada otra petición al servidor web, momento en el cual se creará una nueva. Las URL en una Intranet tienen la misma estructura que las URL empleados en Internet y que se han explicado en el Capítulo 6 de este libro.

Para proteger la información corporativa más sensible y asegurar que no se ponga en peligro a los sistemas informáticos y a los datos, las barreras de seguridad llamadas, *firewalls* o cortafuegos, protegen a una Intranet del espacio exterior, es decir, de Internet. La tecnología de *firewall* involucra a enrutadores, servidores y software que permite a los usuarios de una Intranet utilizar los recursos de Internet, pero evita que los intrusos ingresen en ella.

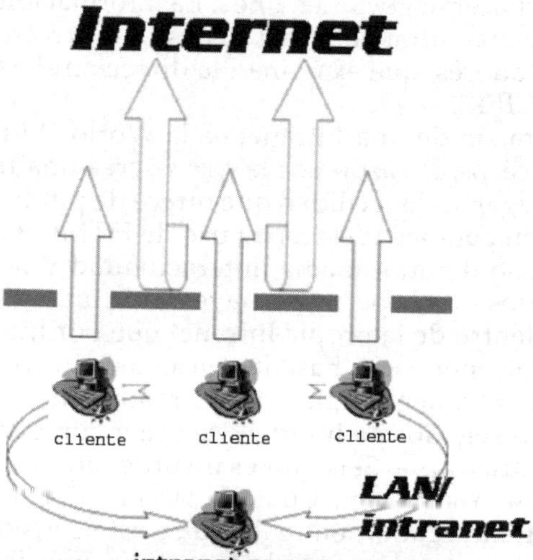

Figura 8.9. Firewall o cortafuegos.

La Intranet y la seguridad

Cualquier Intranet es vulnerable a los ataques de personas o entidades que tengan la intención de destruir o robar datos empresariales. La naturaleza ilimitada de Internet y los protocolos TCP/IP exponen a una organización a este tipo de ataques. Las Intranet requieren, por lo tanto, de medidas de seguridad, que incluyen las combinaciones de hardware y software que controlen el tráfico, que solucionen el enmascaramiento de la información de acceso de usuarios válidos y que provean las herramientas para prevenir y curar los virus informáticos o bloquear sitios indeseables.

El término más usado para nombrar la línea de defensa contra intrusos es *firewall* o cortafuegos. Un *firewall* es una combinación de hardware y software que controla el tipo de servicios permitidos desde y hacia la Intranet.

Un *firewall* es configurado en un servidor independiente, que limita o directamente prohíbe el acceso a los servicios no autorizados. Normalmente está aislado del resto de la Intranet en una subred propia. De este modo, si el *firewall* es violado, el resto de la Intranet no estará en peligro. Por otro lado están los sistemas de autenticación, como parte importante en el diseño de la seguridad de cualquier Intranet. Los sistemas de autenticación se emplean para asegurar que una entidad o usuario que esté intentando hacer uso de alguno de los recursos de la Intranet, es quien dice ser. Para ello emplean nombres de usuario únicos, contraseñas y algoritmos de encriptación.

Otros mecanismos de protección son:

1. Software para el bloqueo de sitios que limita la recepción de material indeseable.
2. Software de control que rastrea la navegación de los usuarios y los servicios que se han usado.
3. Software que detecta la presencia de virus informáticos y que comprueba los archivos que entran a la *Intranet* para asegurar que estén libres de virus.

Funcionamiento de los firewall o cortafuegos

Los *firewall* protegen a las Intranet de los ataques iniciados contra ellas desde Internet. Están diseñados para proteger a una Intranet del acceso no autorizado a la información de la organización y del daño que se le puede ocasionar a los recursos y servicios informáticos. También están diseñados para impedir que los usuarios internos accedan a los servicios de Internet que puedan resultar peligrosos, como por ejemplo FTP.

Los ordenadores de las Intranet, usualmente, sólo tienen permiso para navegar por Internet después de atravesar un *firewall*. Las peticiones tienen que atravesar un enrutador interno de selección, llamado también enrutador interno para filtrar o enrutador de obstrucción. Este enrutador evita que el tráfico de paquetes sea rastreado remotamente. Un enrutador de obstrucción examina la información de todos los paquetes, su origen y su destino. El enrutador compara la información que encuentra con las reglas definidas en una tabla de filtros y admite, o no, los paquetes basándose en esas reglas. Así mismo, el enrutador limita el envío de paquetes a localizaciones específicas de Internet sospechosas. También puede bloquear cada paquete que viaje entre Internet y la Intranet, con excepción del correo electrónico. Los administradores de la Intranet definirán explícitamente, los paquetes que se podrán admitir y cuáles denegar. Una Intranet protegida por un firewall, no tiene limitaciones para el uso de los servicios internos más usuales de la red, como el correo electrónico, el acceso a las bases de datos corporativas, a los servicios de la Web, en general y el uso de programas para trabajo en grupo.

Procesamiento de paquetes TCP/IP en una Intranet

La tecnología TCP/IP es la combinación dos protocolos de comunicación entre ordenadores o dispositivos de red. Estos protocolos funcionan conjuntamente y se sitúan uno encima de otro en lo que se conoce comúnmente como la pila de protocolo. Cada pila de protocolo se diseña para llevar a cabo un propósito especial en el ordenador emisor y en el receptor. La pila combina las pilas correspondientes a las capas de aplicación, de presentación y de sesión del Modelo OSI, en una pila, que también suele ser nominada como de aplicación. En este proceso se envasa la información que será transmitida.

La pila de aplicación TCP formatea los datos que se están enviando para que la pila inferior, la correspondiente a la capa de transporte, los pueda remitir. Aquí se asegura que los datos enviados y recibidos sean los mismos, o lo que es igual, que no hayan habido errores durante el envío de los datos. TCP divide los datos que obtiene de la pila de aplicación en segmentos. Agrega una cabecera con la información que se usará en el rearmado de los datos cuando se reciban y así garantizar que no hayan sufrido alteraciones en la ruta y que los segmentos se pueden volver a combinar correctamente en su forma original.

La tercera pila prepara los datos para la entrega introduciéndolos en datagramas IP con la dirección IP exacta para estos. El protocolo IP trabaja en la pila de Internet, que corresponde a la capa de red. Coloca un envase IP con una cabecera en cada segmento. La cabecera IP incluye información de los ordenadores emisor y receptor, la longitud del datagrama y el orden de su secuencia. El orden secuencial se añade porque el datagrama podría sobrepasar posiblemente el tamaño permitido a los paquetes de red y por ello necesitaría dividirse en paquetes más pequeños. Incluir el orden secuencial permite restablecer la combinación de los datagramas correctamente.

¿Qué función cumplen los puentes o *bridge*?

Cuando el tráfico de la red es grande, los paquetes pueden colisionar y se reduce la eficiencia y adecuado funcionamiento de la red. Las colisiones se producen, esencialmente porque se encamina mucho tráfico entre todas las estaciones de trabajo de la red.

Para reducir la proporción de colisiones una LAN se puede dividir en dos o más redes. Por ejemplo, una LAN podría estar formada por varias subredes. La mayoría del tráfico en una subred se queda dentro de ella y así no necesita viajar a través de todas las estaciones de trabajo que forman la red. Cada ordenador en una subred recibe su propia dirección IP.

Los puentes se usan para enlazar las subredes de una LAN. El único tráfico que necesita usará los puentes es el que navega con rumbo a otra subred. Dentro de cada subred no es preciso usar los servicios de un puente.

Los puentes consultan una tabla de aprendizaje que contiene las direcciones de todos los nodos de la red. Si un puente identifica que un paquete pertenece a una subred, mantiene el paquete en ella. Si identifica que la estación de trabajo está en otra subred de la LAN, envía el paquete. El puente actualiza constantemente la tabla de aprendizaje a medida que controla y encamina el tráfico.

Los puentes pueden conectar redes de área local de varias formas diferentes.

1. Conexiones en serie a través de líneas telefónicas tradicionales y módems.
2. Conexiones por líneas ISDN.
3. Conexiones por cable.

Los puentes y enrutadores se combinan algunas veces en un único dispositivo llamado *brouter*. Un *brouter* ejecuta las tareas de ambos. Si los datos necesitan ser enviados solamente entre las subredes de la LAN actuará como un puente. Si el destino es otra LAN, actuará como un enrutador, es decir, los paquetes IP serán examinados y encaminados los datos, basados en la dirección IP.

Los enrutadores en las Intranet

Los enrutadores son los guardias de tráfico de las Intranet. Deben garantizar que los datos se envíen al destino adecuado a través de la ruta óptima. Los enrutadores también son dispositivos útiles para que la Intranet funcione con su mejor rendimiento, porque están en capacidad de reajustar el tráfico de paquetes y ofrecer rutas alternativas. Los enrutadores utilizan el encapsulamiento para enviar los distintos protocolos a través de redes incompatibles.

Los enrutadores abren el paquete IP para leer la dirección de destino, calcular la mejor ruta y enviar el paquete hacia el destino final. Si el destino está en la misma parte de una Intranet, el enrutador enviará el paquete directamente al ordenador receptor. Si el paquete debe ser remitido a otra Intranet, subred, o a Internet, el enrutador considera factores como la congestión de tráfico y el número de saltos en la ruta. El paquete IP lleva consigo un segmento que cuenta los saltos y un enrutador no usará una ruta que exceda el número de saltos predeterminado. Las rutas múltiples, con un número aceptable de saltos, son convenientes para ofrecer variedad y para asegurar que los datos se puedan transmitir. Por ejemplo, si una ruta directa entre el "Punto 1" y el "Punto 2" no estuviera disponible, los enrutadores más sofisticados enviarán los datos al "Punto 2", por otro enrutador, a través del "Punto 3", disponible en la Intranet. Todo esto de manera transparente para los usuarios.

Los enrutadores tienen dos o más puertos físicos, los de recepción o entrada y los de envío o salida. En realidad, cada puerto funciona como uno u otro, por su característica bidireccional, con lo cual puede recibir y/o enviar datos. Cuando un puerto recibe un paquete, es ejecutado un programa conocido como proceso de encaminamiento. Este proceso investiga la información de cabecera en el paquete IP y encuentra la dirección a la cual se están enviando los datos. Al mismo tiempo compara esta dirección con una la tabla de encaminamiento que posee información de los puertos a los que deberían enviarse los paquetes con varias direcciones IP. A partir de la información de la tabla de encaminamiento, es enviado el paquete a un puerto de salida específico. Este puerto de salida encamina los datos al siguiente enrutador o al destino final.

En ocasiones los paquetes se mandan a un puerto de entrada de un enrutador y no son procesados inmediatamente. En este caso, los paquetes son enviados a un área de contención especial llamada cola de entrada, que es parte de la memoria RAM del enrutador. Esa cola de entrada está asociada directamente con un puerto de entrada y en un enrutador se puede configurar más de una cola de entrada, si varios puertos de entrada están enviando paquetes más rápidamente de lo que el enrutador puede procesarlos. Cada puerto de entrada procesará los paquetes de la cola en el orden en que han sido recibidos.

Si el tráfico a través del enrutador está muy congestionado, el número de paquetes en la cola puede ser mayor que su capacidad, también llamada longitud. Cuando esto ocurre, es posible que los paquetes sean descartados, no serán procesados por el enrutador y no se enviarán a su destino. Aunque esto no significa la pérdida de información. El protocolo TCP tiene en cuenta estas contingencias y al llegar los datos a su destino, el ordenador receptor identifica los paquetes perdidos y solicita su retransmisión, hasta tanto la transmisión haya concluido exitosamente.

Se utilizan varias tablas de validación en una ruta. En el tipo de Intranet más sencilla, como ya se ha explicado, se emplea la tabla de encaminamiento mínimo. Cuando una Intranet se compone de una sola red TCP/IP o sólo tiene conexión a Internet, es conveniente el uso del encaminamiento mínimo. Si una Intranet tiene un número limitado de redes TCP/IP, se puede utilizar una tabla de encaminamiento estático. Con el uso de este tipo de tabla, los paquetes con direcciones específicas se envían a enrutadores específicos.

Los enrutadors no desvían paquetes para modificar el tráfico variable de la red. El encaminamiento estático es útil cuando sólo hay una ruta para cada destino. Una tabla de encaminamiento estático permite a un administrador de Intranet añadir o eliminar entradas en la misma.

Las tablas de encaminamiento dinámico son las más sofisticadas. Se usan cuando hay más de una manera para enviar datos desde un enrutador al destino final y en Intranet más complejas. Estas tablas cambian constantemente a medida que varía el tráfico y las condiciones de la red; siempre encaminan los datos del modo más eficiente posible, con la evaluación constante del estado del tráfico en la Intranet. Las tablas de encaminamiento dinámico se construyen utilizando protocolos de encaminamiento. Estos protocolos son medios por los que se comunican los enrutadores que ofrecen información sobre la manera óptima de encaminar datos, a partir del estado del tráfico en la Intranet. Un enrutador con una tabla de encaminamiento dinámico puede desviar los datos a una ruta de apoyo, si la ruta primaria ha quedado reducida. También puede determinar el método más eficiente de encaminar los datos hacia su destino final.

Los enrutadores exponen sus direcciones IP y conocen las direcciones IP de sus vecinos. Los enrutadores usan esta información para ejecutar un algoritmo que calcula la mejor ruta para enviar los paquetes.

El protocolo de encaminamiento más conocido para realizar estos cálculos se conoce como RIP (*Router Information Protocol*) o protocolo de información de encaminamiento. El RIP determina la ruta más eficaz para enviar los datos como el camino con el menor número de saltos. A menor número de saltos más eficaz. Un número de saltos mayor a 16 implicará el descarte de la ruta.

La Intranet y el correo electrónico

Probablemente uno de los servicios más usado en una Intranet es el correo electrónico. Las *Intranet* empresariales pueden emplear diferentes programas servidores de correo electrónico, casi todos basados en la arquitectura *Simple Mail Transfer Protocol* (SMTP) o protocolo simple de transferencia de correo.

Como sucede con muchas aplicaciones de Intranet e Internet, SMTP usa un modelo Cliente/Servidor. Es decir, el usuario cuenta con un software cliente, donde puede crear los mensajes y gestionarlos. En el momento que es enviado se dispara un evento en el software servidor que examina la dirección del receptor del mensaje. Si el receptor del mensaje está en la Intranet, el mensaje es enviado a otro software servidor en la red interna que es el encargado de entregar el mensaje. Si el receptor está ubicado en Internet o en otra Intranet, el archivo llegará al receptor a través de Internet. Algunos sistemas de correo emplean otro protocolo correo electrónico llamado el protocolo de oficina de correos (*Post Office Protocol*) conjuntamente con

SMTP. Con POP, el correo electrónico no se entrega directamente en un ordenador cliente, por el contrario, va a parar a un buzón en el servidor. Para recuperar el correo electrónico, el cliente ingresa al servidor con su identificador y contraseña a través de un software de correo electrónico cliente.

8.6.4. Telemática

La posibilidad de conectar entre sí distintos ordenadores y de aprovechar al máximo la capacidad de los mismos mediante su uso en forma simultánea, por grupos de usuarios, ha definido un nuevo sistema de trabajo denominado telemática, cuya base de funcionamiento no corresponde únicamente a los ordenadores sino también a las bases de datos, las redes especiales de transmisión y las terminales especializadas en determinadas funciones.

La telemática es concebida como la convergencia de las telecomunicaciones y la informática.

Télex

Es un servicio internacional que permite la transferencia automática de textos entre las memorias de dos terminales para consultar, editar y presentar dichos textos. Por medio de este servicio los usuarios pueden intercambiar correspondencia o archivos a través de redes de telecomunicación. Las compañías telefónicas proporcionan este servicio aún cuando se produzca el intercambio entre dispositivos de diferentes fabricantes siempre que estén adaptadas para télex.

Videotex

Es un servicio de recuperación de información mediante el diálogo con una base de datos. Este servicio proporcionado normalmente por las empresas telefónicas parte de la premisa que la mayoría de la audiencia dispone de un aparato receptor de señal de vídeo y una línea telefónica. Por medio de la adaptación de un teclado y la línea telefónica se podrá tener acceso a las bases de datos de los ordenadores de la red.

Teletexto

Es un sistema de teleinformación que transmite directamente información alfanumérica y gráfica. El medio de salida es un aparato receptor de vídeo y el medio de transmisión el aire.

La información se transmite junto con las señales de televisión, de forma que un codificador que se ubica en las instalaciones del usuario que separa la parte de texto de la parte gráfica.

8.6.5. Redes móviles

Consiste en la transmisión de voz y datos por medio de señales radioeléctricas. Las comunicaciones móviles usan una serie de segmentos del espectro de frecuencias de radiocomunicaciones.

Las comunicaciones móviles que se realizan por ondas electromagnéticas pueden ser unidireccionales o bidireccionales.

Las unidireccionales consisten en comunicación en un sólo sentido, desde una central fija a un usuario móvil. Este servicio es de bajo costo y útil para personas que desarrollan una actividad con mucha movilidad. Los servicios de comunicaciones móviles unidireccionales proporcionan cuatro tipos de mensajes distintos, sonido o *beep*, sonido o *beep* y mensaje de voz, sonido o *beep* y mensaje numérico en pantalla, sonido o *beep* y mensaje alfanumérico en pantalla.

El servicio de comunicación bidireccional permite la comunicación de voz y/o datos entre estaciones fijas y estaciones móviles o entre dos estaciones móviles.

Por su operación se clasifican en:

1. **Redes de despacho:** Constan de un centro de operaciones y de estaciones móviles. Muy usadas en servicios de ambulancia.
2. **Redes abiertas:** Para establecer la comunicación entre unidades móviles. Muy usadas en radiotelefonía móvil pública.
3. **Redes celulares:** Son un tipo de comunicación móvil que consiste en una base de radio que tiene una configuración hexagonal o célular. Son centrales o estaciones que cubren una zona geográfica específica.

Cuando una estación móvil pasa de una base a otra, ésta última toma el control. El radio de la zona puede llegar hasta 60 Kms aproximadamente.

8.6.6. Redes inalámbricas

Una de las tecnologías más prometedoras y discutidas en esta década es la de poder comunicar ordenadores mediante tecnología inalámbrica. La conexión de ordenadores a través de ondas de radio o luz infrarroja, actualmente, es uno de los campos de investigación de las comunicaciones en la informática. Las redes inalámbricas facilitan la operación en lugares donde el PC no puede permanecer en un único lugar.

La realidad, sin embargo, es que esta tecnología es muy joven y es necesario resolver varios problemas técnicos y de regulación antes que las redes inalámbricas se generalicen en los entornos informáticos modernos.

No se espera que las redes inalámbricas lleguen a reemplazar de una manera rápida, a las muy difundidas redes basadas en el cableado. Éstas, aún, ofrecen velocidades de transmisión mayores que las logradas con la tecnología inalámbrica. Mientras que las redes inalámbricas actuales pueden alcanzar velocidades de 2 Mbps, las redes tradicionales tienen prestaciones de velocidad de 10 Mbps, con tendencia a aumentar a 100 Mbps.

Una opción es la mezcla de las redes de cable y las inalámbricas; de esta manera se configura una red híbrida que podrá resolver la comunicación de los últimos metros hacia la estación de trabajo. Se puede dar mayor importancia a la parte cableada de la red, mientras la inalámbrica proporciona movilidad adicional a los equipos, de forma tal que el usuario pueda desplazarse con facilidad dentro de un almacén o una oficina.

Categorías de redes inalámbricas

1. **De Larga distancia:** Se emplean para transmitir la información en espacios que pueden variar desde una ciudad, hasta varios países cercanos geográficamente, como si fuera una *MAN*. Las velocidades de transmisión son relativamente bajas; de 4.8 a 19.2 Kbps.
   Se conocen hasta el momento dos tipos de redes de larga distancia, las redes de conmutación de paquetes, ya sean públicas o privadas y las redes telefónicas celulares. Estas últimas son un medio para transmitir información con un alto coste, debido a

que los módems de los teléfonos celulares son más caros que los convencionales, al estar fabricados con circuitos especiales que permiten mantener la pérdida de señal cuando la comunicación alterna entre una célula y otra. La pérdida de señal no es un problema para la comunicación de voz, pero en la transmisión de datos puede provocar efectos pocos deseados. Otras desventajas de la transmisión celular son la limitación de los aparatos telefónicos, en cuanto a carga de electricidad, la transmisión puede ser interceptada fácilmente, lo que atenta contra la seguridad de la comunicación y las velocidades de transmisión son, en general, bajas. Por todo ello la comunicación celular se usa poco para la transmisión de datos, sólo está limitada a la transmisión de archivos pequeños. No obstante, se espera que con los avances en la compresión de datos, la seguridad y la creación de algoritmos de verificación de errores permita que las redes celulares sean una opción redituable en determinadas situaciones.

Las redes públicas de conmutación de paquetes por radio no tienen problemas de pérdida de señal gracias a que su arquitectura está diseñada para soportar sólo transmisión de datos y no la combinación con la transmisión de voz. Las redes privadas están basadas en la misma tecnología que las públicas, pero bajo bandas de radio frecuencia restringidas por la propia organización de sus sistemas informáticos.

2. **De Corta distancia:** Se emplean principalmente en redes corporativas cuyas oficinas se encuentran en uno o varios edificios que no están muy alejados entre sí y alcanzan velocidades del orden de los 280 Kbps hasta los 2 Mbps.

8.7. Auditoria y seguridad

El Modelo OSI al igual que el Modelo TCP/IP, más moderno, contemplan la posibilidad que ocurran tres tipos de fallos en la seguridad de las redes.

1. Alteración de bits.
2. Ausencia de tramas.
3. Alteración de la secuencia de reconstrucción de mensaje en el receptor.

Una organización puede definir dos tipos extremos de políticas de seguridad, las llamadas políticas paranoicas, con las que toda acción o proceso está prohibido en la red y las políticas promiscuas, donde no existe la más mínima protección o control de las acciones de los usuarios en la red.

No importan las acciones que se implementen siempre habrá un punto de fallo. Para adelantarse al ingreso o manipulación por parte de intrusos, se han ideado algunas herramientas cuyo objetivo es probar la eficacia de las políticas de seguridad de la red de una empresa. Por ejemplo, herramientas que inician su labor de auditoria con la prueba de fiabilidad de las contraseñas de usuario, para lo que emplean técnicas de indagación, como leer el tráfico de la red buscando nombres de usuarios y contraseñas respectivas. También demostrar la buena fe de los usuarios con el envío de mensajes de la administración, en los que se le solicite su contraseña, entre otros procedimientos.

8.7.1. Auditoria de comunicaciones

Dentro de la auditoria de las comunicaciones los puntos que se deben tener en cuenta son:

1. La gestión de red, que debe ser proporcional a los dispositivos y su conectividad.
2. El monitoreo de las comunicaciones.
3. La revisión de costes y la asignación formal de proveedores.
4. Creación y aplicación de estándares.

Los puntos de control pasan por garantizar que la gerencia encargada de las comunicaciones tenga plena autoridad de voto y acción dentro de la organización. Es conveniente llevar un registro actualizado de módems, tarjetas de red instaladas, estaciones de trabajo, líneas de cableado y cualquier dispositivo relacionado con las comunicaciones. La vigilancia constante sobre cualquier acción en la red, la mejora del rendimiento y la resolución de problemas, son otros controles importantes.

El enfoque más usual que se da a las comprobaciones de auditoria de las comunicaciones contempla, entre otros, los aspectos siguientes:

1. El nivel de acceso de los usuarios a las funciones de la red.

2. La coordinación de la comunicación de datos y voz.
3. La implementación eficaz de las normas de comunicación entre los dispositivos de la red.
4. La autorización debidamente documentada del ingreso de nuevos dispositivos.
5. El uso de conexión digital con Internet.
6. La instalación de dispositivos de escucha como *sniffers* o *tracers*.
7. La planificación del nuevo cableado.
8. La planificación de la recuperación de las comunicaciones en caso de caídas masivas.
9. La documentación del diseño físico de la red.
10. La prueba y verificación de los nuevos equipos.
11. El establecimiento de las tasas de rendimiento en tiempo de respuesta de las estaciones de trabajo, así como la tasa de errores.
12. La estrecha vigilancia sobre toda actividad on-line en la red.

8.7.2. Auditoria de la red física

Tabla 8.7.

Objetivo	*Tarea*
Áreas destinadas a los dispositivos de comunicación con control de acceso.	Los dispositivos de comunicación deben estar en un lugar cerrado y con acceso limitado.
La implementación de adecuados mecanismos de seguridad física de los dispositivos de comunicación.	
Protección y tendido adecuado de cables y líneas de comunicación para evitar accesos no deseados.	La puesta en práctica de medidas para separar las actividades de mantenimiento de las líneas eléctricas y las de cableado de lineas telefónicas.
Las líneas que unen los dispositivos de comunicación deben estar fuera de la vista.	
La asignación de un código único a cada línea, en lugar de una descripción física.	

Objetivo	Tarea
La correcta definición de los procedimientos de protección de los cables y las bocas de conexión para evitar interrupciones físicas de la red. Las revisiones periódicas.	
Control de la utilización de los equipos de prueba de las comunicaciones, para monitorizar la red y el tráfico en ella.	La definición de los propósitos y funciones específicas de los equipos de prueba.
Prioridad de la recuperación del sistema, en caso de caídas.	La existencia de alternativas de recuperación y respaldo de las comunicaciones.
Control de las líneas telefónicas.	El control de los números públicos.
La configuración en los aparatos telefónicos de la retrollamada, el código de conexión o los interruptores.	

8.7.3. Auditoria de la red lógica

El objetivo fundamental de la auditoria lógica es evitar los daños internos en la red, que puede identificarse, por ejemplo, cuando un dispositivo, activado por un virus informático, comienza a enviar mensajes que pueden llegar a saturar las líneas de cableado de la red. Este tipo de situaciones tan frecuente, puede ser evitado con la asignación de contraseñas de acceso al *firewall*, con el control adecuado de los errores en la red, el chequeo de la recepción de paquetes por los destinatarios correctos, el registro de las actividades de la red, la protección de la información con el encriptado de datos y la disminución, en lo posible, de la importación y exportación de datos.

Las comprobaciones más importantes son:

1. El sistema debe solicitar el identificador de usuario y la contraseña para cada sesión. En cada sesión de usuario, es conveniente revisar a dónde intenta ingresar y si tiene asignados los permisos para ello.

También, habilitar la expiración de las contraseñas ante un número limitado de reintentos, así como obligar a los usuarios a cambiar su contraseña regularmente. Éstas no deben ser mostradas en pantalla al momento de ser ingresadas. Además se debe ofrecer al usuario la información sobre su último acceso válido, con el propósito de evitar suplantaciones.
2. El acceso libre a software o hardware debe ser limitado.
3. La publicación de estadísticas de las tasas de errores y de las transmisiones en general.
4. La detección de errores lógicos en las transmisiones.
5. La correcta y clara identificación de los mensajes lógicos de transmisión, que deben llevar como información el origen, la fecha, la hora y el receptor.
6. El software de comunicación debe contar con procedimientos correctivos y de control ante mensajes la aparición de mensajes duplicados, fuera de orden, perdidos o retrasados.
7. Los datos sensibles o confidenciales sólo pueden ser impresos en una impresora específica y consultados desde una estación debidamente autorizada.
8. El análisis del riesgo de aplicaciones en los procesos.
9. Los canales de transmisión entre diferentes organizaciones deben ser encriptados.
10. Los datos que viajan por Internet deben ser encriptados.
11. Las estaciones de trabajo equipadas con módems deben contar con el control de seguridad asociado para impedir el acceso de equipos externos a la red.
12. La aplicación de correctas políticas de instalación de programas o dispositivos personales en la red.
13. Los accesos a servidores remotos han de estar inhabilitados.
14. La organización debe implementar simulacros de ataques informáticos o caídas parciales y masivas, con el propósito de encontrar posibles fallos en los servidores, en los servidores Web, en la Intranet, en los *firewall* y en los accesos desde el exterior.

8.7.4. Criptografía

La criptografía consiste en la aplicación de determinadas técnicas de manera que la información quede oculta a los ojos de intrusos. En contraposición, están las técnicas de criptoanálisis que tratan de violar el encriptado para develar el mensaje oculto. Existen dos tipos de cripto-análisis, el diferencial, con variaciones de un bit en cada intento, que trata de averiguar la clave de encriptado del mensaje oculto y el lineal, que se apoya en variaciones lógicas XOR, entre cada par de bits, hasta que se logra obtener un único bit, que sería parte de la clave. Aunque el encriptado de información es un excelente método para proteger los datos, no debería convertirse en el desvelo de una organización. Existen otras clases de debilidades, más importantes en una red. Además porque en el mercado se cuenta con un buen número de programas, hasta gratuitos, que alcanzan altos niveles de eficacia en el encriptado de datos.

La criptografía se implementa a través de varios métodos. La transposición, es uno de ellos, que se basa en invertir el orden de los caracteres en el mensaje. El método DES, que utiliza una clave de 56 bits para codificar bloques de 64 bits, es un algoritmo conocido como de llave privada. Por su poca longitud de clave de acceso, es fácil de romper. El IDEA surgió del DES y genera bloques de encriptado de 64 bits con una clave de 128 bits. Además emplea diversas técnicas de confusión, como es el operador lógico XOR. La limitación más importante que tiene la criptografía de llave privada, es que en una red muy grande, en caso de que se decida cambiar la clave de encriptamiento, hay que notificar a cada uno de los usuarios que intervienen en los procesos de transmisión de datos y se corre el riesgo que caiga la nueva clave en manos no autorizadas.

> ***Nota:*** *DES. El algoritmo de llave pública vino a resolver los problemas del de llave privada. Consta de dos llaves, una pública conocida por los usuarios autorizados de la red y una segunda, privada que solamente es conocida por el dueño de la misma. De esa forma, si es necesario cambiar las claves, se notifica por un mensaje cifrado a todos los participantes de la transmisión con el uso de la llave pública.*

> ***Nota:*** *RSA. El método RSA es un ejemplo de método de encriptado de datos con llave pública y opera por factorizaciones sucesivas de los mensajes por números primos.*

8.7.5. Consideraciones de un sistema de seguridad integral

Desarrollar un sistema de seguridad implica planear, organizar, coordinar, dirigir y controlar las actividades relacionadas con el mantenimiento y la integridad física de los recursos involucrados en la función informática, así como el resguardo de los activos de la organización.

Es importante, tener en cuenta:

1. La definición de políticas de seguridad a nivel departamental e institucional.
2. Las responsabilidades de las partes involucradas deben estar organizadas y divididas.
3. La definición de las prácticas de seguridad para el personal, como puede ser, plan de emergencias, plan de evacuación y uso de recursos de emergencia.
4. La contratación de pólizas de seguros.
5. La definición clara de los procedimientos en caso de contingencias.
6. La definición de las necesidades de seguridad para el hardware y software, el suministro de energía y el cableado locales y externo.
7. La aplicación de los mecanismos de seguridad a datos y archivos.
8. La planificación de roles de los auditores internos y externos.
9. La implementación de programas de acción ante desastres y sus pruebas o simulacros.
10. La planificación de equipos de contingencia con carácter periódico.
11. El control de la evacuación de los desechos de los nodos importantes de la red.
12. La política de destrucción de basura, copias, fotocopias y cualquier otro impreso con información sensible.

8.8. Términos más usados

- **Arcnet:** Red local de alta velocidad desarrollada por *Datapoint Corporation* y muy utilizada para aplicaciones de automatización de oficinas
- **Arquitectura de Redes:** Es el conjunto de aparatos, programas y elementos de cableado que determinan el diseño de una red local.

- ***Boot ROM***: Circuito integrado de memoria de lectura que contiene rutinas de arranque para un computador. Cuando está colocado en una tarjeta de interfaz de red en una estación de trabajo, no se requiere el disquete de arranque.
- ***Bridge***: Es un dispositivo intermedio usado para conectar dos LAN que usan protocolos de similares. El *bridge* actúa como filtro de direcciones y recoge paquetes de una LAN para llevarlos a otra. El *bridge* no modifica ni añade nada al contenido del paquete. El *bridge* opera en la segunda capa del Modelo OSI.
- **Cable coaxial:** Conductor eléctrico redondo y aislado, formado por una malla tubular o blindaje y un alambre central, generalmente hecho con hilo de cobre ligeramente rígido. Posee un relleno dieléctrico aislante. Se utiliza para conducir señales de alta frecuencia con baja pérdida. Cuesta más que el cable de teléfono o par trenzado, pero puede conducir más datos en menor tiempo.
- **Cyberespacio:** Hace referencia al entorno o mundo en donde coexisten personas y ordenadores interconectados.
- ***Freeware***: Hace referencia al software que se puede utilizar y distribuir gratuitamente.
- **FTP:** Servicio que permite transmitir archivos a través de Internet entre un ordenador local y uno remoto.
- ***Hacker***: Persona con amplio conocimiento del funcionamiento de los ordenadores que lo utilizan para burlar la seguridad de los sistemas y demostrar sus debilidades, con la sustracción de información sensible.
- ***Host***: Ordenador central o servidor que contiene una gran cantidad de datos y recursos que son compartidos por los usuarios autorizados. Ofrece servicios de forma simultánea a varios usuarios.
- ***Hub***: Dispositivo que enlaza grupos de ordenadores en una red de área local y que permite establecer turnos de servicio cuando los ordenadores se comunican entre sí.
- **Interfaz:** Circuito electrónico que facilita la conexión entre dos aparatos y permite que intercambien información.
- ***Internet***: Técnicamente hablando, es un conjunto de redes de interconectadas por *bridges* o ruteadores.

- ***Login security***: Poner seguridad a los registros. En redes locales, es un proceso de validación que requiere el ingreso de una contraseña por parte del usuario antes de lograr el acceso al sistema.
- ***Logon***: Identificarse. Identificación por medio de la cual un usuario de red se hace reconocer por el sistema. Es el proceso para establecer conexión con el servidor de la red o con algún otro dispositivo. El procedimiento de *logon* se usa para contactar servidor a través del enlace de comunicaciones o las líneas de red.
- ***Logoff***: Es el proceso para terminar de modo correcto la conexión al servidor del sistema o a algún otro dispositivo de la red.
- **Nodo:** Es un punto de conexión que puede crear, recibir o repetir un mensaje. En redes de ordenadores personales, los nodos incluyen repetidores, servidores de archivos y periféricos compartidos. Comúnmente se conoce como nodo a la estación de trabajo.
- **Par trenzado:** Está compuesto por dos hilos retorcidos a razón de unas seis vueltas por pulgada, para disminuir la interferencia mutua y la proveniente de otros alambres. Se usa comúnmente para instalaciones telefónicas.
- **Repetidor:** Es un dispositivo utilizado para extender la longitud del cableado de la red. Es el componente de un sistema de comunicaciones que permite amplificar o regenerar señales de manera que se compensen las pérdidas del circuito.
- **Ruteador:** Es un dispositivo usado para conectar dos subredes que pueden ser similares o no. El ruteador emplea el protocolo de Internet presente en cada ruteador y en cada sistema final de la red. El ruteador opera en la tercera capa del Modelo OSI.
- **Servidor de archivos:** Es un ordenador que suministra a los usuarios de la red los archivos de programa y los datos que se han de compartir. Por lo general el servidor de archivos es un ordenador común y corriente, de alta velocidad de proceso. En muchos sistemas el servidor de archivos dispone de un disco duro de alta capacidad de datos y de un conjunto de programas multiusuario, además de estar conectado a la red. El servidor de archivos recibe las solicitudes

de consulta a sus bases de datos, a los archivos del disco duro, periféricos, como impresoras, *módems*, *plotters*, entre otros y las atiende de manera secuencial, por orden de recepción de las peticiones.

- **Servidor de archivo dedicado:** Es un ordenador en el que es ejecutado un sistema operativo y se dedica exclusivamente al manejo de archivos de los usuarios de la red. No se puede utilizar como estación de trabajo.
- **Servidor de impresora:** Es un ordenador que controla el acceso a una impresora. Usa la técnica llamada *print spooling*, con la cual el servidor recibe de cada nodo de la red los archivos que se han de imprimir y los graba en el disco duro. Luego los coloca en una cola de impresión en el mismo orden en que fueron llegando.
- **Sistemas intermedios:** Es un dispositivo usado para conectar dos subredes y permite la comunicación entre sistemas finales adjuntos a las diferentes subredes.
- **Sistema Final:** Es un dispositivo adjunto a una de las subredes de una Intranet que es usado para soportar las aplicaciones o servicios de usuario final.
- ***Spooler***: Es una aplicación del ordenador que prepara cierta parte de la memoria RAM o del disco duro para ser utilizada como elemento de almacenamiento temporal entre la salida de datos y la impresora. El *spooler* mantiene los archivos en la cola de impresión y envía otro archivo cada vez que la impresora se encuentra disponible. Gracias a esto permite al ordenador continuar con sus operaciones.
- **Tarjeta de redes:** Es un adaptador que le permite a conectar el cable de una red a un ordenador personal. En lugar de hacer que las comunicaciones con la red se habiliten a través del puerto serial, la tarjeta de red se conecta directamente con el bus interno del ordenador para hacer facilitar la conexión. Dos tarjetas muy populares son la *Ethernet* y la *Arcnet*.
- **Terminal:** Es un dispositivo de entrada/salida que cuenta con un teclado y un monitor de vídeo. Se considera terminal tonta cuando carece de microprocesador y de unidad de disco duro. La terminal está condicionada para trabajar solamente con los recursos que provee el servidor al cual está conectada.
- **Terminal inteligente:** Es una estación terminal que contiene su propio *CPU*, de manera tal que no sólo

trabaja con datos y programas del servidor de la red, sino que está en capacidad de usar sus recursos locales. Usualmente es un PC.

9

Internet: el mundo y sus adelantos

9.1. La historia que ya se conoce, pero que conviene recordar

Internet tiene una historia relativamente corta pero explosiva. Se desarrolló a partir de un experimento iniciado en los años sesenta por el Departamento de Defensa de los Estados Unidos. Este organismo pretendía crear una red de ordenadores que se mantuviera funcionando en caso de desastre, como por ejemplo, una guerra nuclear. Si una parte de la red se dañara o fuera destruida, el resto del sistema sería capaz de seguir funcionando. Esta primera red fue ARPANET, cuya función era conectar a investigadores científicos y académicos de los Estados Unidos. Ésta fue la precursora de lo que hoy es Internet.

En 1985, la Fundación Nacional para la Ciencia (NSF, por sus siglas en inglés) creó NSFNET, un conjunto de redes para comunicar entidades dedicadas a la investigación y la educación. Basada en los protocolos de ARPANET, la NSFNET creó un servicio de ámbito nacional, con acceso gratuito a todas las instituciones educativas y de investigación de los Estados Unidos. Al mismo tiempo, se crearon redes regionales para conectar instituciones particulares al servicio nacional.

NSFNET crecía rápidamente a medida que la gente descubría su potencial y que se creaban nuevas aplicaciones para facilitar el acceso. Corporaciones como Sprint y MCI comenzaron a crear sus propias redes, conectándolas a NSFNET. En la actualidad NSF se ha ido retirando del negocio de las redes interconectadas, a medida que empresas comerciales y otros proveedores regionales de servicios de red se han encargado del funcionamiento de las principales arterias de Internet.

NSF coordinó también un servicio llamado InterNIC, que registraba todas las direcciones de Internet para que los datos pudieran ser enrutados al sistema correcto. Actualmente es la compañía *Network Solutions, Inc.* quien se encarga de éste y otros servicios de registro con la cooperación de NSF.

Aunque Internet es una red global, en muchos aspectos se parece a una pequeña ciudad, con servicios similares a éstas. Digamos que se necesita enviar o recibir correo. Internet tiene oficinas electrónicas de correo. Hay bibliotecas en línea con millones de libros y periódicos que pueden consultarse a cualquier hora del día o de la noche. Los salones de *chat* (charla, en inglés) son el equivalente en Internet a los cafés abiertos las 24 horas, donde siempre se podrán encontrar personas deseosas de charlar. La World Wide Web es como una gigantesca avenida, donde se puede ir de compras, encargar una pizza, ver el avance de una película y escuchar emisoras de radio de todo el mundo. Todo esto son diferentes formas de utilizar Internet.

En el mundo real se puede viajar a diferentes lugares a través de la misma red de carreteras, utilizando diferentes medios de transporte. Se puede ir en coche en un viaje de placer y en un camión para transportar mercancía pesada. Desplazarse en Internet funciona de manera muy similar.

Para entender Internet, es bueno tener en cuenta que se producen muchos tipos de comunicaciones al mismo tiempo. Por ello, para llevar a cabo diferentes tareas se deben utilizar diferentes aplicaciones, por ejemplo, un explorador de Web, como Microsoft Internet Explorer o Netscape, para acceder a sitios de compras y un programa de correo electrónico para enviar y recibir mensajes.

Algunos programas, como Microsoft Internet Explorer, se componen realmente de varios tipos de programas. Por ejemplo, contiene un explorador de Web, un lector de noticias y un reproductor multimedia. También se puede utilizar software más sofisticado y especializado, por ejemplo un reproductor multimedia como RealPlayer o combinar diferentes programas en un mismo sistema.

Cuando se inició la World Wide Web en 1990, pocos llegaron a sospechar el éxito que iba a tener. Hoy, hay millones de sitios Web y miles de millones de páginas Web.

Pero como muchos saben, la Web puede ser desagradablemente lenta. Mucha gente todavía se conecta a Internet usando módems a 56 Kbps y líneas telefónicas. Debido a que la capacidad de transmisión de datos de las líneas telefónicas, conocida como ancho de banda, es limitada, la recepción de información digital puede requerir mucho tiempo. Las nuevas tecnologías prometen ocuparse de este problema.

El ancho de banda se incrementa de forma contundente si la conexión a Internet se realiza utilizando fibra óptica o por cable, con una reducción considerable del tiempo de respuesta de la Web. De ahí la explosión del comercio electrónico, proyectos cooperativos, videoconferencias y ambientes virtuales. Muchas de estas aplicaciones están en fase de desarrollo o utilizándose ya en cierto grado.

9.1.1. ¿A qué se conoce como Internet2?

La incubadora de muchas de estas tecnologías emergentes que moldearán el futuro se conoce como Internet2. Creada en 1996 y administrada por la Corporación Universitaria para el Desarrollo Avanzado de Internet (UCAID, por sus siglas en inglés), Internet2 es una asociación de universidades, corporaciones y agencias gubernamentales. Es como un laboratorio de experimentación sobre las redes. Los objetivos del proyecto son la creación de nuevas aplicaciones que no podrían funcionar sobre la actual red Internet y el desarrollo de una infraestructura que sí pueda soportar esas aplicaciones.

Internet2 no es una sola red sino un consorcio de cientos de redes de alta velocidad interconectadas a través de redes de fibra óptica que se extienden por los Estados Unidos y se conectan con otros países. Transmite datos a velocidades de hasta 2,4 gigabits por segundo, 45000 veces más rápido que un módem a 56Kbps, permitiendo que los científicos prueben sus descubrimientos de laboratorio en el mundo real.

La red de nueva generación comenzó su actividad en línea en febrero de 1999, con la conexión de un grupo de universidades de todo el mundo. Se espera que dentro de algunos años esté disponible para uso comercial. Así que hay que estar preparados para los servicios del siglo XXI, como la televisión interactiva, videoconferencias virtuales en 3D, películas bajo pedido y mucho más.

Las redes de alta velocidad permitirán que los profesionales puedan trabajar de formas antes inviables. Un ejemplo es que científicos de diferentes partes del mundo podrán compartir equipos especializados, como microscopios electrónicos.

La NASA ha desarrollado una Clínica Cooperativa Virtual que conecta instalaciones médicas de diferentes puntos de los Estados Unidos y permite que los médicos manejen imágenes 3D de alta resolución, obtenidas en exámenes por Tomografía Axial Computarizada y otras imágenes de diagnóstico médico. Los médicos no sólo podrán atender consultas y diagnosticar, también podrán simular operaciones quirúrgicas utilizando un cyberbisturí. La cirugía virtual dará a los cirujanos la oportunidad de realizar prácticas incluso antes de entrar a la sala de operaciones, lo que reducirá el tiempo requerido por los métodos actuales. Gracias a esta tecnología virtual, los hospitales locales podrán acceder a los recursos y capacidades que antes estaban reservadas a instituciones de mayor tamaño. La NASA planea utilizar esta tecnología para proporcionar asistencia médica de manera remota a los astronautas en estancias prolongadas en el espacio.

9.1.2. Un nuevo tipo de Web

Aunque los ordenadores personales han sido el medio principal para el acceso a Internet, existen actualmente otros dispositivos con capacidad de acceso a Internet, como buscapersonas y teléfonos móviles, que pueden enviar y recibir correo electrónico e ingresar a la Web. En poco tiempo, casi todo, desde el auto hasta el refrigerador, estarán conectados a la red, comunicándose entre sí sin necesidad de cables. Así, se podrá enviar una lista de compras por correo electrónico al supermercado y coordinar una hora de entrega que le convenga a la familia.

Es la entrada a un nuevo mundo.

9.1.3 Tipos de conexiones

El ancho de banda es la máxima cantidad de datos que pueden pasar por un camino de comunicación en un momento dado, normalmente medido en segundos. Cuanto mayor sea el ancho de banda, más datos podrán circular por ella al segundo. Usualmente, el ancho de banda está determinado por el tipo de conexión que se emplea para el acceso a Internet.

ADSL

El término ADSL es la abreviación de *Asymmetric Digital Subscriber Line* y no es más que un método de transmisión de datos a través de las líneas telefónicas de cobre tradicionales, a alta velocidad. Los datos pueden ser descargados a velocidades de hasta 1.544 Megabits por segundo y cargados a velocidades de hasta 128 Kilobits por segundo. Ésa es la razón por la cual se le denomina asimétrico. Esta tecnología es adecuada para la navegación por la Web, ya que es mucho mayor la cantidad de datos que se envían del servidor a un ordenador personal que en la dirección contraria. Se trata de una tecnología de acceso a Internet de banda ancha, lo que implica capacidad para transmitir más datos, y a su vez se traduce en mayor velocidad.

Como el principio de funcionamiento es la utilización de una banda de frecuencias más alta que la utilizada en el teléfono convencional, entre 300-3400 Hz, para disponer de ADSL, es necesaria la instalación de un filtro, conocido como *splitter* o discriminador, que se encarga de separar la señal telefónica convencional de la que se usa para la conexión con ADSL.

Figura 9.1. Splitter para la conexión con ADSL.

En una línea ADSL se establecen tres canales de comunicación que son, el de envío de datos, el de recepción de datos y el de servicio telefónico normal.

Actualmente en algunos países se están implantando unas evoluciones denominadas del estándar, ADSL2 y ADSL2+, con capacidad para dar televisión y vídeo de alta calidad por el cable telefónico, lo cual augura una fuerte competencia entre los operadores telefónicos y los de televisión por cable y la aparición de ofertas integradas de voz, datos y televisión.

Tabla 9.1. Comparación de ADSL.

Parámetro	*ADSL*	*ADSL2*	*ADSL2+*
Frecuencia	0,5 MHz	1,1 MHz	2,2 MHz
Velocidad máxima de subida	1 Mbps	1 Mbps	1,2 Mbps
Velocidad máxima de bajada	8 Mbps	12 Mbps	24 Mbps
Distancia	2 Km	2,5 Km	2,5 Km
Tiempo de sincronización	10-30 s	3 s	3 s
Corrección de errores	No	Sí	Sí

Las principales ventajas que ofrece ADSL se pueden agrupar en las siguientes:

1. Ofrece la posibilidad de hablar por teléfono sin desconectar a Internet, ya que como se ha indicado anteriormente, voz y datos trabajan por canales separados.
2. Usa una infraestructura existente, la de la red telefónica básica. Esto es ventajoso tanto para los operadores, que no tienen que afrontar grandes gastos para la implantación de esta tecnología, como para los usuarios, porque el costo y el tiempo que tardan en tener disponible el servicio es menor que si el operador tuviese que emprender obras para generar una nueva infraestructura.
3. Los usuarios del servicio ADSL disponen de conexión permanente a Internet, al no tener que establecer esta conexión mediante marcado o señalización hacia la

red. Esto es posible porque se dispone de una conexión punto a punto, es decir, la línea existente entre la central y el usuario no es compartida. Además, de esta manera se garantiza un ancho de banda dedicado con el consecuente aumento de la calidad del servicio.

4. Ofrece una velocidad de conexión mucho mayor a la que se tiene con conexión telefónica tradicional, vía módem. Éste, siempre es el aspecto más interesante para los usuarios.

También tiene algunas desventajas, como por ejemplo.

1. No todas las líneas telefónicas están en condiciones de ofrecer este servicio, debido a que las exigencias de calidad del cableado, tanto de ruido como de atenuación, por distancia a la central, son más estrictas que para el servicio telefónico básico.
2. En muchos países todavía no es un servicio barato.
3. El router necesario para disponer de conexión, o en su defecto, el módem ADSL, es caro.
4. Se requiere una línea de teléfono para su funcionamiento.
5. No es un servicio de alta disponibilidad por lo que está sujeto a incidencias y cortes que los operadores no están obligados a resolver en pocas horas y por tanto se precisa de una conexión de respaldo para una contingencia de este tipo.

Figura 9.2. Router ADSL.

Cable

Este tipo de conexión, también conocida como cable módem, es contemporánea con ADSL, aunque como se podrá apreciar existen diferencias sustanciales entre ambos.

Su funcionamiento está basado en un dispositivo que permite el acceso a Internet a altas velocidades, a través de una red de televisión por cable.

Figura 9.3. Cable módem.

Todo el tráfico hacia y desde Internet viaja por la red de televisión por cable, que está sujeto a las zonas de cobertura. No es necesario el uso de línea telefónica. El medio utilizado para transportar las señales de televisión y que también es usado por el cable módem es el cable coaxial, que puede albergar muchos canales de datos. De acuerdo a su estructura el cable módem puede ser interno o externo.

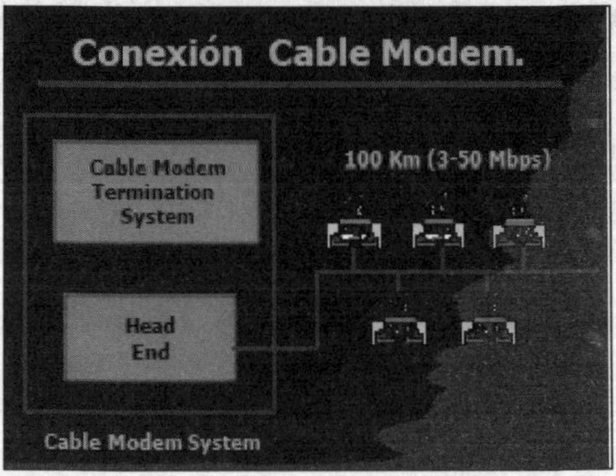

Figura 9.4. Esquema de conexión con cable módem.

Las ventajas más importantes que ofrece este tipo de conexión son:

1. No utiliza línea telefónica.
2. Todo el tráfico viaja por la red de televisión por cable.
3. Mayor velocidad de transmisión.
4. Tarifa de uso ilimitado.
5. Estabilidad en la conexión.

Por teléfono (Dial Up)

Una conexión Dial Up es un servicio de acceso a Internet que establece una conexión mediante una línea telefónica y un módem.

La velocidad de conexión a este sistema es de aproximadamente 56Kbps de bajada y 33.6 Kbps de subida. Con el uso de esta tecnología el cliente, primero debe llegar al proveedor del servicio de conexión a Internet (*Internet Service Provider*), por lo que la velocidad merma considerablemente, además de los problemas de conectividad que se heredan según la infraestructura del ISP.

La conexión Dial Up es una opción que debe tenerse en cuenta, valorando como parámetros fundamentalmente, la frecuencia, la duración y el uso de la conexión que no justifica el costo de un enlace dedicado de alta velocidad. La solución entonces es el uso de módems y de la red pública conmutada para agenciarse el acceso a Internet, tomando ventaja del precio y de las capacidades ya instaladas.

¿Qué problemas se pueden presentar con una conexión Dial Up? Aunque el ordenador conectado sea un equipo físicamente seguro, una vez que se ha establecido la conexión a una línea telefónica, el sistema comienza a ser vulnerable de ataques, a menos que se tengan en cuenta ciertos criterios de seguridad. En primer lugar si el sistema está configurado para responder a llamadas entrantes, esto provee un medio de acceso al equipo por parte de extraños. Generalmente esto no representa un problema, a menos que ellos tengan acceso a las contraseñas del sistema.

Sin embargo algunas veces aún cuando no se ha configurado el módem para contestar llamadas, puede haber riesgos. Algunos módems pueden estar configurados por defecto para contestar llamadas, esto quiere decir que contestan a las llamadas entrantes, aún cuando a nivel software no haya sido especificado explícitamente. De esta manera un intruso, puede tener acceso de manera interactiva al sistema. Si, por ejemplo se ejecuta una aplicación vinculada por el módem, el intruso podría hacer que la aplicación ejecutara otro programa, proporcionándole un acceso total. Uno de los aspectos más sencillos, pero importantes, para proteger el sistema, es la instalación y configuración de un antivirus actualizado en el equipo, con el propósito de mantener un control sobre los posibles ataques por virus. La necesidad de mantenerse actualizado radica en que los virus se crean o renuevan casi a diario, por lo que si se quiere estar bien protegido es necesario estar al día con las actualizaciones.

Otra de las formas de proteger una conexión Dial Up es mediante la instalación de un cortafuegos (*firewall*).

Un *firewall* es un programa encargado de las políticas de control de acceso a la red, lo cual se hace a través de reglas que se verifican en una base de datos, que comprueban si está permitido un protocolo determinado y habilita o no el paso del paquete, tomando como referencia atributos tales como, las direcciones IP de origen y destino, el número del puerto. El *firewall* debe ser capaz de operar en dos modos diferentes. En el caso más sencillo éste protege un equipo independiente, pero generalmente actúa como un sistema que controla el acceso a una red.

Microsoft Windows XP, permite una fácil y rápida configuración de conexiones Dial Up. Los pasos a seguir para ello son los que a continuación se describen:

1. Se debe hacer clic en el botón **Inicio** y luego seleccionar **Panel de Control**.

Figura 9.5. Localización del Panel de control en Microsoft Windows XP.

2. En el **Panel de control**, se debe hacer clic en la opción **Conexiones de Red**.

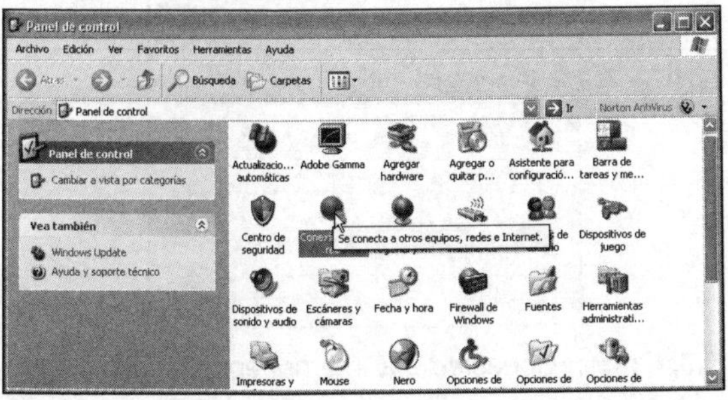

Figura 9.6. Opción Conexiones de Red en Microsoft Windows XP.

3. Se debe elegir la opción **Crear una conexión nueva**.

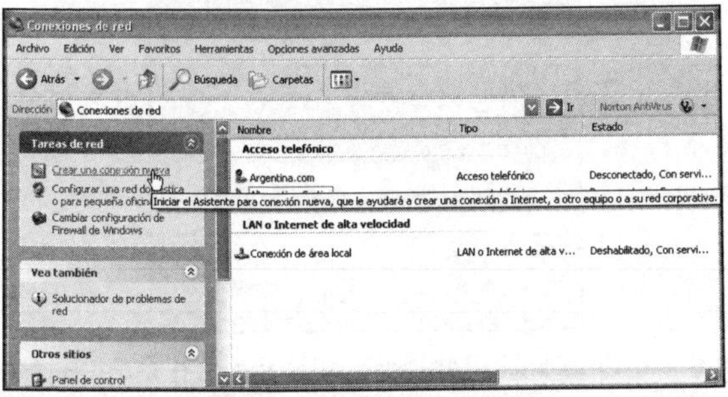

Figura 9.7. Opción Crear una nueva conexión en Microsoft Windows XP.

4. Se debe iniciar el asistente para nueva conexión.

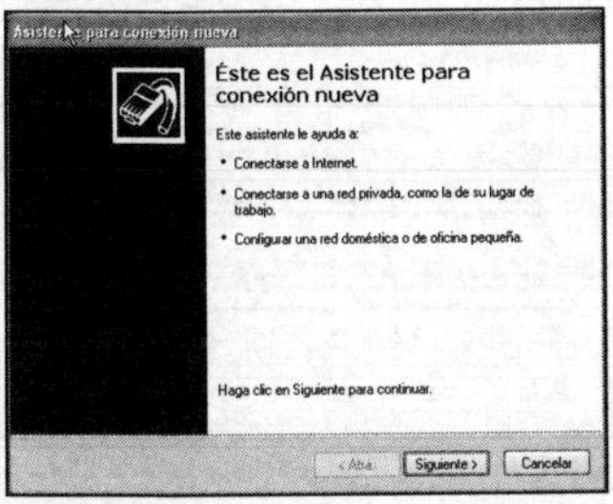

Figura 9.8. Asistente para nueva conexión en Microsoft Windows XP.

5. Se debe seleccionar la opción Conectarse a Internet.

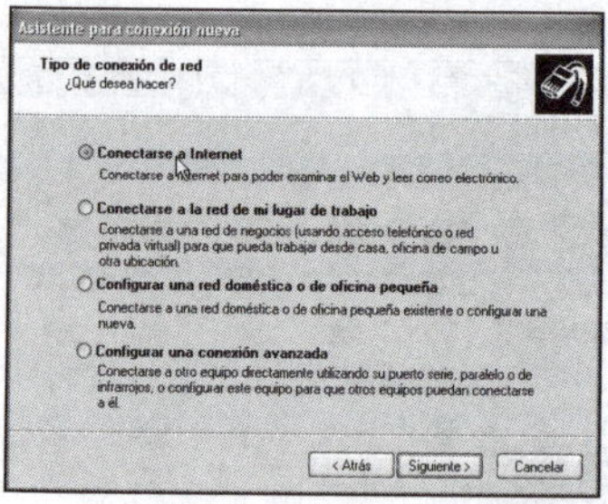

Figura 9.9. Opción Conectarse a Internet en Microsoft Windows XP.

6. Se debe seleccionar la opción Establecer mi conexión manualmente.

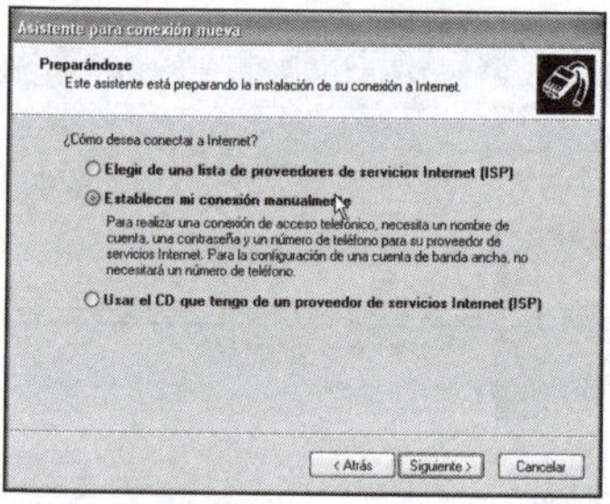

Figura 9.10. Opción Establecer mi conexión manualmente en Microsoft Windows XP.

7. Se debe seleccionar la opción Conectarse usando un módem de acceso telefónico.

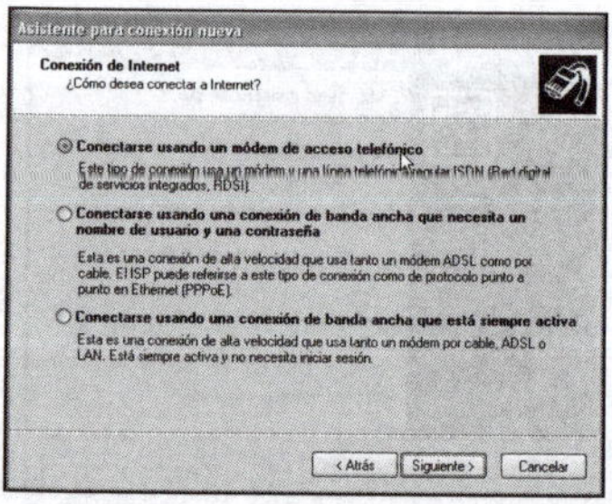

Figura 9.11. Opción Conectarse usando un módem de acceso telefónico en Microsoft Windows XP.

8. Se debe completar el cuadro de texto con el nombre de la nueva conexión.

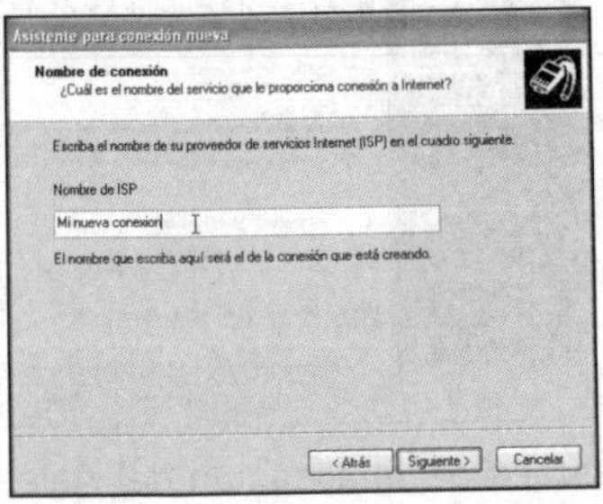

Figura 9.12. Nombre de la nueva conexión en Windows XP.

9. Se debe completar el cuadro de texto con el número telefónico provisto por el ISP.

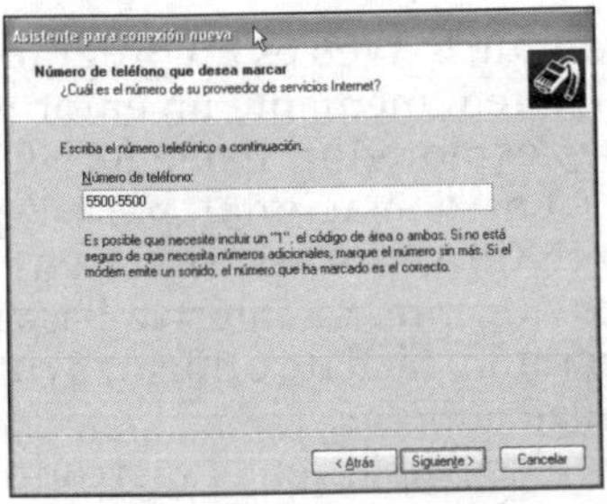

Figura 9.13. Número telefónico para establecer la conexión en Microsoft Windows XP.

10. Se debe completar la información de la cuenta, con los datos que el ISP ha habilitado para ello.

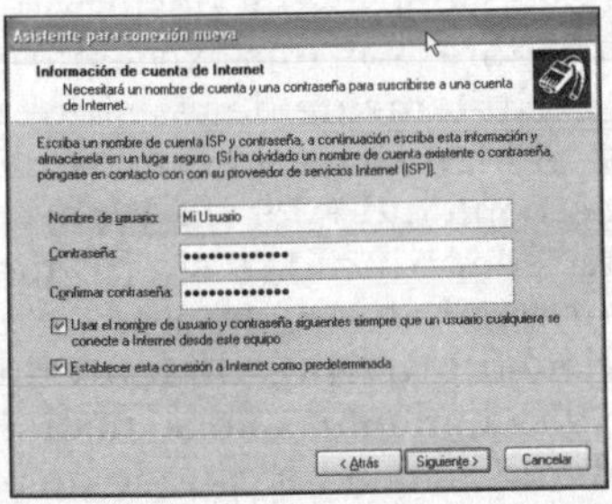

Figura 9.14. Datos de la cuenta para establecer la conexión.

11. Se debe finalizar el Asistente para nueva conexión.

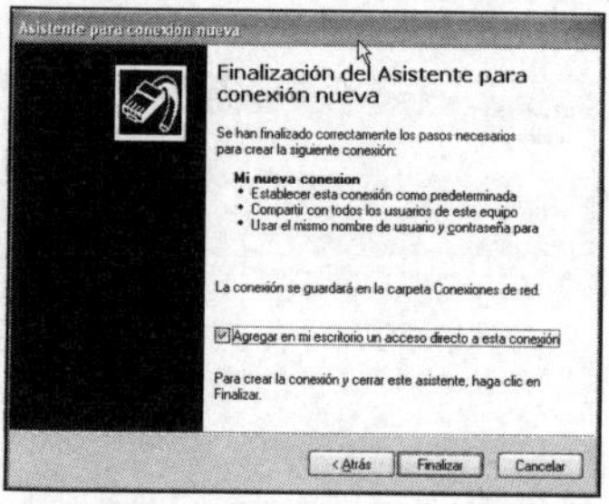

Figura 9.15. Pantalla de finalización del Asistente para nueva conexión en Microsoft Windows XP.

9.2. Navegar por la Web

Un explorador de la Web es un programa que se utiliza para ingresar a la red, mediante un entorno gráfico y amigable. El primer explorador, llamado NCSA Mosaic, fue creado en el Centro Nacional para Aplicaciones de Supercómputo (NCSA, por sus siglas en inglés) a principios de los años noventa. La interfaz basada en apuntar y hacer clic con el ratón, fácil de utilizar, ayudó a que la Web se hiciera aún más popular.

Aunque hay disponibles en el mercado muchos exploradores diferentes, Microsoft Internet Explorer y Netscape Navigator son los dos más populares. Netscape, que ahora pertenece a AOL y Microsoft han invertido tanto dinero en sus exploradores que la competencia no pudo seguirlos. La encarnizada lucha entre las dos compañías para dominar el mercado las ha llevado a mejorar continuamente sus programas. Las versiones 4.0 y posteriores de cualquiera de los dos exploradores son una excelente elección. Se pueden descargar gratuitamente de los sitios de sus respectivas compañías. Si bien es cierto que es bastante intuitivo navegar por los contenidos de la Web, es también fácil perderse en esta red intrincada y sin fronteras. Ahí es donde el explorador puede ser realmente de gran ayuda. Los exploradores vienen provistos de todo tipo de funciones prácticas. Afortunadamente, sólo se necesitan unos minutos para aprender lo básico y se puede dejar para más adelante la exploración de las funciones más avanzadas.

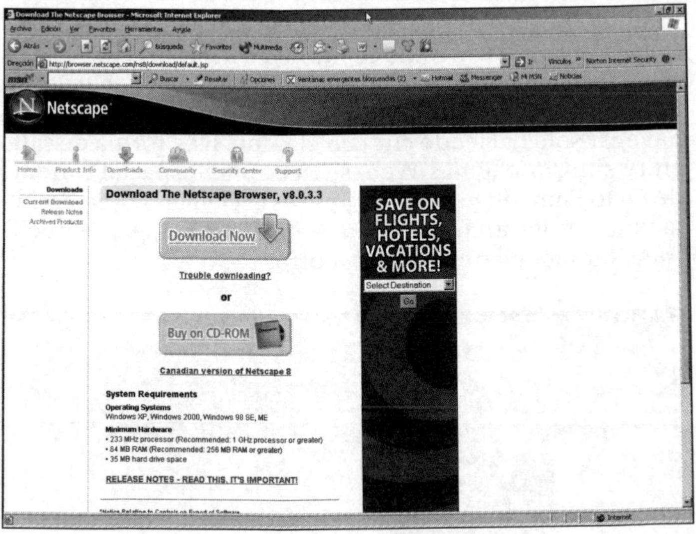

Figura 9.16. Área de descargas del sitio Web de Netscape Navigator.

La World Wide Web es la parte más popular de Internet. Cuando se ha pasado cierto tiempo en la Web, se comienza a sentir que no hay límites en cuanto a lo que se puede descubrir en ella. La Web permite una comunicación rica y variada gracias a que puede presentar texto, gráficos, animación, fotos, sonido y vídeo.

¿Pero en qué consiste esta milagrosa creación? Físicamente, la Web está compuesta por el ordenador personal, un explorador de Web, una conexión a un proveedor de servicios de Internet (ISP, por sus siglas en inglés), ordenadores más complejos llamados también servidores que albergan información digital y finalmente, enrutadores y conmutadores cuya función es dirigir el flujo de información, por las rutas óptimas.

La Web es el mejor ejemplo de un sistema cliente-servidor. El ordenador de cualquier usuario es el cliente y el ordenador remoto que alberga la información es el servidor. Si, por ejemplo, se desea visitar el sitio Web del Museo del Prado, primero se debe escribir la URL en el explorador Web. Éste solicita la página Web al servidor donde está físicamente albergado el sitio del museo. El servidor envía la información al ordenador que lo solicitó a través de

Internet. El explorador interpreta los archivos y los muestra en la pantalla. Y como el sitio Web del museo del Prado tiene en sus páginas muchos vínculos a sitios Web de otros museos, como el Museo del Louvre, se puede empezar a navegar sólo haciendo clic con el ratón. Esta forma de salto entre sitios o páginas Web, se debe a un especial formato de texto llamado hipertexto, que es el elemento que permite vincular los archivos en la Web, de forma que se pueda transitar fácilmente de unos a otros.

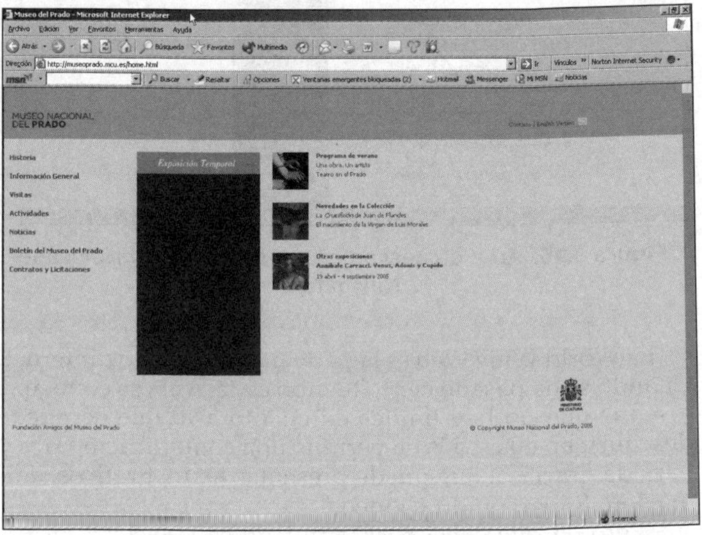

Figura 9.17. Página principal del sitio Web del Museo del Prado.

Una página Web es un documento electrónico escrito en un lenguaje de computación llamado HTML, siglas de *Hypertext Markup Language*, que en español puede traducirse como Lenguaje de Marcación de Hipertexto. Cada página Web tiene una dirección única, llamada URL (*Uniform Resource Locator*) o, en español Localizador Uniforme de Recursos, que identifica su ubicación en la red.

Un sitio Web (*website*), en dependencia de cómo esté diseñado, contiene una o más páginas relacionadas entre sí. Las páginas de un sitio Web están vinculadas entre sí a través de un sistema de hipervínculos, que permiten la navegación de unas a otras haciendo clic sobre uno de estos vínculos. En la Web es posible navegar a través de páginas y páginas de información sobre temas de interés.

En lo que a diseño y contenido se refiere, las páginas Web pueden variar mucho, pero la mayoría usa un formato tradicional, como el de una revista. En la parte superior de la página hay un encabezado principal o un titular gráfico y más abajo una lista de contenidos, por ejemplo artículos o notas, a menudo acompañados de una breve descripción.

Los elementos de la lista normalmente están vinculados con otras páginas dentro del sitio Web o con otros sitios. A veces, estos vínculos aparecen como palabras resaltadas en el cuerpo del texto o están organizadas en una lista, como si fuera un índice. También pueden presentarse como una combinación de ambos. Una página Web también puede contener imágenes vinculadas con otros contenidos.

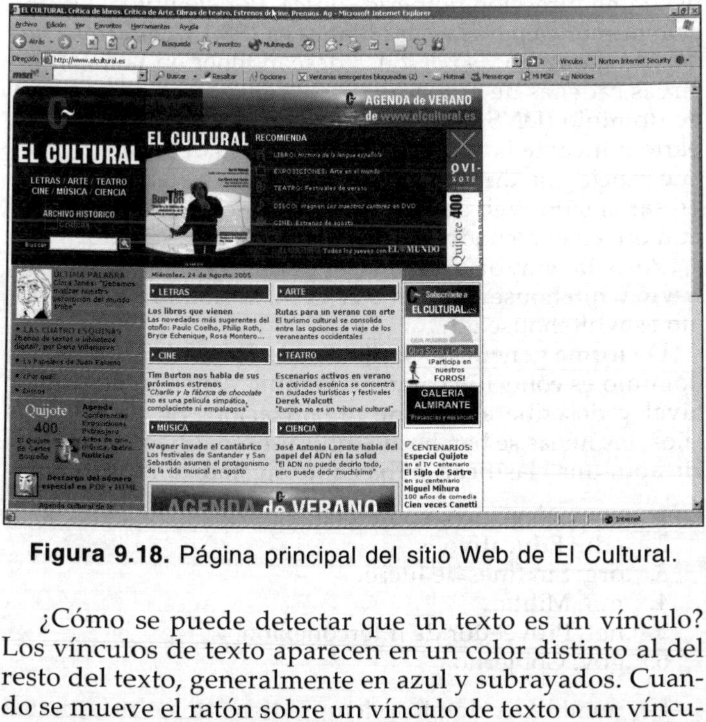

Figura 9.18. Página principal del sitio Web de El Cultural.

¿Cómo se puede detectar que un texto es un vínculo? Los vínculos de texto aparecen en un color distinto al del resto del texto, generalmente en azul y subrayados. Cuando se mueve el ratón sobre un vínculo de texto o un vínculo gráfico, éste pasa de mostrar una flecha a mostrar una mano. Las palabras del hipertexto a menudo sugieren a qué tipo de contenido están vinculadas.

Cuando se regresa a una página que contiene un vínculo que ha sido visitado, las palabras del hipertexto se mostrarán usualmente en otro color, para que se reconozca visualmente que se ha visitado esa página. Aunque esto no impide en absoluto que se visite nuevamente las veces que se desee. Y no hay que sorprenderse si la próxima vez que se visite la página, ésta tiene una fisonomía distinta y la información ha cambiado. La Web es un medio dinámico. Para estimular un mayor número de visitantes algunos editores de sitios Web actualizan frecuentemente las páginas del mismo. Esto es una de las características que hace tan excitante la exploración de la Web. Cuando se piensa rápidamente en la Internet, probablemente venga a la mente el famoso .com. ¿Qué es exactamente lo que estas tres letras significan al final de las direcciones de la Web?

Cada ordenador que hospeda información en Internet tiene una dirección numérica única. Por ejemplo, la dirección numérica para la Casa Blanca es 198.137.240.100. Pero debido a que pocas personas desean tener en la memoria largas cadenas de números, se creó el sistema de nombres de dominio (DNS, por sus siglas en inglés). DNS, es una parte crítica de la infraestructura técnica de Internet, porque asocia una dirección numérica a una palabra. Para ingresar al sitio Web de la Casa Blanca, se podría escribir el número en el recuadro de dirección de su navegador Web.

Pero la mayoría de los cybernautas prefiere usar www.whitehouse.gov. En este caso, el nombre del dominio es whitehouse.gov.

De forma general, el sufijo de tres letras del nombre de dominio es conocido como el dominio genérico de primer nivel y describe el tipo de organización. En los últimos años, las líneas se han hecho difusas entre estas categorías. He aquí una clasificación bastante ajustada a la realidad.

1. .com: Negocio o comercial.
2. .edu: Educativo.
3. .org: Sin fines de lucro.
4. .mil: Militar.
5. .net: Proveedor de interconexión.
6. .gov: Gobierno.

Un nombre de domino siempre tiene dos o más partes separadas por puntos y normalmente consta de alguna forma del nombre de la organización y el sufijo de tres letras. Por ejemplo, el nombre de dominio para IBM es ibm.com, el de Naciones Unidas es un .org.

Figura 9.19. Página principal del sitio Web de la Casa Blanca.

Además de los dominios genéricos de primer nivel, se establecieron 244 dominios de primer nivel para territorios y países, por ejemplo:

1. .au: Australia.
2. .ca: Canadá.
3. .fr: Francia.
4. .de: Alemania.
5. .uk: Reino Unido.
6. .es: España.

Si una persona cualquiera planea registrar su propio nombre de dominio, ya sea .com o no, estos consejos pueden ser de utilidad.

1. Cuanto más corto, mejor, pero debe reflejar el nombre de su familia, de su interés o de su negocio.
2. Debe ser fácil de recordar.
3. Debe ser fácil de escribir para dejar poco margen a errores o confusiones.

4. La Web es global, con lo cual, un nombre de dominio seguramente también será leído por personas que no hablan inglés.

Nota: *La compañía Netname en www.netnamesusa.com/country/iso3166.htm, ofrece una lista completa de dominios nacionales de primer nivel.*

Como se ha hecho mención anteriormente la World Wide Web es como una red de archivos digitales almacenados en ordenadores de todas partes del mundo.

El hipertexto vincula estos recursos y los Localizadores Uniformes de Recursos o URL (del inglés, *Uniform Resource Locator*) son las direcciones que se utilizan para ubicar estos archivos.

La información que contiene una URL proporciona la capacidad de saltar de una página Web a otra con un simple clic del ratón. Cuando se escribe una URL en el explorador o se hace clic en un vínculo de hipertexto, el explorador envía una petición para descargar uno o más archivos, a un ordenador remoto, que ya se le ha llamado servidor Web.

¿A qué se parece una URL típico? Algunos ejemplos pueden ser:

1. http://www.anayamultimedia.es, la página de inicio de Anaya Multimedia.
2. ftp://rtfm.mit.edu/pub/, un directorio de archivos en el *Massachusets Institute of Technology* (MIT), disponibles para ser descargados.
3. news:rec.gardens.roses, un grupo de noticias sobre cultivo de rosas de jardín.

La primera parte de una URL, es decir, antes de las dos barras inclinadas, indica el tipo de recurso o método de acceso a esa dirección.

De esa forma:

- http es un documento o directorio de hipertexto.
- gopher es un documento o menú gopher.
- ftp es un archivo o un directorio de archivos, disponibles para ser descargados.
- news es un grupo de noticias.
- telnet es un sistema informático en el que puede abrir una sesión remota a través de Internet.

- WAIS es una base de datos o un documento en una base de datos de Búsqueda en Área Extendida (WAIS, del inglés *Wide Area Information Search*).
- file es un archivo situado en un disco local, por ejemplo el disco duro de un ordenador cualquiera.

La segunda parte es, por lo general, la dirección del ordenador donde se encuentran los datos o el servicio. Puede haber otros elementos adicionales para especificar nombres de archivos, como el puerto al cual conectarse o un texto a buscar en una base de datos.

La URL de un sitio Web se solicita escribiéndola en la barra Dirección del explorador Web que está situada justo debajo de la barra de herramientas.

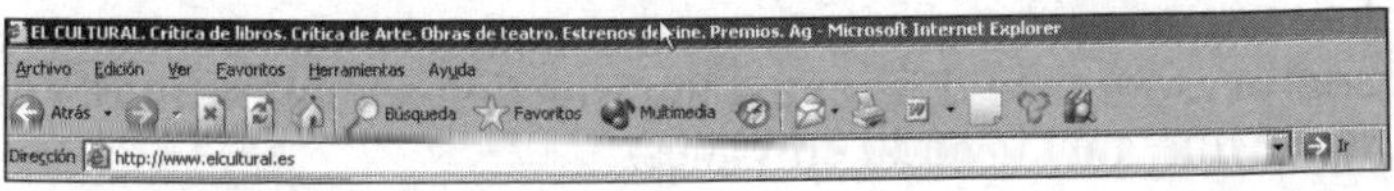

Figura 9.20. Para escribir la URL en Microsoft Internet Explorer.

Muchos exploradores almacenan las URL para consultarlas en otro momento, añadiéndolas a una lista especial. En Netscape Navigator se llaman Marcadores; en Microsoft Internet Explorer, Favoritos. Una vez que se agregue una URL a la lista, se puede regresar a esa página Web sólo con un clic del ratón en el nombre correspondiente de la lista, en lugar de tener que volver a escribir la dirección nuevamente.

Algunas características que identifican una URL o dirección de Internet son:

1. Generalmente, no contiene espacios.
2. Siempre usa barras diagonales (//).
3. Si solicita una URL incorrectamente, el explorador no será capaz de ubicar el sitio Web o recurso deseado. Si el explorador muestra un mensaje de error o muestra la página de un sitio equivocado, se debe revisar la dirección solicitada.
4. Para conocer cuál es la URL que se oculta tras cualquier vínculo, basta con colocar el cursor del ratón sobre el vínculo. El puntero se convierte en una mano y la URL aparecerá en la barra de estado, normalmente situada en la parte inferior de la pantalla.

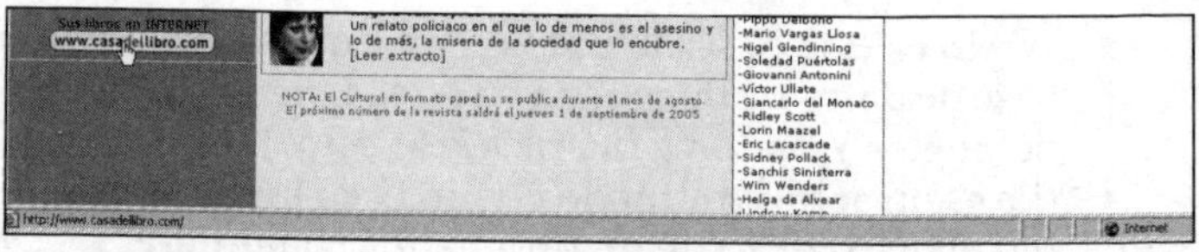

Figura 9.21. La URL de un vínculo en Microsoft Internet Explorer.

9.2.1. Servicios en Internet

Reuniones virtuales

Una de las características más fascinantes de Internet es sin duda la posibilidad de comunicarse de forma económica y en tiempo real, a través de los ordenadores personales. Con Internet, se puede ver, escuchar, hablar y colaborar con personas de diferentes lugares de todo el mundo, sin tener que gastar nada en viajes.

Las conferencias pueden tomar muchas formas, unas son las videoconferencias, otras las audioconferencias, también las conferencias multimedia, con pantalla compartida y en menor medida, lo que en la jerga de Internet se llama chat. El coste de instalación de los programas que permiten participar de cualquiera de estas formas de interacción usualmente es cero, porque están disponibles como parte de los sistemas operativos, como Linux y Unix o de los entornos gráficos como Microsoft Windows y Apple Macintosh.

Las conferencias pueden hacerse de uno a uno, de uno a muchos o de multidifusión y de muchos a muchos o multipunto. La mayoría de los programas para conferencias están construidos sobre estándares abiertos de la industria, así que una conexión con un módem de 28,8 Kbps es suficiente para empezar en este juego. No obstante, velocidades de conexión más altas ofrecerán resultados mucho mejores.

Los programas de conferencia, como el popular NetMeeting, provisto por Microsoft Windows XP, permiten a los grupos de trabajo usar Internet para ver sus respectivas caras en pequeñas ventanas en la pantalla y escuchar sus voces a través de los parlantes del ordenador. Se pueden usar simultáneamente el vídeo y audio, sólo el audio o sólo la función de compartir pantalla para colaborar en documentos, sin audio o vídeo.

Para realizar una videoconferencia se necesita una cámara de vídeo digital. Las cámaras Web (*webcams*, en inglés) a color se han abaratado mucho en el mercado, mientras que algunos ordenadores nuevos tienen cámaras integradas en el monitor.

Figura 9.22. Webcam.

A través de Internet también se pueden hacer llamadas telefónicas a cualquier parte del mundo por el precio de una llamada local. Las conferencias de audio permiten comunicarse verbalmente en vez de escribir mensajes. Esto funciona digitalizando la voz y luego mandando la información digital a su destino final. Aunque la calidad del sonido puede no ser muy buena, se ahorrará dinero en llamadas de larga distancia, por ejemplo.

Para hacer llamadas telefónicas por Internet, se precisan unos cascos equipados con auriculares y micrófono, así como el software, del que existen variantes para todas las plataformas de ordenadores.

Las conferencias sin audio o vídeo se pueden llevar a cabo en la Web utilizando varios programas de gestión de documentos, conferencias multimedia o pantalla compartida. El ya mencionado NetMeeting puede ser utilizado para conferencias con audio y vídeo, así como para compartir aplicaciones y colaborar en documentos.

Los programas de conferencia documental permiten que personas alejadas geográficamente puedan trabajar juntas en proyectos a través de la Web sin necesidad de conexiones de gran ancho de banda. Algunos programas permiten a los participantes hacer anotaciones básicas en documentos, otros permiten usar conjuntamente procesadores de texto u hojas de cálculo.

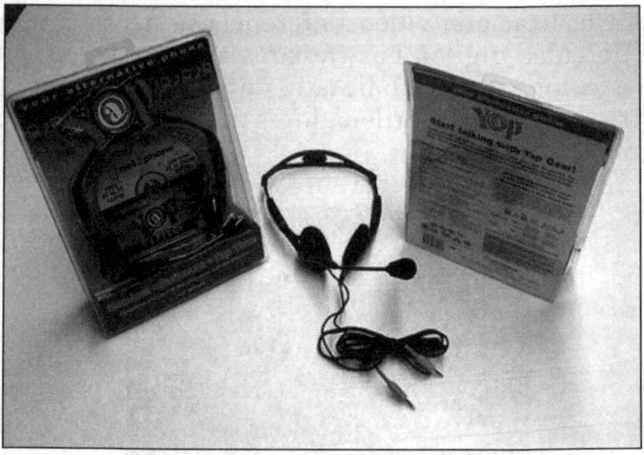

Figura 9.23. Programa y accesorios para conferencias telefónicas.

Los programas para conferencias multimedia y de pantalla compartida proporcionan las herramientas básicas para conectar grupos de trabajo, así como herramientas para soportar estrechas colaboraciones, que permiten a los usuarios controlar y sincronizar aplicaciones y presentaciones de texto, gráficas, de imágenes, sonido y vídeo.

Las aplicaciones de pizarra compartida permiten crear esbozos en tiempo real, ver y anotar documentos. El rendimiento de las tecnologías de conferencia depende mucho del tipo de hardware y software con que cuenten los participantes.

Chat en la Web

Otra forma de comunicación en tiempo real son los sistemas más tradicionales de charla (*chat*, en inglés) o los BBS (*Bulletin Board Systems*, en inglés).

Se debe tener en cuenta que durante las sesiones de charlas, los participantes realmente se escriben mensajes entre ellos, es decir, es una comunicación instantánea. Este tipo de software puede ser usado en la Web con su navegador para llevar a cabo sesiones de charla en línea con otros usuarios, donde pueden participar entre 50 y 1000 usuarios simultáneamente.

Algunas compañías utilizan este mecanismo en sus sitios Web para facilitar la comunicación con los clientes o como una característica de valor agregado.

Multimedia en la Web

Aunque no sea mucha la familiarización que se tenga para navegar y disfrutar de los servicios de Internet, es casi seguro que se haya escuchado hablar sobre multimedia en la Web, es decir, escuchar sonidos, ver animaciones y vídeos y hasta jugar en 3D. La vida en línea puede ser una experiencia mucho más rica cuando no son sólo textos y fotos estáticas. El sonido y el movimiento pueden hacer parecer que la información cobra vida.

Para experimentar con multimedia en línea, es preciso disponer de un ordenador con una tarjeta de audio y vídeo. Después lo que se necesita, son esas pequeñas piezas llamadas *plug-in*. Un *plug-in* amplía las capacidades del navegador Web, como el Netscape Navigator o el Microsoft Internet Explorer, transformando el ordenador en un radio o en un televisor. El término *plug-in* se usa de dos maneras en Internet. La definición técnica de un *plug-in* es una pequeña pieza adicional de software que se ajusta al estándar del Netscape Navigator. No obstante, otros navegadores, incluyendo el Internet Explorer, desde su versión 3.0, que soportan muchos *plug-ins* de Netscape. Pero realmente el Explorer usa un estándar de software diferente, llamados ActiveX, en lugar de *plug-in*.

Los *plug-in* del Netscape Navigator tienen que ser descargados e instalados. Si se visita una página Web que contiene un archivo que necesite de un *plug-in* y éste no está instalado en el entorno, generalmente el navegador avisará con un mensaje y preguntando si se desea obtener el *plug-in* en cuestión.

Si la página está configurada correctamente, aunque muchas no lo están, con hacer clic sobre el botón **Obtener plug-in** se irá a la página del fabricante del *plug-in* desde donde se puede descargar. También, se puede ir directamente a la página principal del fabricante del *plug-in* y ubicar la página de descargas correspondiente.

Todos los *plug-in* del Netscape Navigator necesitan ser instalados, siguiendo estos pasos.

1. Se debe descargar el archivo del *plug-in* en un directorio temporal que esté vacío.
2. Se deben cerrar todas las aplicaciones que estén ejecutándose en el ordenador.
3. Se debe hacer doble clic con el ratón en el archivo para instalarlo.

La mayoría de las veces la instalación será automática. Ocasionalmente, se descargará un archivo que necesita ser descomprimido antes de la instalación.

Si un doble clic abre una ventana de DOS o añade más archivos en la carpeta, se debe buscar un archivo install.exe o setup.exe y hacer doble clic con el ratón sobre él, para la instalación.

Para los usuarios del Microsoft Internet Explorer, la compañía diseñó el ActiveX de manera que los controles automáticamente se instalan si se llega a una página que contiene un archivo que precise de un control de este tipo. Usualmente, podría aparecer un mensaje avisando que un controlador está a punto de ser instalado.

Muchos controles multimedia aún deben ser obtenidos desde el fabricante, pero su instalación es automática. El *Macromedia Shockwave* es un buen ejemplo de esto. Todo lo que se necesita es visitar al sitio Web de Macromedia con el Microsoft Internet Explorer y hacer clic con el ratón en el vínculo para instalar el control ActiveX. El resto sucede automáticamente. La próxima vez que se navegue por un sitio con Shockwave, el control ActiveX carga y reproduce la película.

Entre los plug-ins o ActiveX más populares se pueden nombrar los siguientes:

1. Macromedia Shockwave.

Figura 9.24. Logo de Macromedia Schockwave.

2. Macromedia Flash.
3. RealPlayer.

Figura 9.25. Logo de RealPlayer.

4. VDO Live.
5. QuickTime de Apple Computer.

Figura 9.26. Logo de QuickTime.

La radio en línea

¿Alguien podría pensar, hace unos años, que se podría escuchar la radio en el ordenador? Puede parecer una cosa extraña de hacer, hasta que se conozca que hay miles de estaciones de radio alrededor del mundo y que la mayoría sólo transmiten a nivel local. Al poner su programación en línea, estas estaciones de radio pueden, ahora, alcanzar una audiencia global. Lo mejor de todo es que Internet tiene la forma de controlar esta forma de enchufarse. Es posible escuchar cualquier cosa en cualquier momento. La tecnología que posibilita todo esto es llamada *audio streaming*. Palabra del inglés, *streaming*, quiere decir, que no es necesario descargar todo un archivo de audio antes de escuchar la música, porque un programa radial de una hora de duración puede ocupar muchos megabytes de espacio de disco duro. Para escuchar música en línea, se debe equipar el ordenador con una tarjeta de sonido y parlantes. Luego hay que conectarse con el navegador y listo.

Ahora bien, no hay que esperar milagros de la radio en línea. Los componentes de audio funcionan adecuadamente con un módem de 28.8 Kbps, pero igual que con el resto de los servicios de la Web, mientras más ancho de banda se tenga, mejor será. No obstante la velocidad de conexión con que se cuente, aún no es posible escuchar audio de alta fidelidad. A pesar de eso, la tecnología de *audio streaming* ha sido mejorada sostenidamente y quizás pronto proporcione el sonido claro como el de un CD de audio.

Música en la Web

El formato Mp3 es la última sensación que está arrasando en Internet y ha hecho que la distribución de música con calidad similar a la de un CD sea tan fácil como hacer clic. Los archivos de audio digital son normalmente de gran tamaño. El Mp3 es un formato de archivo que reduce significativamente el tamaño de la información de audio, pero conserva la misma calidad, por lo cual posibilita que descargar música de la Web se haga en un período de tiempo razonable.

Un minuto de música en Mp3 mide alrededor de 1 MByte, por lo que una canción completa debe medir alrededor de 4 MBytes. Descargar una canción podría tomar sólo unos cuantos minutos con un módem de 56Kbps. Si se cuenta con una conexión de alta velocidad, sólo tomaría segundos.

Para escuchar los archivos Mp3, se necesita un reproductor de Mp3, el cual viene en dos variedades, reproductores portátiles y programas que reproducen Mp3. Los reproductores portátiles, como el Diamond Rio o el iPod, son dispositivos de hardware como los reproductores de CD o los famosos *walkman*. Los reproductores del segundo tipo, son programas que se deben instalar en el ordenador. Muchos de ellos están disponibles gratuitamente. Uno de los más difundidos es el Winamp.

Figura 9.27. Reproductor de Mp3 Winamp.

Una vez que se haya instalado el reproductor en el ordenador, es el momento para escuchar algunas canciones. Un buen lugar para empezar es el sitio Web de MP3.com, donde se podrá encontrar una amplia lista de canciones disponibles para ser descargadas. Después que una canción sea descargada, quedará disponible para ser escuchada, cuantas veces de desee. Un buen recurso en la Web para localizar canciones específicas es el motor de búsqueda de Lycos, que dice tener más de 500000 canciones disponibles.

Es cierto que el formato Mp3 eventualmente puede ser reemplazado por otros formatos, pero la distribución de la música en línea esta aquí para quedarse, porque ofrece a los amantes de la música, los temas que nunca escucharán en la radio a un precio invencible: gratis.

Figura 9.28. Sitio Web del motor de búsqueda Lycos.

9.2.2. Motores de búsqueda

Con cientos de millones de páginas Web en línea, cualquier persona puede pasar toda una vida navegando por la Web, siguiendo enlaces de una página a otra. Quizás resulte divertido, pero no es muy eficiente si se está intentando encontrar alguna información en particular. Es uno de los retos a los que se enfrenta el cybernauta: localizar eficientemente, en el menor tiempo posible determinada información.

¿Por dónde se empieza? Buscar en Internet requiere un poco de habilidad, un poco de suerte y algo de intuición. Afortunadamente, varios recursos gratuitos en línea pueden ayudar en la búsqueda.

Probablemente, se haya escuchado hablar de los motores de búsqueda como Yahoo!, Google y AltaVista. En honor a la verdad, no son los únicos, hay docenas de estas herramientas para ayudar a localizar lo que se busca. Pero el truco reside en entender cómo funcionan, para que sea posible usar la herramienta correcta, en la forma adecuada y tener éxito en la búsqueda.

Los motores de búsqueda se dividen en dos categorías, directorios e índices. Los directorios como Yahoo!, son buenos para identificar información general. De la misma manera que los catálogos de fichas de una biblioteca, el motor clasifica los sitios Web bajo categorías similares, tales como empresas financieras, universidades inglesas y museos de historia natural. El resultado de la búsqueda será una lista de sitios Web relacionados con el tema buscado. Por ejemplo, si está buscando el sitio Web del museo del Louvre, es conveniente usar un motor de la categoría directorio.

Figura 9.29. Sitio Web del motor de búsqueda Yahoo! España.

Pero si lo que se busca es algo más específico, como, por ejemplo, información biográfica sobre Leonardo da Vinci, entonces la opción más conveniente es un motor de la categoría índices, porque buscan en todos los contenidos de un sitio Web.

Los índices usan programas llamados arañas y robots que registran todo Internet, analizando millones de páginas Web y publicaciones de grupos de noticias y luego ordenan todas las palabras.

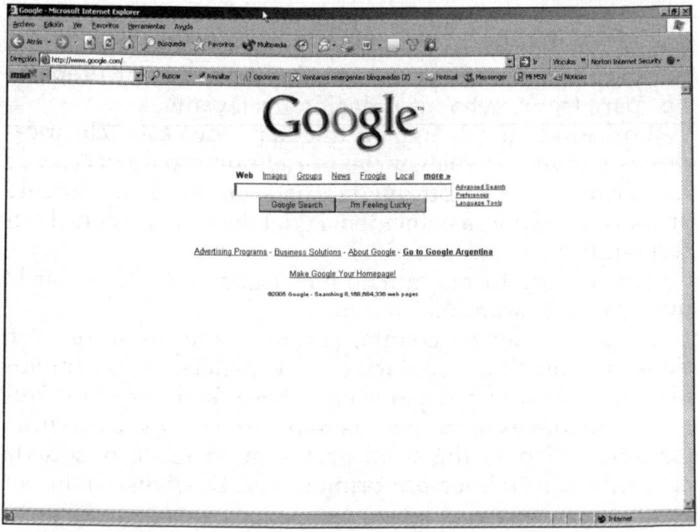

Figura 9.30. Sitio Web del motor de búsqueda Google.

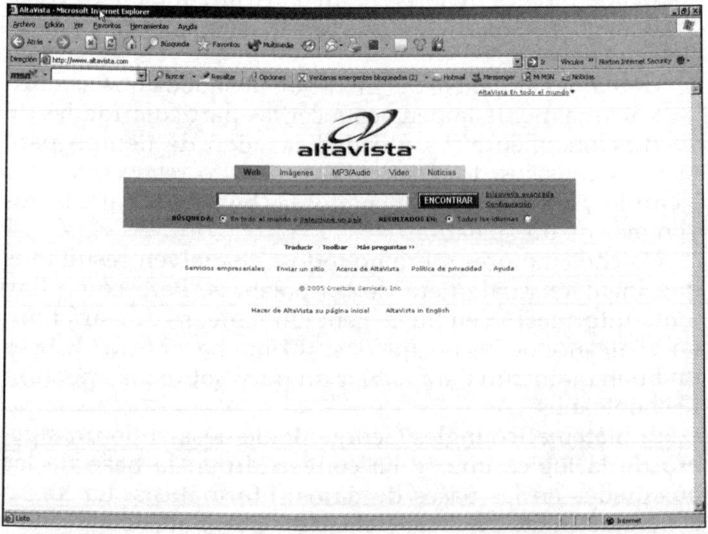

Figura 9.31. Sitio Web del motor de búsqueda AltaVista.

Los motores basados en índices, como AltaVista y Google encuentran páginas específicas de un sitio Web que correspondan con los criterios de búsqueda solicitados, incluso aunque el sitio no tenga nada que ver con lo que se busca. Pueden aparecer, en este proceso y muy a menudo, inesperados tesoros, pero también hay que estar preparados para leer mucha información irrelevante.

Los resultados de una búsqueda pueden estar clasificados por orden de relevancia, por el número de veces que los términos de la búsqueda aparecen en el documento encontrado o por la coincidencia del documento con el criterio indicado.

Ésta es una forma mucho más rigurosa de localizar lo que se está buscando.

Se debe tener en cuenta, también, que los sitios Web tienen tendencia a cambiar a con frecuencia. Estos cambios no siempre están reflejados en la base de datos del motor de búsqueda, especialmente en los directorios. Es común, los sitios Web se registran en los motores de búsqueda cuando están en línea por primera vez. Después, cualquier cambio que ocurra no es reportado.

Para encontrar la información más reciente, es mejor que se apueste a los motores de búsqueda que utilizan robots de índices de la Web, un software que busca constantemente en Internet, y que registra los nuevos contenidos y cambios.

Con independencia del motor de búsqueda que se utilice, vale realmente la pena conocer las particularidades de su funcionamiento. Es útil dedicar algo de tiempo para leer los consejos de búsqueda en el sitio respectivo. Por ejemplo, ¿cómo gestiona el motor las búsquedas que incluyen más de una palabra?

Muchos motores, pero no todos, devuelven resultados que incluyen cualquiera de las palabras. Pero como hay tanta información en línea, generalmente, se deseará limitar el alcance de las búsquedas. ¿Cómo hacer esto? Éste es un buen momento para hablar un poco sobre los operadores booleanos.

El matemático inglés George Boole desarrolló un álgebra de la lógica que se ha convertido en la base de las búsquedas en las bases de datos informáticas. La lógica booleana utiliza palabras llamadas operadores para determinar cuando una declaración es verdadera o falsa. Los operadores más comunes son `AND`, `OR` y `NOT`. Estas tres pequeñas palabras pueden ser de gran ayuda cuando se hacen búsquedas en línea. Unos pocos ejemplos ilustrarán el por qué.

Tabla 9.2. Operadores booleanos.

Buscar	*Resultado*
comida AND china	Documentos con ambas palabras
comida OR china	La mayor cantidad de coincidencia, porque se muestran documentos con cualquier de las dos palabras
comida NOT china	Documentos sobre comida, pero no sobre comida china. Es una buena manera de limitar los resultados de la búsqueda

La sintaxis exacta utilizada por cada motor varía de unos a otros. Los cinco motores de búsqueda más grandes y por lo tanto, los más consultados son:

1. Google
2. Yahoo!
3. AltaVista
4. Ask Jeeves
5. HotBot

No hay que perder de vista que si bien es cierto que en Internet hay mucha información, que se puede encontrar casi todo, un buen bibliotecario en una biblioteca cercana puede orientar muy bien, a quien esté buscando, por ejemplo información histórica, que no abunda en la Web.

9.2.3. Descarga de archivos

En la Web el término descargar se refiere al método por el cual se tiene acceso a la información digital de un ordenador remoto. De esta manera, casi todo lo que se hace en la Web, es de alguna forma una descarga y tan simple como hacer clic con el ratón. Cuando se ingresa a una página Web, en realidad se está descargando el documento y todos los gráficos asociados, desde un servidor Web. Una vez que los datos son recibidos, el explorador Web comprueba la extensión del archivo, que no es más que las letras que siguen al punto, en el nombre del archivo. Si el explorador reconoce el tipo de archivo, determinado por su extensión, lo mostrará. Si no lo reconoce, preguntará si se desea instalar y configurar el programa que lo puede hacer. Como se ha explicado anteriormente, estos programas son los *plug in* y ActiveX. También, em ocasiones, se cuenta con la posibilidad guardar el archivo en el disco duro. Otra manera de descargar archivos es hacer clic sobre el vínculo al archivo con el botón derecho del ratón y seleccionar la opción **Guardar destino como** en el menú emergente que se despliega. En algunos casos, el explorador preguntará en qué lugar del disco duro se desea guardar el archivo o el archivo podría descargarse automáticamente al escritorio de Microsoft Windows, lo que está en dependencia de cómo esté configurado el explorador.

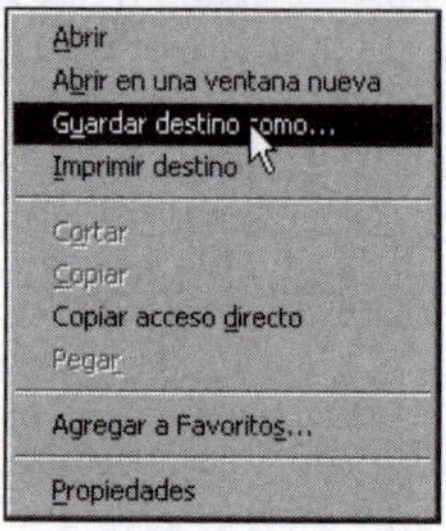

Figura 9.32. Opción Guardar destino como en Microsoft Internet Explorer.

Así mismo, para guardar una imagen, se deben seguir estos sencillos pasos que a continuación se detallan.

1. Se debe colocar el cursor sobre el gráfico o la foto.
2. Se debe hacer clic con el botón derecho del ratón y aparecerá un cuadro emergente.
3. Se debe hacer clic con el ratón en la opción **Guardar imagen como**.

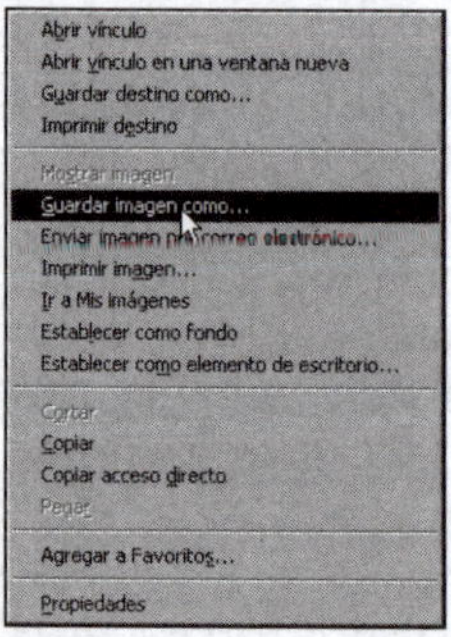

Figura 9.33. Opción Guardar imagen como en Microsoft Internet Explorer.

4. Es posible guardar el archivo con el nombre original o renombrarlo.

Nota: *Usualmente, los formatos de archivos de imagen que se manejan en la Web son aquellos que responden a las extensiones .gif o .jpg.*

Al descargar archivos de la Web, se podrá encontrar muchos tipos diferentes de formatos de archivos digitales. La forma de identificar el tipo de archivo es verificando su extensión, que normalmente se expresa con un punto seguido por dos, tres o cuatro letras. ¿Por qué es importante esto? Es preciso identificar el tipo de archivo para saber si funcionará o no en el ordenador y si se necesitará algún software en particular para descomprimirlo, reproducirlo o verlo.

Muchos sitios tienen disponibles archivos que se podrán mostrar en cualquier de los sistemas operativos y entornos gráficos conocidos.

El explorador tiene la capacidad de identificar y mostrar algunos pero no todos ellos, además que siempre están apareciendo nuevos formatos. Es probable que sólo se necesite conocer los formatos de archivos de Internet más comunes, así que a esta identificación va encaminado lo que a continuación se describe.

La mayoría de los archivos serán archivos de texto, gráficos, de audio y de vídeo. Algunos pueden estar comprimidos, otros no.

Los archivos comprimidos más comunes son los que tienen estas extensiones .zip, .sit y .tar. Estas extensiones representan formatos de compresión populares para PC, Macintosh y UNIX. Pueden ser archivos sencillos o grupos de archivos que han sido unidos todos juntos en un solo archivo comprimido. Un archivo comprimido puede contener vídeo o gráficos y a menudo, programas con documentación relacionada.

Ocasionalmente, se pueden encontrar archivos con múltiples extensiones como .tar.gz, que significa que más de un tipo de software fue utilizado para recopilar y comprimir el archivo.

Los formatos de archivos de gráficos más comunes en la Web son aquellos con extensiones .jpg y .gif. El .jpg es la abreviatura de JPEG, un popular estándar de compresión para fotografías y otras imágenes. La extensión .gif viene de *Graphics Interchange Format*, un estándar desarrollado por CompuServe a finales de los años 80. Estos dos formatos de archivos gráficos o de imágenes, son independientes de la plataforma, lo que significa que puede utilizarlos en un PC, en un ordenador Macintosh o en un ordenador con sistema operativo UNIX, siempre que se cuente con un visor para ellos.

Para vídeo, las extensiones populares son .avi y .ram sólo para PC, .mpg que es independiente de la plataforma, pero que requiere su propio reproductor.

También se encuentran las extensiones .mov y .qt para películas realizadas con QuickTime. QuickTime fue desarrollado inicialmente sólo para Macintosh, pero ahora se puede reproducir en Microsoft Windows y UNIX.

El formato de archivo de sonido más popular actualmente es .mp3, tanto para Macintosh como para PC. Otros formatos de archivos pueden ser los de extensión .aiff, sólo para Macintosh, .au para Macintosh y UNIX, .wav sólo para PC y .ra, que son archivos producidos por Real Audio, un sistema propietario que se utiliza para distribuir y reproducir secuencias de audio en la Web.

Todos los formatos de archivos utilizados en Internet pueden ser divididos en dos tipos, formato ASCII y formato binario.

Los archivos ASCII son archivos de texto que se pueden ver con cualquier procesador de textos. Los archivos binarios contienen caracteres no ASCII y requieren de un programa que los reconozca y los pueda mostrar.

La tabla 9.3 podría servir como una guía de los formatos de archivo comunes en Internet.

9.2.4. Servicios de noticias

Primero, un poco de historia.

Como muchos servicios de Internet, los grupos de noticias tuvieron sus humildes comienzos en el ámbito académico. En 1979, un par de estudiantes de postgrado de la Universidad de Duke conectaron entre sí algunos ordenadores para poder intercambiar información con la comunidad de usuarios de UNIX. Al mismo tiempo, otro estudiante de postgrado de la Universidad de Carolina del Norte escribió la primera versión del software utilizado para distribuir las noticias.

Tabla 9.3. Formatos de archivo en Internet.

Tipo de archivo	*Extensión*	*Descripción*
Archivos de texto plano		
	.html/.htm	La extensión identifica el lenguaje en el cual están escritas las páginas Web.
	.txt	La extensión identifica un archivo de texto plano.
Archivos con formato		
	.doc	La extensión identifica archivos de texto creados usando el Microsoft Word o el WordPerfect para Microsoft Windows.
	.pdf	La extensión identifica a un *Portable Document Format*, que es un formato propietario, desarrollado por Adobe Systems, Inc., que permite que los documentos así creados se visualicen de la misma manera en cualquier plataforma. Este tipo de archivo requiere el programa Adobe Acrobat Reader para abrir los archivos con esta extensión.
	.ps	La extensión identifica a los archivos PostScript. Aunque técnicamente es un archivo de texto plano, sólo puede ser visto por una impresora *PostScript* o con la ayuda de algún visualizador especial.
Archivos comprimidos y codificados	.arc	La extensión identifica un antiguo e ineficiente formato para archivar y comprimir. Si se necesita intercambiar archivos con un sistema operativo más antiguo o se precisa leer antiguos archivos en un nuevo ordenador, se tendrá que usar el programa ARC.

Tabla 9.3 Formatos de archivo en Internet (cont.).

Tipo de archivo	*Extensión*	*Descripción*
	.arj	La extensión identifica un formato bastante común para ordenadores con sistema operativo DOS, especialmente en Europa. Es bastante lento y en algunos casos puede ser más eficiente que los formatos más comunes como .gzip, .zip.
	.bin	La extensión identifica un archivo binario codificado II de Macintosh. Este tipo de archivo requiere el programa Stuffit Expander de Macintosh, para ser visualizado.
	.exe	La extensión identifica un programa de DOS o Microsoft Windows o un archivo autoextraíble. Si es un archivo autoextraíble, puede ser iniciado haciendo doble clic con el ratón sobre él.
	.gz/gzip	Las extensiones identifica los archivos creados con el programa de compresión del GNU Project, muy utilizado para archivos de UNIX y PC.
	.hqx	La extensión identifica un formato de codificación común para Macintosh. Un archivo con la extensión .hqx es un archivo binario de Macintosh que ha sido convertido a texto ASCII para ser transferido de forma segura por Internet.
	.sit	La extensión identifica un archivo de Macintosh que ha sido comprimido con el programa Stuffit.

Tabla 9.3. Formatos de archivo en Internet (cont.).

Tipo de archivo	*Extensión*	*Descripción*
	.sea	La extensión identifica un archivo autoextraíble para Macintosh que contiene otros archivos. Un archivo de archivos es usualmente una colección de archivos que han sido combinados en uno para facilitar su descarga. Debido a que el archivo es autoextraíble, no necesita ninguna aplicación especial o utilidad para ser ejecutado. Simplemente se debe hacer clic en él para descomprimir y extraer los archivos.
	.tar/.tar.gz/ .tar.Z/.tgz	Las extensiones identifican un formato de archivo de UNIX que también está disponible para los PC. TAR, es la abreviatura de *Tape Archive* y en un archivo con esta extensión se puede archivar pero no comprimir, es por ello que los archivos .tar cuando están comprimidos, se les identifica con doble extensión, es decir, .tar.gz.
	.uu	La extensión identifica un archivo UUencode. El formato UUencode permite que el usuario convierta datos binarios en texto para así poder ser enviados por correo electrónico. No se encuentra usualmente la extensión .uu, porque muchos programas de correo electrónico lo descodifican automáticamente de forma que es transparente para el usuario.
	.Z	La extensión identifica un formato de compresión de UNIX.
	.zip	La extensión identifica un estándar común de compresión para DOS y Microsoft Windows.

Tabla 9.3. Formatos de archivo en Internet (cont.).

Tipo de archivo	*Extensión*	*Descripción*
Archivos de gráficos		
	.gif	La extensión identifica el formato de gráficos e imágenes más común en Internet, cuyas siglas en inglés significan *Graphics Interchange Format.*
	.jpg/jpeg/jfif	Las extensiones identifican un popular estándar de compresión usado para fotografías e imágenes fijas.
	.tiff	La extensión identifica un formato de imagen de alta resolución y de gran tamaño.
Archivos de sonido		
	.au/uLaw/ MuLaw	Las extensiones identifican el formato de sonido que más comúnmente se encuentra en la Web.
	.aiff	La extensión identifica otro formato de sonido bastante encontrado en la Web. Es un formato de Macintosh, aunque también puede ser utilizado en otras plataformas.
	.mp3	La extensión identifica el formato de archivo más popular en la Web para la distribución de música con calidad de CD. Un archivo de 1Mb equivale a aproximadamente un minuto de música.
	.ra	LA extensión identifica un formato propietario de secuencia de audio llamado Real Audio.

Tabla 9.3. Formatos de archivo en Internet (cont.).

Tipo de archivo	*Extensión*	*Descripción*
	.wav	La extensión identifica el formato de sonido nativo de Microsoft Windows.
Archivos de vídeo		
	.avi	La extensión identifica el formato de vídeo estándar para Microsoft Windows.
	.mov/ .movie	Las extensiones identifican el formato común para películas de QuickTime, que es el programa creador de películas nativas de Macintosh.
	.mpg/mpeg	Las extensiones identifican un formato estándar para películas en Internet, que usa el esquema de compresión MPEG.
	.qt	La extensión indica otra extensión de una película de QuickTime.
	.ram	La extensión identifica un formato popular de RealNetworks para secuencias de vídeo.

En esta primera red, llamada *Usenet*, crecieron numerosas listas de distribución e intercambio libre y cooperativo de noticias que finalmente, se transformarían en grupos electrónicos de noticias. Mientras hay otros lugares que cobran una tarifa por la distribución de mensajes, *Usenet* continúa fiel a sus orígenes, como un proyecto académico, diseñado para distribuir información gratuitamente a quien lo necesite.

Los grupos de noticias de *Usenet* se comunican a través NNTP, un método de transporte gratuito. Las noticias a distribuir pueden mantenerse en un equipo hasta que otro lo contacta y las recibe o, como es cada vez más frecuente, se mantienen conexiones directas activas entre los sitios de forma permanente, distribuyéndose las noticias a los nodos de la Web tan pronto como son recibidas.

Cada administrador de sistemas decide qué grupos de noticias se mantendrán en su sistema. Debido a que los grupos de noticias requieren un valioso e importante espacio en disco duro y una parte del ancho de banda de transmisión, los administradores pueden optar por no mantener algunas de las jerarquías. Como ya se sabe, Internet es el soporte de muchos tipos de recursos, de los cuales *Usenet* es sólo uno. *Usenet* también es soportado en redes que no forman parte de Internet. Los grupos de noticias, también llamados foros, han existido casi desde los albores de Internet. Permitieron a los científicos plantearse preguntas y respuestas unos a otros. En la actualidad, los grupos de noticias se asemejan a cafeterías virtuales, donde la gente se junta para discutir temas de interés mutuo. Con la diferencia de que en los grupos de noticias la comunicación es escrita, no verbal. Los grupos de noticias giran alrededor de temas específicos, como la tecnología inalámbrica o la jardinería ecológica. Es posible leer lo que otros han escrito y publicar comentarios propios.

Hay miles de grupos de noticias, que cubren cualquier tema que se pueda imaginar, desde informática, asuntos sociales, literatura y ciencia, hasta actividades de recreación, entretenimiento, pasatiempos y temas de actualidad. En los grupos de noticias se pueden encontrar ofertas de trabajo, consejos sobre negocios o salud, anuncios de eventos, consultas, discusiones políticas y religiosas e incluso fotos que se pueden descargar.

Los grupos de noticias proporcionan un medio para encontrar y comunicar rápidamente a personas de todo el mundo que comparten los mismos intereses, sin tener que moverse del ordenador. Y se puede establecer esta comunicación en cualquier momento. También se puede solamente leer lo que otros publican, sin tener que responder. Lo bueno acerca de los grupos de noticias es que cualquiera puede participar en ellos, aunque no todos los proveedores de servicios de Internet ofrecen acceso a todos los grupos de noticias.

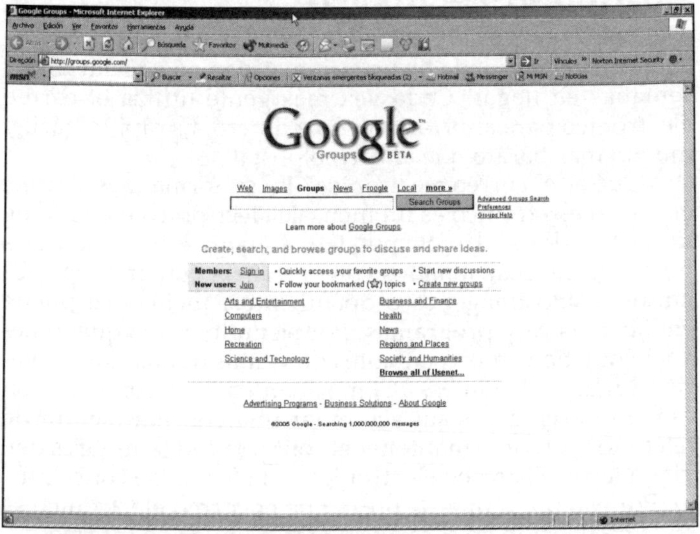

Figura 9.34. Página principal de Google Groups.

¿Cómo funciona? En primer lugar se necesita un programa de lectura de noticias. Tanto Netscape Navigator como Microsoft Internet Explorer traen programas lectores de noticias integrados. En segundo lugar, se debe determinar cuáles son los grupos de noticias de interés personal y luego se debe hacer el ejercicio de suscripción a los mismos. Debido al enorme volumen de grupos de noticias disponibles en Internet, es recomendable suscribirse sólo a aquéllos que realmente interesen. Se debe tener en cuenta que los grupos de noticias solían ser la única manera de mantener lo que se conoce como hilos de discusiones, donde los mensajes relacionados se agrupan entre sí. Actualmente, muchos sitios Web tienen sus propios grupos de noticias. Es por ello que cuando se está buscando un foro en el cual participar, se debe buscar tanto en sitios Web como en grupos de noticias. Una manera eficiente de buscar grupos de noticias es usar los mismos motores de búsqueda que se usan para buscar sitios Web, como Yahoo! y Lycos. Otro servicio recomendable es Google Groups, que permite buscar rápidamente en los archivos de los mensajes publicados en los grupos de noticias.

9.3. Correo electrónico

Una carta enviada de un país a otro puede tardar días o semanas en llegar. Cada vez más gente utiliza el correo electrónico para ahorrar tiempo y dinero. Es rápido, fácil y mucho más barato que el correo postal.

¿Qué es el correo electrónico? En su forma más simple, el correo electrónico es un mensaje electrónico enviado de un ordenador a otro. Se pueden enviar o recibir mensajes personales o relacionados con el trabajo con archivos adjuntos, como imágenes o documentos. Incluso se puede enviar música y programas. Por ejemplo, un pequeño negocio que tiene representantes de ventas trabajando en varios lugares distantes. ¿Cómo mantener el contacto con esos representantes sin acumular una enorme factura de teléfono? ¿O cómo mantener el contacto con familiares que viven lejos? El correo electrónico es la forma de conseguirlo. Por eso no es una sorpresa que el correo electrónico se haya convertido en el servicio más popular de Internet.

De la misma forma que las cartas, en su camino, se detienen en diferentes oficinas de correo, el correo electrónico pasa de un ordenador, llamado servidor de correo, a otro, en su viaje por Internet. Una vez que llega al servidor de correo de destino, es almacenado en un buzón electrónico hasta que el destinatario lo recoja. Todo este proceso puede llevar sólo unos segundos.

Para recibir correo electrónico, se debe tener una cuenta en un servidor de correo. Esto es similar a tener una dirección postal en la que se reciben cartas. Una ventaja sobre el correo postal es que se puede recoger el correo electrónico desde cualquier lugar, una vez que se haya establecido la conexión al servidor de correo correspondiente.

Para enviar correo electrónico, se necesita una conexión a Internet y el acceso a un servidor de correo que envíe los mensajes. El protocolo estándar utilizado para enviar correo electrónico en Internet se llama SMTP, acrónimo de *Simple Mail Transfer Protocol* que traducido al español sería Protocolo Simple de Transferencia de Correo. Este protocolo funciona en conjunto con servidores POP. El acrónimo POP viene de *Post Office Protocol* que en español sería Protocolo de Oficina de Correos.

Cuando se envía un mensaje de correo electrónico, el ordenador lo dirige hacia un servidor SMTP. El servidor revisa la dirección de correo electrónico y lo reenvía al servidor de correo de destino, donde es almacenado hasta que el destinatario lo recoja. Se puede enviar correo electrónico a cualquier lugar del mundo a cualquiera que tenga una dirección de correo electrónico.

***Nota:** Casi todos los proveedores de servicios de Internet y todos los principales servicios en línea ofrecen, al menos, una dirección de correo electrónico con cada cuenta.*

En sus inicios, los mensajes de correo electrónico eran sólo mensajes de texto. No era posible enviar archivos adjuntos, como documentos y otros. Con la llegada de MIME, que son las siglas de *Multipurpose Internet Mail Extension* o lo que en español sería Extensión Multipropósito del Correo de Internet y otros tipos de esquemas de codificación, como *UUencode*, no sólo ya se pueden enviar mensajes con información digital, sino que también se pueden enviar documentos, fotos, sonido y archivos de vídeo.

Los mensajes de correo electrónico son similares a las cartas, tienen dos partes principales. La cabecera contiene el nombre y dirección del destinatario, el nombre y dirección de cualquiera que vaya a recibir una copia y el asunto del mensaje. Algunos programas de correo electrónico también muestran su nombre y dirección, así como la fecha del mensaje. El cuerpo contiene el mensaje en sí. Igual que para enviar una carta, se necesita la dirección correcta. Si se utiliza una dirección errónea o se escribe mal, el mensaje será devuelto, como la conocida rutina del correo postal, Devuelto al Remitente, Dirección Desconocida.

Cuando se recibe un correo electrónico, la cabecera indica de donde viene, cómo fue enviado y cuándo. Es como un matasellos electrónico. Pero a diferencia de una carta, que viene cerrada dentro de un sobre, el correo electrónico no es tan privado. Se parece más a una tarjeta postal. Los mensajes pueden ser interceptados y leídos por personas que no deberían poder verlos. Se debe evitar incluir cualquier información confidencial a menos que se tenga forma de encriptarla.

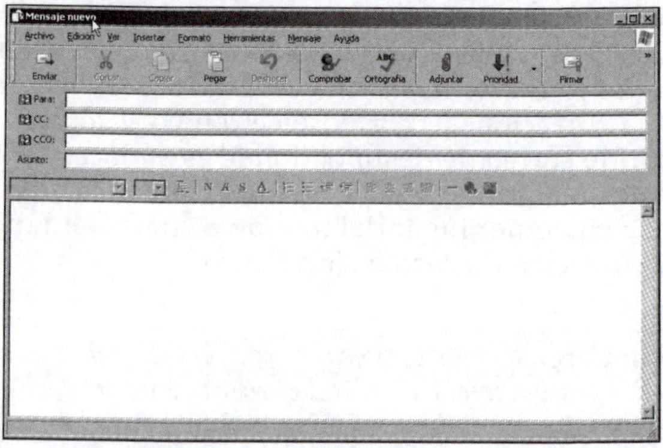

Figura 9.35. Mensaje nuevo de correo electrónico en Microsoft Outlook Express.

9.3.1. Compresión de archivos

Lo mismo si se navega por la Web, con el fin de buscar archivos para descargar, que si se desea enviar archivos adjuntos en un mensaje de correo electrónico es importante no perder de vista el tamaño de estos archivos, particularmente, los archivos multimedia pueden ser muy grandes, lo que significa que van transferirse muy lentamente a través de la red. Recibir estos archivos puede, algunas veces, llevar hasta horas. Para hacer un uso eficiente del espacio y acelerar las cosas la mayoría de los archivos de gran tamaño deben estar comprimidos. La compresión de archivos puede reducir considerablemente el tamaño de estos archivos y el tiempo para bajarlos. ¿Cómo funciona? El software de compresión que se decida usar emplea algoritmos matemáticos complejos para buscar en el archivo patrones que se repiten en los datos y reemplaza los datos con códigos más pequeños que ocupan menos espacio.

Por ejemplo, una manera en la que funciona el software de compresión es reemplazar caracteres que se repiten con un código que también anota la posición de esos caracteres en los datos. Con una imagen, encontraría todas las partes rojas, por ejemplo y las reemplazaría con un código.

Para interpretar archivos comprimidos, se necesita un programa compatible de descompresión que pueda leer esos códigos y convertir los datos a su forma original.

La mayoría de los archivos que se encuentra en Internet son de vídeo, texto, gráficos, imágenes y sonido. Algunos pueden ser comprimidos, otros no. Los archivos comprimidos más comunes que podrán encontrarse en la red son los que tienen extensiones como .zip, .sit y .tar. Estas extensiones representan formatos comunes de compresión para PC, Macintosh y UNIX. Pueden ser archivos únicos o grupos de archivos que han sido reunidos en un mismo archivo comprimido. Un archivo comprimido, a veces, puede contener archivos de vídeo y gráficos o imágenes y también contiene programas y la documentación relacionada con ellos. Para descomprimir un archivo, .zip se necesita un programa como WinZIP o PKUNZIP, que se pueden descargar fácilmente de la Web. Por otro lado, para descomprimir un archivo con una extensión .sit, se necesita un programa llamado *Stuffit Expander*, que es un programa popular para ordenadores Macintosh. Los archivos de extensión .sea y algunos de extensión .exe, son archivos autoextraíbles, lo que quiere decir que no requieren de programas adicionales para funcionar.

9.3.2. La oferta del webmail

Las ventajas de un sistema webmail con respecto a los servidores de correo POP3 son su facilidad de uso, porque no es necesario ajustar su configuración para que funcione, la portabilidad, porque el correo electrónico estará disponible desde cualquier lugar donde se pueda ingresar a la Web y su férrea protección antivirus y *antispam*, que se encuentra integrado en el sistema y que es el mismo que protege el sitio Web en el que se ofrece el webmail. Una desventaja importante es el límite en la capacidad para recibir y almacenar los mensajes, porque el espacio que se utiliza no es del disco duro del ordenador sino del servidor que está ofreciendo el servicio.

Algo similar ocurre con los archivos adjuntos, los mensajes de webmail están más limitados en ese sentido porque hay muchas restricciones para enviar y recibir archivos grandes. En la tabla 9.4 se hace una comparación de varios parámetros de ambos servicios, para sacar conclusiones a la hora de decidirse por uno u otro.

Tabla 9.4. Comparación entre *webmail* y servidores de correo POP3.

Características	*Webmail*	*Servidor de correo POP3*
Online	Siempre	Sólo recepción y envío
Limitación de capacidad	Sí	Depende del servidor
Personalización	A veces	Casi siempre
Configuración	Opcional	Necesaria para funcionamiento básico
Movilidad	Sí	Sí, pero con configuración necesaria
Adjuntos	Limitación alta	Depende del servidor
Búsquedas	Potencia escasa	Potencia alta que depende del cliente
Antivirus	Integrado en el sistema	No integrado
Antispam	Integrado en el sistema	Filtros personalizados configurables

Opciones más destacadas

Los servicios webmail que actualmente hay disponibles, en su variante gratuita, como opciones a tomar en cuenta, se describen a continuación.

1. **MSN Hotmail:** Con más de 170 millones de usuarios en todo el mundo, Hotmail ofrece una capacidad de 10 MBytes en el buzón de correo. Cada vez que se envía un mensaje el antivirus McAfee lo revisa. Para evitar correo no deseado se deben configurar los filtros en forma manual. El portal es claro, aunque su entrada principal no es el correo, sino una página general con información sobre los mensajes del buzón. No es muy rápido y no puede personalizarse. El punto más fuerte está en la ayuda en línea. La administración de carpetas es simple, aunque no es tan fácil crear nuevas carpetas, manteniendo las anteriormente creadas. Ofrece un calendario que se puede sincronizar con el Microsoft Outlook, que el programa cliente de correo electrónico de Microsoft Office. La agenda de contactos permite administrar

direcciones de MSN Messenger, de Microsoft Outlook y de Microsoft Outlook Express. La cuenta caduca cuando se registran 90 días sin actividad.

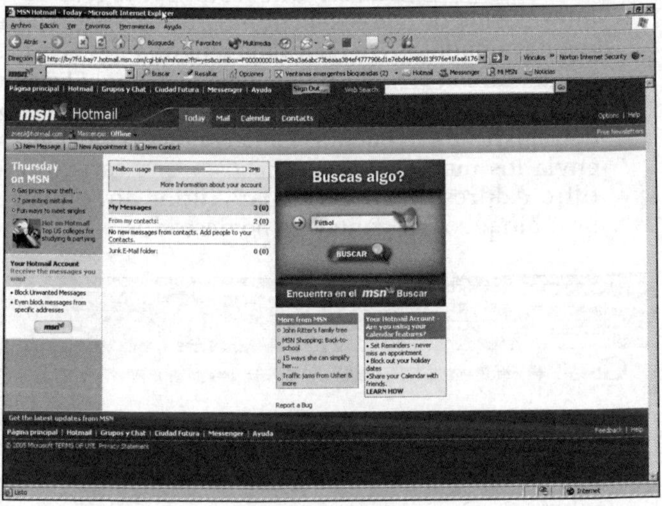

Figura 9.36. Portal de MSN Hotmail.

2. **Gmail:** Google, el motor de búsqueda más consultado en la Web lanzó en abril de 2004 su servicio de correo Gmail, con cuentas de 1 GBytes de capacidad. Ésta, sin embargo contrasta con el escaso tamaño de límite de archivos adjuntos que se pueden enviar en un mensaje, que es sólo de 10 MBytes. No está claro si emplean algún tipo de antivirus, pero lo que sí es seguro es que incluye filtros antispam. El éxito de esta herramienta radica en la contribución de los usuarios porque se dispone de un botón de informe de spam. Esta Web es parecida a la de Google, no tiene ni ventanas emergentes (*pop-ups windows*), ni *banners*. La disposición de los mensajes en forma de diálogo de una misma conversación favorece la navegación. Gmail no tiene grandes interactividades en su portal, aunque el entorno facilita las búsquedas con Google.
3. **Yahoo!:** Cuenta con cerca de 150 millones de usuarios registrados. Muchos utilizan el portal para consultar su correo, que cuenta con un buzón de 100 MBytes de capacidad. Cada vez que se envía un men-

saje el Norton antivirus integrado detecta si tiene virus o no. También se analizan los archivos adjuntos recibidos antes que sean descargados al ordenador. Hay un *firewall* que está protegiendo la información de correo electrónico, no es posible agregar a **Marcadores** o a **Favoritos** ninguna de las carpetas del buzón y no se puede usar el botón **Atrás** del explorador Web. Permite encriptar la información de registro de la cuenta. La herramienta *Spamguard* envía los mensajes sospechosos a una carpeta y el filtro AddressGuard sirve para filtrar direcciones y usar bloqueos de contactos no deseados.

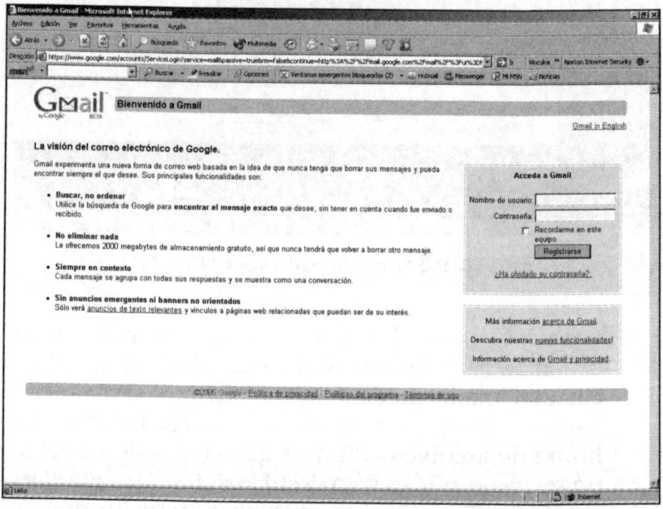

Figura 9.37. Portal de ingreso a Gmail de Google.

4. **Lycos mail:** Las cuentas de webmail en Lycos tienen una capacidad de 10 MBytes de buzón. Ofrece la posibilidad de seleccionar uno de sus tres niveles antispam y de activar el antivirus de que dispone. Como parte de la seguridad, los mensajes que se reciben pasan por tres niveles de seguridad. En el primero, los mensajes o direcciones con formato incorrecto son bloqueados. En el segundo, los contenidos de los mensajes son revisados automáticamente. Esta fase incluye la aplicación de filtros antispam. En el tercero, el usuario tiene que determinar el nivel

de seguridad que desea para su buzón. El portal tiene un diseño muy moderno y agradable, aunque contiene mucha publicidad que puede llegar a ser incómoda. Su característica más importante es que todas las funciones están en la página principal.

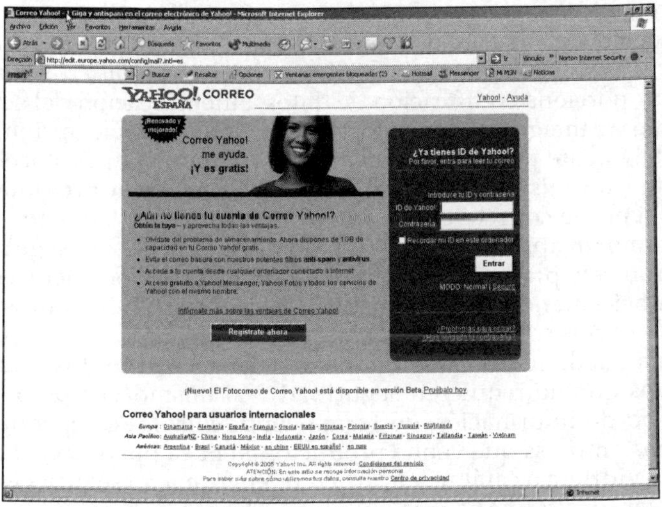

Figura 9.38. Portal de Yahoo! Mail.

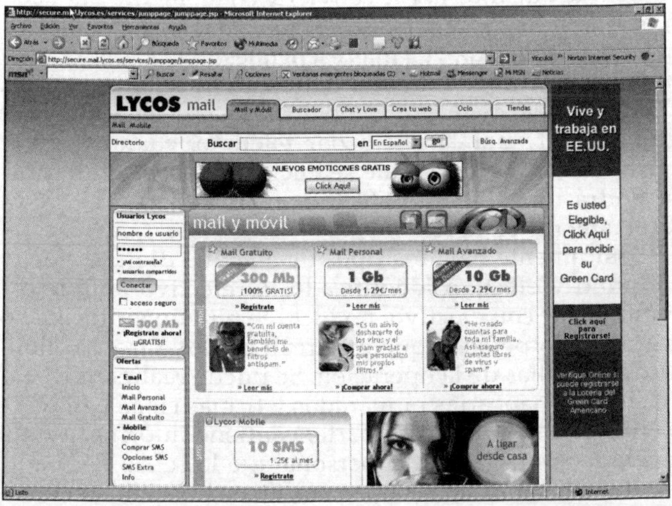

Figura 9.39. Portal de Lycos mail.

9.4. ¿Cómo nos protegemos en Internet?

9.4.1. Conexiones seguras

Netscape Corporation fue quien creó las tecnologías más conocidas para servidores seguros. Para ello utiliza un protocolo de seguridad llamado Capa de Conexión Segura, cuyas siglas en inglés son SSL (*Secure Sockets Layer*), el cual proporciona codificación de datos, autentificación del servidor, integridad de mensajes y autentificación opcional del cliente para una conexión TCP/IP, que es el protocolo de transmisión básico de Internet. Cuando un programa cliente se conecta con un servidor seguro, se dan algo así como un apretón de manos para iniciar una sesión segura. Con este protocolo, un mismo sistema servidor puede estar ejecutando simultáneamente servidores Web seguros y no seguros. Esto significa que una organización o compañía puede suministrar cierta información a todos los usuarios que no requieren seguridad y al mismo tiempo otro tipo de información de forma confidencial. Por ejemplo, una empresa que venda productos en línea puede exponer su vidriera o catálogo de artículos en forma no segura pero usar un sistema seguro para los pedidos y cobros.

¿Por qué son importantes estos avances tecnológicos? A medida que Internet se convierte en un medio para comprar y vender productos y servicios, las transacciones financieras son cada vez más esenciales.

Actualmente la mayoría de las transacciones implican el intercambio de información de tarjetas de crédito, ya sea directamente por la red o por teléfono, cuando se va a cerrar una transacción que se inició en línea. En un futuro se podrá utilizar tanto efectivo como tarjetas de crédito directamente en la red.

Básicamente hay dos tipos de efectivo digital, efectivo anónimo y efectivo identificado. El efectivo anónimo es como pagar con efectivo, no incluye ninguna información acerca de la persona que está realizando la transacción y no deja huellas de la operación. Se puede realizar utilizando cuentas bancarias numeradas y firmas ciegas. El efectivo identificado, por otro parte, contiene información que revela la identidad de la persona que lo retiró del banco. Similar a las transacciones con tarjetas de crédito, el efectivo identificado puede ser seguido mientras se mueve por el sistema y requiere cuentas con información completa del titular y firmas no ciegas.

9.4.2. Compras por Internet

Los *hackers* tienen como pasatiempo burlar los sistemas de seguridad de los ordenadores. Muchos consideran la intrusión en los ordenadores como una afición inofensiva. ¿Hay razones para preocuparse por este tema? Si se utiliza una conexión a Internet a través de una de la línea telefónica, las probabilidades de que alguien irrumpa en el ordenador no son altas. Los verdaderos objetivos de la mayoría de los *hackers* son los ordenadores del gobierno y las empresas. Éstos a su vez protegen sus sistemas instalando los cortafuegos (*firewall*), que es un obstáculo extra de seguridad que se ubica entre los ordenadores internos e Internet.

Cuando se intercambie con comercios en línea, la mejor seguridad es el sentido común. Actualmente cualquiera podría poner una tienda en línea con aspecto serio y profesional, así que hay que asegurarse de estar tratando con compañías con buena reputación. ¿Cómo saberlo? Las respuestas a estas preguntas arrojan algunas pistas.

1. ¿Es éste el sitio Web de un minorista establecido?
2. ¿El sitio tiene una dirección física y no sólo un apartado de correos?
3. ¿Tiene establecida una política de devoluciones y reembolso?

Todas las transacciones financieras en línea deberían ser seguras. Muchas tiendas en línea tienen lo que se conoce como una página segura. En el sitio seguramente se mostrará algún aviso para informar de ello. Alternativamente, verá un icono en forma de candado, lo que indica que el sitio utiliza la tecnología adecuada para garantizar la seguridad de las operaciones.

Muchos sitios proporcionan un número de teléfono al que se puede llamar para dar el número de tarjeta de crédito, aunque tampoco hay garantía de que esto sea totalmente seguro. La mayoría de los fraudes en Internet involucran el envío de cheques o giros postales a los comerciantes. Siempre resulta más seguro el pago con tarjeta de crédito, porque los cargos pueden ser reclamados al banco.

Los riesgos inherentes a las transacciones comerciales por Internet no son mayores que los que se corren en cualquier otro ámbito en el que se realizan operaciones comerciales. Aunque actualmente es relativamente seguro realizar negocios por Internet, hay muchas compañías trabajando permanentemente en el desarrollo y mejoría de la tecnología requerida para hacer que la Web sea segura.

9.4.3. Encriptado de información

Internet se ha convertido en una vastísima zona comercial donde se ofrecen artículos y servicios globales. Para que el comercio electrónico prospere, los consumidores han de sentirse seguros a la hora de transmitir datos relativos a sus tarjetas de crédito y cualquier otro tipo de información financiera. Como los datos transmitidos por la red pasan realmente por muchos ordenadores en su recorrido, existe la posibilidad de que alguien intercepte información confidencial. Los piratas informáticos o *hackers* también pueden introducirse en ordenadores para robar datos allí almacenados. Nadie sabe realmente con qué frecuencia sucede esto.

¿Cómo podría afectarle esto a una persona que intenta hacer una operación comercial por la red? ¿Cómo se sabe que el número de la tarjeta de crédito será transmitido de forma segura desde un ordenador hasta su destino final? En consonancia con el enorme potencial de los negocios en línea, se invierte gran cantidad de tiempo y dinero tratando de garantizar la seguridad de las transacciones en Internet.

Para ello se emplea una tecnología llamada encriptación o cifrado. El software de cifrado codifica los datos a partir a un código secreto, de manera que nadie pueda interpretarlos o entenderlos mientras se están transmitiendo. Cuando los datos llegan a su destino, el mismo software decodifica la información. Cuando en un sitio Web se encuentre el icono de un pequeño candado en la parte inferior del explorador, esto indica que los datos van a ser transmitidos de forma codificada.

Hasta hace poco, se utilizaba una técnica llamada criptografía o cifrado con clave simétrica para asegurar la confidencialidad de la información que se transmitía a través de redes públicas. Este método implica codificar y decodificar un mensaje, con el propósito de mantenerlo en secreto, utilizando la misma clave, la cual debe ser conocida por ambas partes. La clave es enviada desde una parte a la otra en una transmisión separada, lo que la hace vulnerable a ser robada mientras se transmite.

Con el cifrado con clave pública, se usan claves diferentes para codificar y decodificar un mensaje, de modo que no es necesario transmitir nada más que el mensaje codificado. En una transacción de este tipo, cada parte tiene un par de claves, consistente en dos claves con una relación particular que permite que una parte codifique un mensaje que la otra parte podrá posteriormente decodificar. Una de estas claves se hace pública, mientras que la otra es privada. No se puede decodificar un mensaje codificado con una clave pública de una persona utilizando esa misma clave, pero sí puede ser decodificado con la clave privada que le corresponda. Si se realiza una transacción con un banco utilizando la clave privada, el banco puede leerla con la clave pública correspondiente y saber que sólo alguien identificado pudo haberla enviado. Es el equivalente de una firma digital.

La criptografía con clave pública reduce el riesgo de que la información privada sea interceptada porque permite a las partes que se identifiquen positivamente entre sí a través de firmas digitales.

10

Seguridad y protección contra virus

El término seguridad informática, hace mucho tiempo que dejó de ser aplicable sólo a las grandes empresas o a los mega comercios que manejan altos y muy confidenciales volúmenes de información. En la informática doméstica es tan importante proteger al ordenador como en cualquier otro sitio o entidad que cuente con un sistema informático, ya sea en red u operando como una estación de trabajo independiente.

Es importante tener en cuenta que la seguridad informática incluye, en el entorno doméstico, los siguientes aspectos:

1. Protección de los datos.
2. Protección del software y contra los virus.
3. Sistemas de respaldo de datos.

Este capítulo intenta describir estos tres puntos, que abarcan lo que hay que saber para que el ordenador y sus componentes estén debidamente protegidos y sobre todo establecer los esquemas de prevención que evitarán cualquier catástrofe en este tema.

10.1. Sin descuidarnos

A los ordenadores en el entorno doméstico les acechan casi los mismos peligros que un ordenador ubicado en una empresa.

Sólo que quizás el trabajo de protección es más acotado y barato. De esa forma, también, los desastres tienen menor importancia. Pero sólo en apariencia.

10.1.1. El ordenador como estación de trabajo independiente y sin conexión a Internet

Es el ambiente de mejor control para la seguridad informática y el más barato. Y aunque son pocas las vías de ingreso de un virus o de información indeseable, no dejan de ser importantes e igualmente dañinas.

Primero, hay que tener en cuenta que la protección comienza con la ubicación del equipo. El ordenador es un aparato eléctrico y como tal debe ser tratado. La prevención ante cambios repentinos de voltaje de la corriente que suministra la red eléctrica, la preservación del sol, las altas temperaturas y el agua, así como su estabilidad física, son de igual importancia y no deben dejarse por descontado.

Si el ordenador cuenta con algún dispositivo de almacenamiento extraíble, como unidades de lectura de disquetes, de CD ROM, de DVD, unidades Jaz IOmega o Zip IOmega y más recientemente las memorias flash, es importante protegerlo contra la copia de datos en el disco duro, sin antes hacer los chequeos necesarios. Usualmente, en estos casos, sólo con mantener activado el programa antivirus que se ha elegido, automáticamente, ante la identificación de una operación de copia de datos, el antivirus explora, detecta y comunica la presencia de virus informáticos.

Ésta es sólo la medida que protege el ordenador contra los virus. También es posible proteger el PC contra el ingreso de intrusos, con el empleo de credenciales de autenticación en el momento de encender el entorno informático. En otras palabras, cuando se precisa una clave o contraseña para el acceso, facilidad que es proporcionada por la mayoría de los BIOS de placas base actuales. Este tipo de cuidados lo proveen de la misma forma, la mayoría de los sistemas operativos o entornos gráficos que pueden instalarse en un ordenador, como Linux y Microsoft Windows, entre otros. Los programas de uso más específico, como el Microsoft Word, Microsoft Excel y Microsoft Access llevan la protección hasta el nivel de documentos o ficheros, haciendo más fina la seguridad del entorno.

10.1.2. El ordenador como estación de trabajo en red y sin conexión a Internet

A mayor cantidad de ordenadores involucrados mayor cantidad de posibles ingresos de indeseables. No es erróneo asegurar que las probabilidades de infección por virus informáticos, de corrupción por mala manipulación de los datos o de robo de información por intrusos, aumentan casi en proporción con la cantidad de equipos enredados y los dispositivos de almacenamiento extraíbles de que dispongan.

Si en el ambiente doméstico se cuenta con varios ordenadores interconectados es el momento de activar algunas protecciones más. Es importante señalar que lo que sirve para un ordenador aislado, es también válido para este esquema; las medidas de prevención siempre suman, ninguna sobra, aunque parezca un exceso en la seguridad.

Las medidas más recomendables pueden ser:

1. **Protección de acceso en la red:** Si el ordenador pone a disposición de la red y sus dispositivos, que también puede ser una impresora, los ficheros de su disco duro, es posible que un intruso o un miembro permitido de la red los borre, modifique o altere de cualquier manera. El acceso a los recursos compartidos del disco duro, para evitar este tipo de situaciones, debe estar configurado, de manera que sólo determinados usuarios de la red, perfectamente identificados y autenticados, puedan hacerlo.
2. **Protección contra virus:** Además de los controles que corresponden a un ordenador en solitario, el programa antivirus elegido, debe poder configurarse para evitar, detectar y vacunar posibles infecciones que anden circulando por la red.

10.1.3. El ordenador como estación de trabajo en red y con conexión a Internet

Con un esquema como este, no se puede dejar para después el tema de la seguridad. La cantidad de puertas abiertas que deja el o los ordenadores que participan en el entorno, crece exponencialmente y no sólo hay que proteger la red sino también el correo electrónico, el navegador de Internet, activar los programas contra los *hackers* o piratas de todo tipo, que se esconden detrás de aparentemente inocentes ficheros, ya sean ejecutables o no.

10.1.4. Gestión de usuarios y recursos con Microsoft Windows XP

Las herramientas con que viene equipado Microsoft Windows XP, son de gran utilidad y conveniencia para proveer al ordenador de un mayor nivel de seguridad. La seguridad vista desde este punto, se clasifica según los objetos hacia los que va dirigida.

En primer término los usuarios, luego los dispositivos o recursos, después el servidor en que, potencialmente, se convierte el ordenador y por último el enmascaramiento de datos.

Gestión de usuarios

Los usuarios son el punto más vulnerable de las distintas vías de ingreso de indeseables, en el entorno informático. Es de la mayor relevancia prestar atención a la gestión de la seguridad que involucra a este grupo, por ser un factor de riesgo importante. Todas las medidas de seguridad que se tomen, deben partir de este punto y mientras mejor y más cuidado se le dedique, se podrá contar con un sistema con pocas o casi ninguna posibilidad de errores en este sentido.

En muchos entornos gráficos, que respaldan a los sistemas operativos que se pueden instalar en un ordenador, existen dos clases de usuarios, en lo que respecta a la seguridad.

- **Usuarios locales:** Son el grupo de usuarios que sólo utiliza el PC como una estación de trabajo en solitario, sin conectarse a red alguna ni a Internet.
- **Usuarios de red:** Son el grupo de usuarios que utilizan los servicios del ordenador a través de una red.

En Microsoft Windows XP no existen diferencias entre un grupo y otro de usuarios, de acuerdo a la clasificación anterior.

Por ello, es recomendable, crear en el sistema un usuario distinto para cada persona que tiene acceso al equipo y sus dispositivos, lo mismo si tiene acceso local o remoto.

De esta manera y visto en el entorno informático doméstico, se pueden crear usuarios diferentes para cada miembro de la familia y así crear configuraciones de escritorios distintos, en los que cada uno tendría sus programas, aplicaciones y ficheros propios.

El acceso en Microsoft Windows XP a las cuentas de usuario se hace siguiendo la siguiente secuencia de comandos Menú Inicio>Panel de control. Una vez en él, se debe hacer clic en el icono de **Cuentas de usuario**.

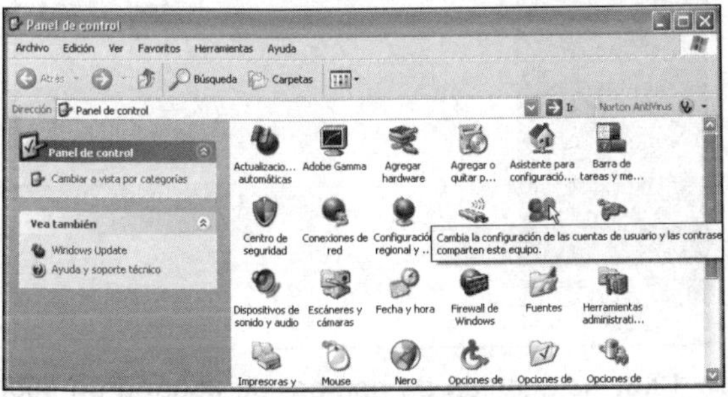

Figura 10.1. Acceso a Cuentas de usuario en Microsoft Windows XP.

En la ventana **Cuentas de usuario**, se debe hacer clic en la opción Crear una nueva cuenta.

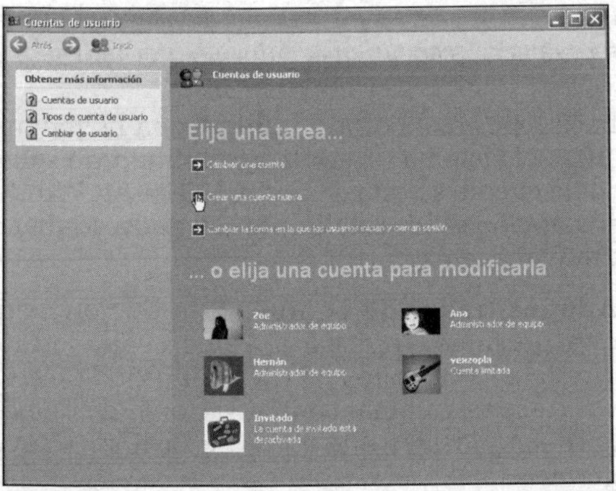

Figura 10.2. Nueva cuenta de usuario en Microsoft Windows XP.

En la caja de texto que se muestra en la figura 10.3 se debe escribir el nombre con el que ingresará el usuario al sistema.

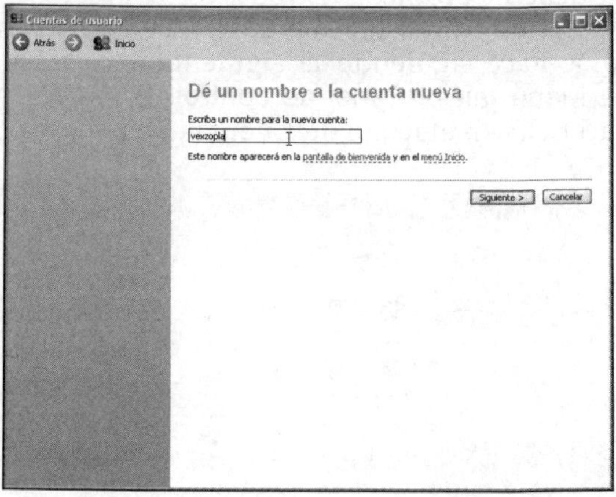

Figura 10.3. Asignación de nombre de usuario en Microsoft Windows XP.

> ***Nota:*** *El nombre de usuario no debe ser asignado de forma trivial. Existen políticas definidas para la formación de los nombres, en la que se determina el tamaño de la cadena de caracteres e incluso la sintaxis de los mismos, para que ni bien se les lea, se reconozca a qué grupo pertenece y qué acciones puede realizar en el entorno informático.*

Al hacer clic en el botón **Siguiente**, en la ventana de la figura 10.3, el sistema ofrece la posibilidad de seleccionar qué tipo de cuenta se está creando. Microsoft Windows XP tiene dos opciones, en este punto del proceso de creación de una nueva cuenta.

1. **Administrador de equipo:** Esta opción permite al nuevo usuario ingresar al equipo como administrador del mismo. Ello le da la posibilidad de crear nuevas cuentas, cambiar configuraciones de dispositivos, lo mismo locales que en red e instalar nuevos programas.
2. **Limitada:** El nuevo usuario no podrá usar su cuenta para realizar una tarea administrativa en el equipo.

Sólo dispondrá de los ficheros que él cree, de los recursos que sean compartidos y a los cuales tenga los permisos debidamente asignados.

Una vez elegida la opción para la nueva cuenta, se debe hacer clic en el botón **Crear cuenta**.

En Microsoft Windows XP las cuentas de usuario se crean sin asignación de contraseña, siempre que no se indique lo contrario con la opción **Crear una contraseña**, como indica la figura 10.4.

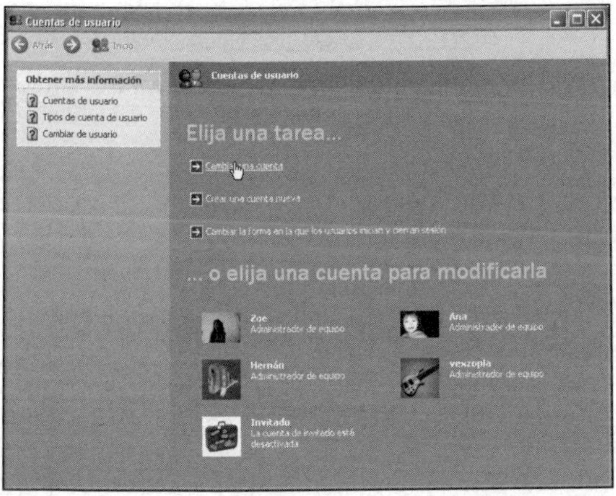

Figura 10.4. Modificación de cuenta de usuario en Microsoft Windows XP.

Nota: *La contraseña de una cuenta de usuario, en el momento de su creación debe ser fácil de memorizar o con una sintaxis recordable. Es importante que el usuario de la nueva cuenta, una vez que ingresa por primera vez, cambie la contraseña por una más confiable y difícil de descifrar por algún pirata.*

Otras opciones de seguridad a nivel usuario que es importante tomar en cuenta, deben ser configuradas desde la consola de administración del equipo, a donde se ingresa haciendo clic con el botón derecho del ratón, en el icono **Mi PC** del Menú Inicio.

En la lista que se despliega, se debe hacer clic en la opción Administrar.

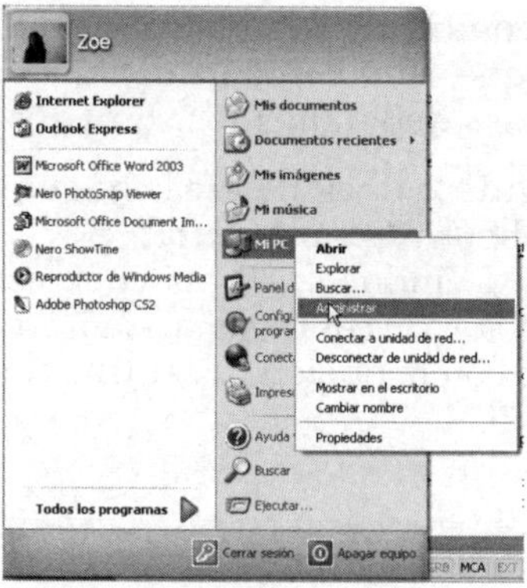

Figura 10.5. Opción Administrar del icono Mi PC en Microsoft Windows XP.

La ventana Administración de equipos, se muestra como en la figura 10.6.

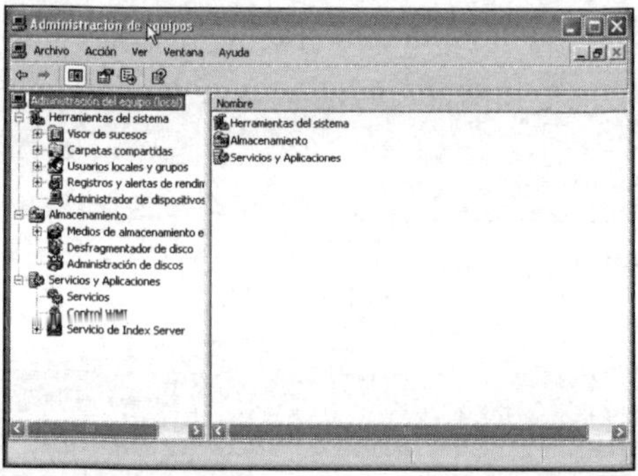

Figura 10.6. Administración de equipos en Microsoft Windows XP.

Para modificar una cuenta de usuario, desde este punto del entorno gráfico, basta con elegir una cuenta, que se mostrará con el nombre de usuario que se le ha asignado, hacer clic con el botón derecho del ratón y seleccionar la opción Propiedades de la lista.

En la ventana que corresponde a las propiedades de la cuenta de usuario se podrán identificar tres pestañas, como muestra la figura 10.8.

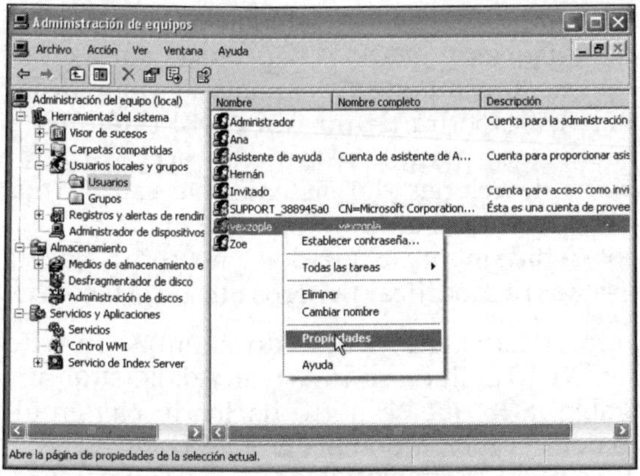

Figura 10.7. Opción Propiedades de la cuenta de usuario en Microsoft Windows XP.

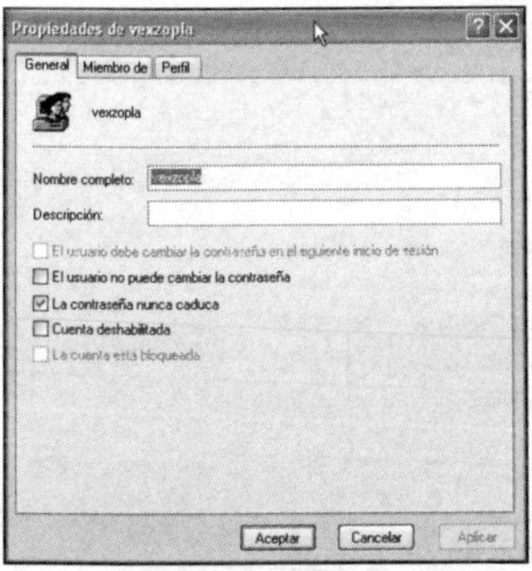

Figura 10.8. Propiedades de la cuenta de usuario en Microsoft Windows XP.

1. **General:** Se podrán modificar las propiedades más generales de la cuenta, como por ejemplo, las que tienen que ver con las opciones de contraseña o también se puede deshabilitar la cuenta para determinado perfil del sistema.

> ***Nota:*** *Una cuenta de usuario puede configurarse para que no pueda modificar la contraseña en ningún momento.*

2. **Miembro de:** Se podrá asignar la cuenta a algún grupo, previamente creado. Con la agrupación se gana

en tiempo, porque se asignan permisos y otras características al grupo y se propaga a todas las cuentas que lo componen, de manera automática.

3. **Perfil:** Se podrá definir un perfil diferente para la cuenta, que permita restringir el acceso a determinadas aplicaciones del sistema. De esta forma, cada usuario verá el entorno para el cual tiene los permisos debidamente asignados y no podrá ejecutar programas ni modificar ficheros que no estén en el perfil.

¿Cómo se crea un Grupo de cuentas en Microsoft Windows XP? También en la opción Administrar de la lista desplegable, a la que se llega, haciendo clic en el botón derecho del ratón en Menú Inicio>Mi PC.

En la ventana Administración de equipos, sobre la opción Grupos, se debe hacer clic con el botón derecho del ratón como se indica en la figura 10.9.

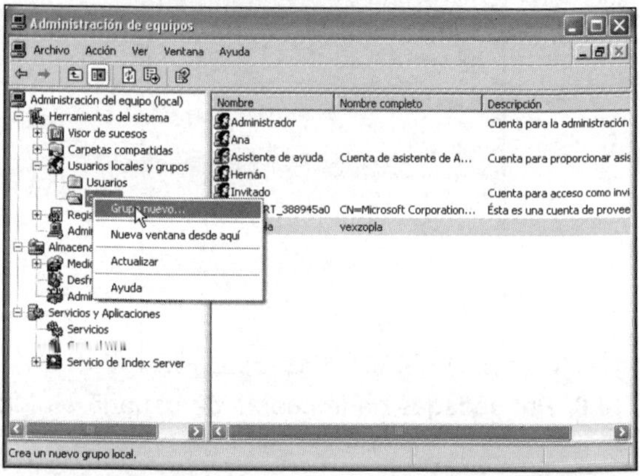

Figura 10.9. Opción Grupo nuevo.

Los pasos que a continuación se describen, indican cómo se crea un nuevo grupo; se le asigna un nombre, una descripción más explícita de las características del grupo y se determinan sus miembros, dentro de las cuentas ya creadas.

1. Se escribe el nombre del nuevo grupo, en la caja de texto Nombre de grupo de la ventana Grupo nuevo. También la descripción, en la caja de texto Descripción.

2. Al hacer clic en el botón **Agregar** es posible determinar los miembros del nuevo grupo, seleccionando las cuentas que se desean incluir. Una vez elegidas las cuentas, éstas aparecerán en la lista Miembros, como se muestra en la figura 10.10.

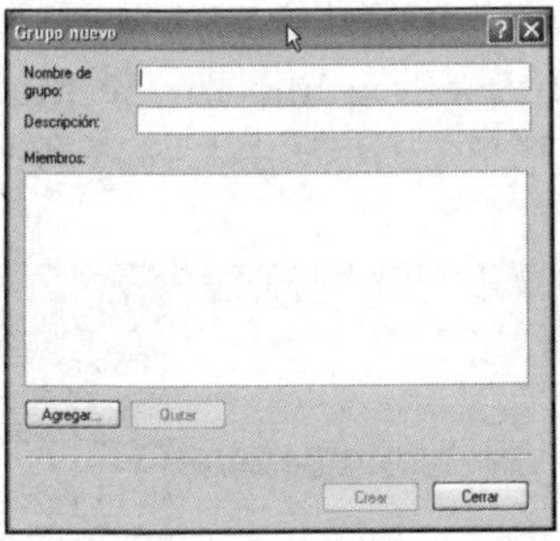

Figura 10.10. Nuevo grupo de cuentas.

3. Por último, se debe hacer clic en el botón **Crear**.

> ***Nota:*** *Cuando se ha creado un nuevo grupo y se le han asignado cuentas, como miembros del mismo, se deberá reiniciar el sistema, para que se apliquen los cambios efectuados en el entorno.*

Gestión de recursos compartidos

Primero, es importante definir a qué partes del entorno informático se refiere la palabra recursos. Los recursos son aquellos dispositivos, ya sean, impresoras, escáneres u otros PC, que conforman la red. También se suele aplicar el término recurso a los ficheros y carpetas que pueden ser compartidos entre varios grupos de usuarios o usuarios específicos. Los discos duros y/o sus particiones son, igualmente, recursos en el alcance que se está definiendo.

> ***Nota:*** *No tiene sentido compartir recursos en un ordenador configurado como estación de trabajo en solitario. Esta funcionalidad es útil cuando hay dos o más ordenadores interconectados en una red local.*

En Microsoft Windows XP es posible compartir los recursos, de una manera controlada, entre los usuarios de una red. Para ello cuenta con dos métodos. Uno menos flexible, aunque sencillo, que lo ofrece el entorno gráfico por defecto y otro más avanzado pero de mayores posibilidades.

Para compartir una carpeta con la configuración por defecto de Microsoft Windows XP, se deben seguir los pasos que se describen a continuación.

1. Se debe abrir el explorador de Microsoft Windows XP y buscar la carpeta que se desea compartir.

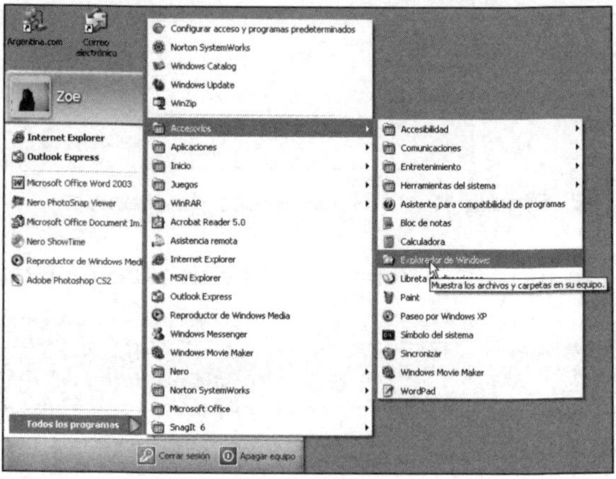

Figura 10.11. Localización del explorador de Microsoft Windows XP.

2. Se debe hacer clic con el botón derecho del ratón sobre la carpeta elegida y seleccionar la opción Compartir y seguridad.
3. Para compartir la carpeta en la red se debe marcar la casilla Compartir esta carpeta en la red, que se encuentra en la ventana de diálogo desplegada. En la caja de texto Nombre de recurso compartido, se debe escribir el nombre con que se desea publicar el recurso en la red. Si se permitirá que los usuarios de la red puedan borrar o simplemente modificar los ficheros de la carpeta, se debe marcar la casilla Permitir que usuarios de la red cambien mis archivos. Si no se marca la opción anterior, los usuarios de la red sólo podrán ver y abrir los ficheros de la carpeta compartida, con permisos de sólo lectura.

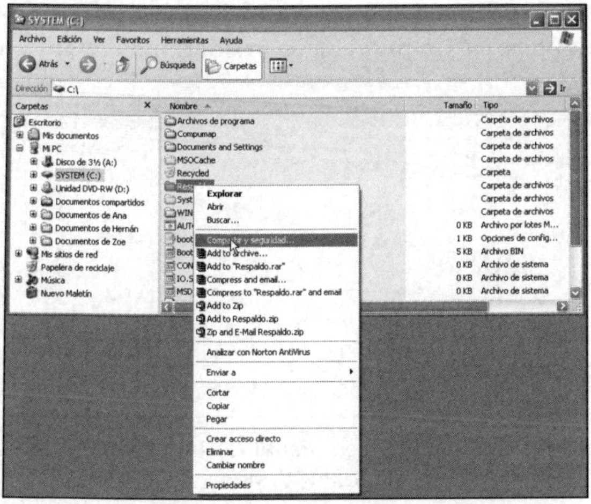

Figura 10.12. Opción de Compartir y seguridad en Microsoft Windows XP.

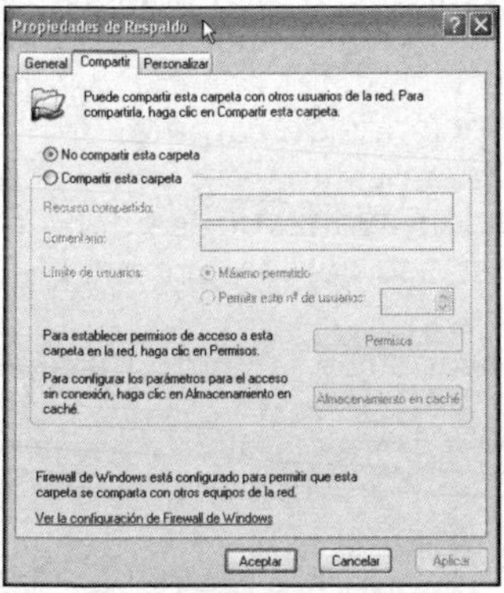

Figura 10.13. Ventana de opciones por defecto para compartir una carpeta en Microsoft Windows XP.

4. Una vez configuradas las opciones se debe hacer clic en el botón **Aceptar**, para que los cambios realizados se propaguen al recurso.

Los pasos explicados previamente permiten que a la carpeta compartida tengan acceso todos los usuarios de la red, sin ningún otro requisito de identificación. Esta configuración no es del todo segura, sobre todo en entornos en el que la cantidad de ordenadores y dispositivos es mayor y se requiere de un nivel de seguridad más restringido.

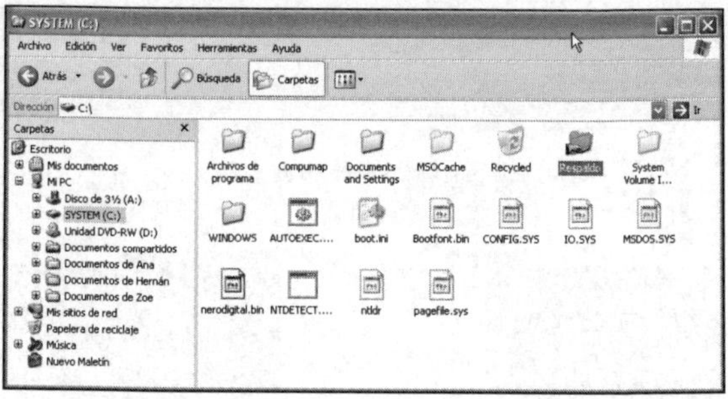

Figura 10.14. Identificación visual de una carpeta compartida en Microsoft Windows XP.

Para usar la opción Compartir y seguridad de una manera más flexible se deben seguir los siguientes pasos:

1. Se debe hacer clic en Menú Inicio>Panel de control.
2. Se debe seleccionar el Menú Herramientas>Opciones de carpeta y con el doble clic del ratón desplegar la ventana Opciones de carpeta.
3. Seleccionar la pestaña Ver y en el cuadro inferior de Configuración avanzada, se debe desmarcar la opción Utilizar uso compartido simple de archivos (recomendado).
4. Se debe hacer clic en el botón **Aceptar**.

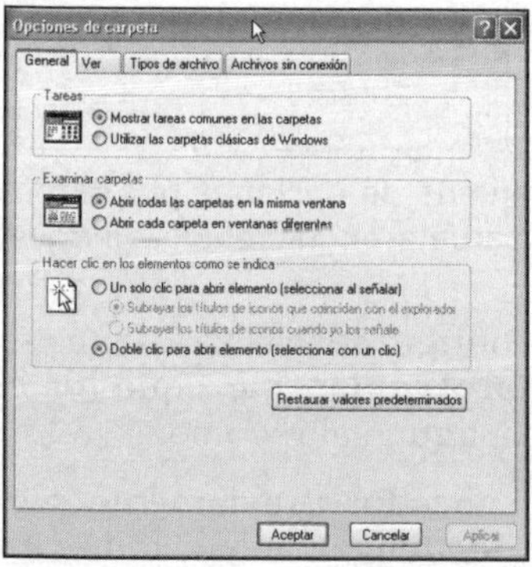

Figura 10.15. Ventana de Opciones de carpeta del Menú Herramientas en Microsoft Windows XP.

Al inhabilitar la opción por defecto es posible utilizarla para definir una configuración más flexible, pues ofrece más opciones para restringir el acceso al recurso, entre los usuarios de la red.

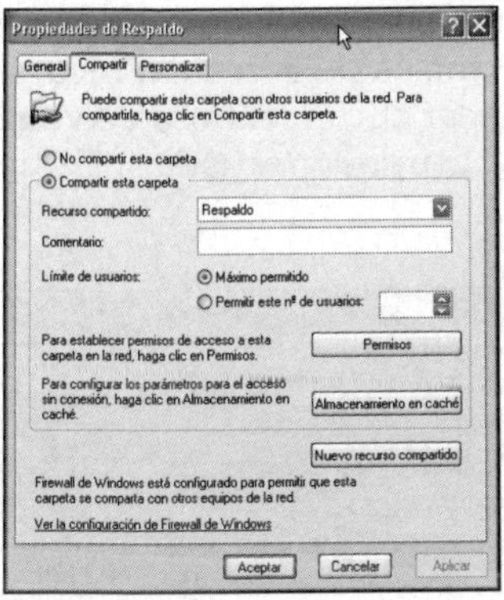

Figura 10.16. Ventana de opciones avanzadas para compartir una carpeta en Microsoft Windows XP.

Se deben seguir los pasos que a continuación se describen:

1. Se debe marcar la opción Compartir esta carpeta y además de escribir el nombre con que se va a publicar en la red, se puede definir el límite de usuarios que tendrán acceso en forma simultánea a la misma.
2. Se debe hacer clic en el botón **Permisos** para controlar qué usuarios de la red van a tener acceso al recurso.

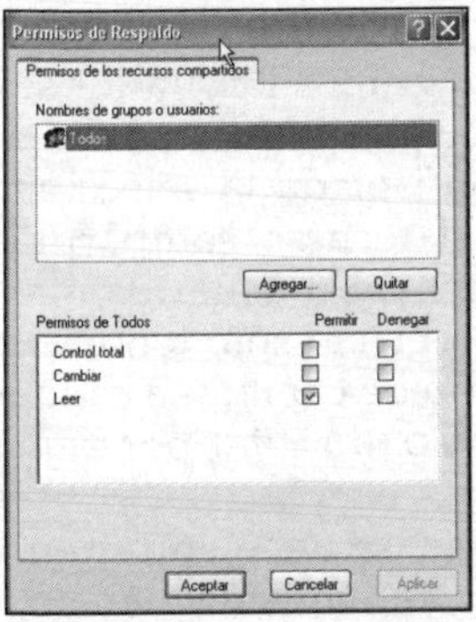

Figura 10.17. Ventana de permisos de carpeta compartida en Microsoft Windows XP.

3. Es recomendable, en este punto, eliminar el grupo por defecto Todos, seleccionándolo de la lista **Nombres de grupos y usuarios** y haciendo clic en el botón **Quitar**. El grupo desaparecerá de la lista.
4. Se debe hacer clic en el botón **Agregar** y así elegir los grupos y/o usuarios para lo que se debe configurar los permisos de acceso al recurso.
5. Se debe hacer clic en el botón **Avanzadas** para seleccionar los grupos y/o usuarios que tendrán acceso al recurso.

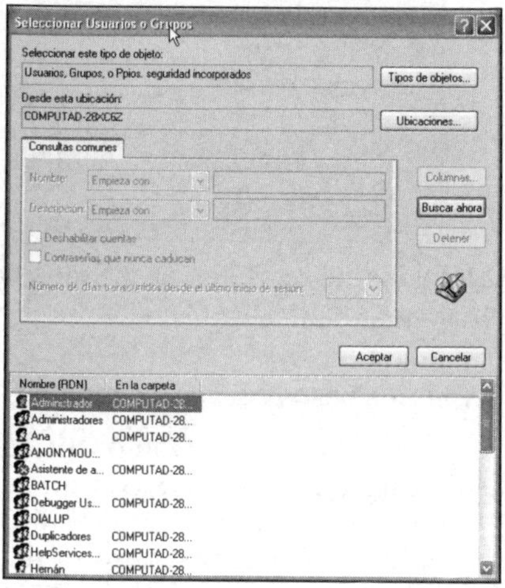

Figura 10.18. Ventana Seleccionar usuarios o grupos en Microsoft Windows XP.

6. De la lista de grupos y usuarios se debe seleccionar el que se desee agregar y hacer clic en el botón **Aceptar**.
7. Una vez confirmada la selección, en la ventana de permisos del recurso compartido, se puede ver la lista de grupos y/o usuarios que tendrán acceso al mismo. Por defecto sólo tendrán permisos de lectura, pero se puede cambiar a cada uno el tipo de acceso, por el de **Control total**, por ejemplo. Véase la figura 10.19.
8. Para terminar, se debe entrar en la pestaña **Seguridad**, agregar de la misma manera, el grupo y/o usuario y asignarle el permiso de **Modificar**, como se puede corroborar en la figura 10.20.

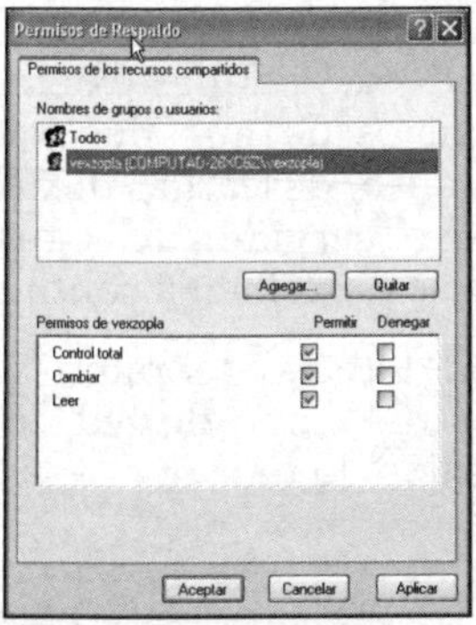

Figura 10.19. Permisos de Control total de un recurso compartido en Microsoft Windows XP.

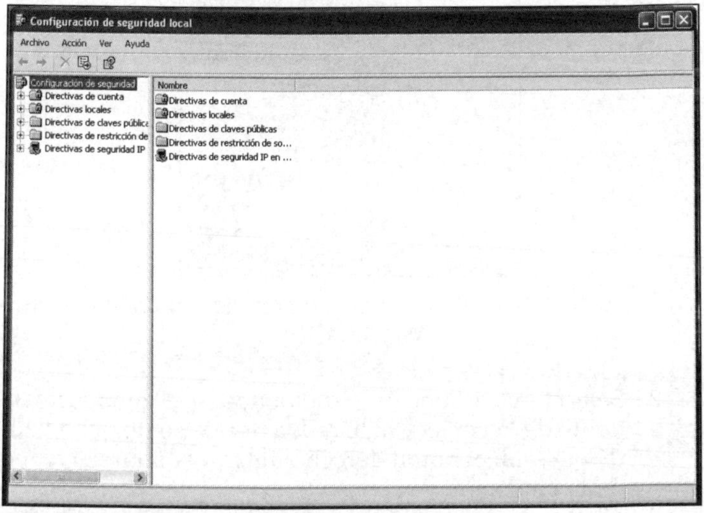

Figura 10.20. Pestaña de seguridad de recursos en Microsoft Windows XP.

Configuración del servidor de seguridad

En Microsoft Windows XP existe una opción para proteger al sistema de todo tipo de accesos externos. Su activación es muy sencilla y altamente recomendable, en especial para entornos informáticos domésticos, que cuentan con un único ordenador, en modo de estación de trabajo aislada, pero conectado a Internet.

Al activar esta opción de seguridad, el PC queda completamente blindado de ataques externos y no limita, en absoluto, los servicios de que puede disponerse, como mensajería instantánea, descargas de archivos, etc.

Para configurar el servidor de seguridad se deben seguir los pasos que se describen a continuación.

1. Con el botón derecho del ratón, se entra a la opción Propiedades del icono de red, localizado en Menú Inicio>Mis sitios de red.

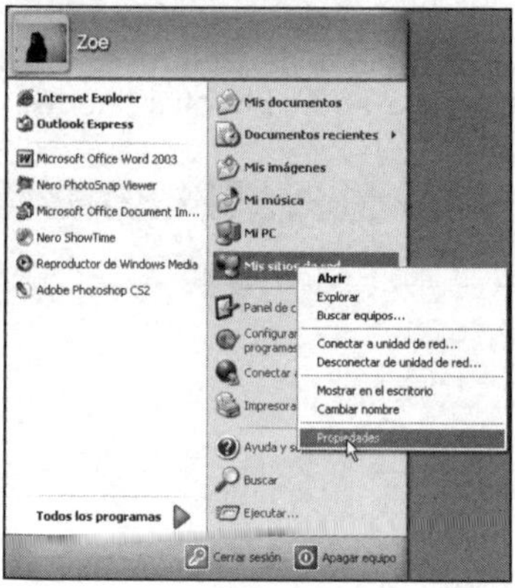

Figura 10.21. Localización del entorno de red en Microsoft Windows XP.

2. Seleccionar la opción Propiedades del menú emergente de la conexión de red, a donde se llega haciendo clic, con el botón derecho del ratón, sobre el icono de la conexión.
3. Hacer clic en la pestaña Avanzadas de la ventana Propiedades de la conexión de área local. Véase la figura 10.22.

> ***Nota:*** *Con la activación del servidor de seguridad puede obviarse la instalación y configuración de un cortafuegos* (firewall).

4. Se debe seleccionar la opción Proteger mi equipo y mi red limitando o impidiendo el acceso a él desde Internet y hacer clic en el botón **Aceptar**.

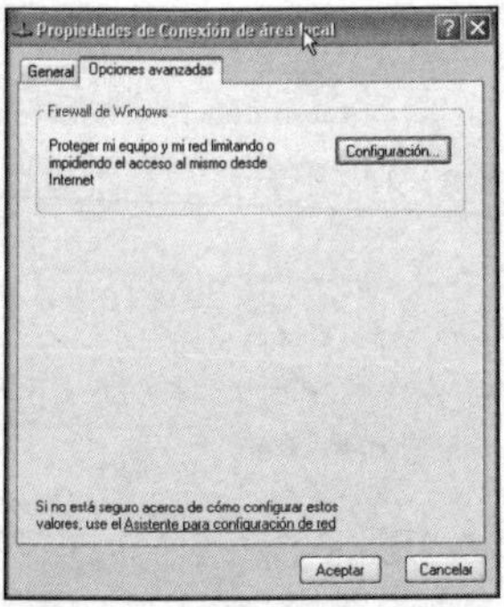

Figura 10.22. Propiedades de la configuración de red en Microsoft Windows XP.

Cifrado y encriptación de datos

Al instalar Microsoft Windows XP, como entorno gráfico en el ordenador, se cuenta con la posibilidad de cifrar y encriptar los ficheros que se creen en el mismo. La forma de lograrlo es sencilla de manejar y para ello el sistema utiliza la tecnología EFS, acrónimo del inglés *Encrypting File System*, es decir Sistema de Encriptación de Ficheros. El algoritmo de encriptación, usando EFS es el conocido como PKI (*Public Key Infraestructure*).

En términos muy generales, cuando se encripta un fichero o recurso a través de EFS, se emite un certificado que contiene una llave pública y una privada. El certificado tiene una *File Encryption Key*, en español Clave de encriptación de fichero, que será la clave que el algoritmo emplea para el encriptado. Aunque este proceso es mucho más complejo, el usuario final de esta opción no necesita conocer en detalle las características del algoritmo de encriptación.

Lo importante es saber que solamente un usuario que conozca la clave privada podrá desencriptar y finalmente consultar los ficheros o recursos, que se han protegido de esta manera.

El siguiente ejemplo, ilustra lo antes explicado.

1. Se debe hacer clic en el fichero o carpeta que se desea encriptar y con el botón derecho del ratón, seleccionar la opción **Propiedades** del menú desplegable.
2. En la pestaña **General** se debe hacer clic en el botón **Opciones Avanzadas**.

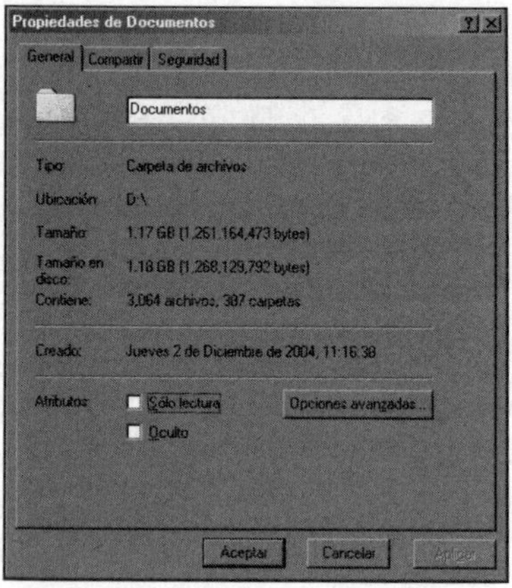

Figura 10.23. Propiedades de un recurso en Microsoft Windows XP.

3. Se debe marcar la opción Cifrar contenido para proteger datos y acto seguido se hace clic en el botón **Aceptar**.
4. Se debe hacer clic en el botón **Aplicar** para hacer efectivos los cambios realizados en el recurso, marcando la opción Aplicar cambios a esta carpeta y a todas las subcarpetas y archivos, de la ventana de confirmación.

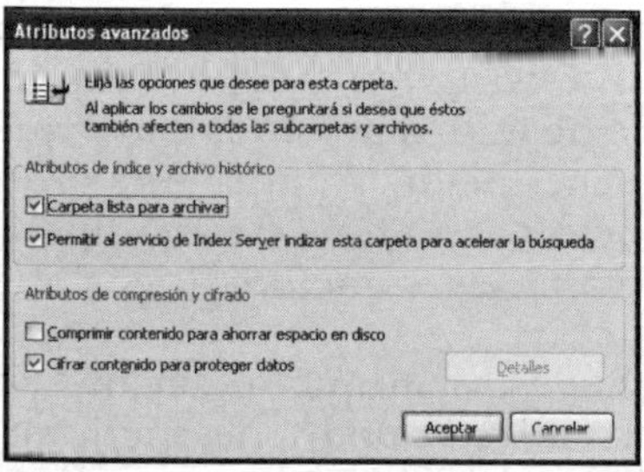

Figura 10.24. Ventana de confirmación de cifrado de datos en Microsoft Windows XP.

> ***Nota:*** *Al encriptar una carpeta y su contenido, el mismo se puede consultar en el explorador de Microsoft Windows XP, pero está vedado el acceso a los ficheros, para un usuario que no posea la clave de desencriptado.*

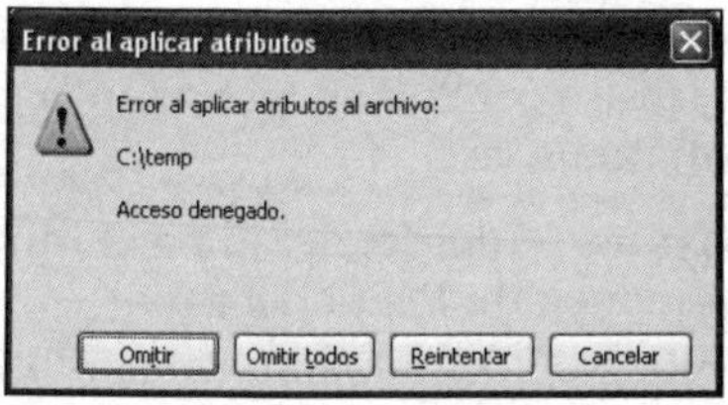

Figura 10.25. Ventana de error al intentar abrir un fichero encriptado.

10.1.5. Copias de respaldo de datos

Las copias de respaldo que por momentos puede parecer una tarea pesada, que consume tiempo y recursos, es en el corto plazo, la mejor manera de proteger los datos del ordenador.

Si llevamos esta afirmación a ambientes informáticos de mayor envergadura, la inversión en este tipo de actividad, es parte fundamental de los gastos de la entidad, por lo que representa para cualquier negocio la pérdida de información de clientes, proveedores, financiera, recursos humanos propios, contabilidad y control. Una verdadera catástrofe que puede llevar incluso al cierre temporal o definitivo de una empresa.

En el ambiente doméstico, si bien la gravedad es menor, no hay que subestimar ningún ataque de agentes externos, porque puede convertirse en una pesadilla personal y familiar.

¿Cuáles son las principales causas de pérdida de información en los ambientes informáticos? En primer lugar e importancia las fallas de hardware, que pueden manifestarse con estos síntomas:

1. El ordenador no responde.
2. Fallos de lectura y/o escritura del disco duro.
3. Cambios bruscos y repentinos del voltaje de la red eléctrica.
4. Ruidos sospechosos y poco conocidos.
5. El sistema no reconoce uno o varios dispositivos conectados al equipo.

El 40 por ciento de las causas de pérdida de datos se debe a problemas con el entorno informático y en sus componentes físicos. Como segundo, están los errores que comete el operador o usuario del sistema. Una lista de posibles errores, que con un 30 por ciento incide en los entornos informáticos, es:

1. Pérdidas por accidente, debido a manipulación incorrecta o errónea de los ficheros.
2. Instalación de programas que alteran partes fundamentales de los sistemas operativos.
3. Realización de mantenimiento de software, como actualización de versiones. También el reemplazo de programas de dispositivos físicos por cambios de configuración. Por ejemplo instalación de nueva placa de vídeo en el ordenador.
4. Pérdidas intencionales.

La pérdida de datos causada por programas o software que no funcionan adecuadamente o que hayan sido alterados por la presencia de virus informáticos es el tercer puesto en este ranking, con un 20 por ciento de incidencia. En cuarto lugar están los imponderables o causas naturales, como incendios, inundaciones y fenómenos climáticos de consecuencias devastadoras.

Tipos de copias de respaldo

El requerimiento fundamental con que debe estar equipado el entorno informático, es un dispositivo donde se deba realizar la o las copias de respaldo. Ya sea un disco duro alternativo o unidades de almacenamiento extraíble. El otro requerimiento necesario es un software que gestione tanto los dispositivos como la copia propiamente dicha (véase tabla 10.1). Las políticas de seguridad referidas a las copias de respaldo, deben mezclar de manera inteligente los tipos básicos antes descritos. Una buena política de respaldo de datos puede llegar a realizarse como una copia total el viernes, al finalizar la semana o quincenalmente y una incremental diariamente.

Dispositivos para realizar copias de respaldo

Los dispositivos de almacenamiento masivo que comúnmente se emplean en este tipo de tareas dependen de su capacidad y de su formato, principalmente. La clasificación de los mismos sería, entonces:

1. **Cintas:** Son los más utilizados en ambientes de grandes empresas o de mediana envergadura comercial,

Tabla 10.1. Tipos básicos de copias de respaldo. Ventajas y desventajas.

Tipo	*Descripción*	*Ventajas*	*Desventajas*
Copia total	Se respaldan todos y cada uno de los ficheros del sistema, que hayan sido elegidos para ser respaldados.	La restauración de datos se realiza de forma rápida y sencilla. Mayor control y robustez de las copias de respaldo.	Es el tipo de copia que más tiempo consume. Ocupa mucho más espacio de los dispositivos de almacenamiento que se empleen.
Copia incremental	Se respaldan sólo los cambios producidos después de la copia inmediata anterior.	La copia es más pequeña y ocupa, por ello, menos espacio del dispositivo de almacenamiento. Es menor el tiempo que ocupa su realización.	El proceso de restauración es mayor y más lento.
Copia diferencial	Se respaldan sólo los cambios producidos después de la copia inmediata anterior, pero la diferencia estriba en que no es una copia protegida, con lo cual siempre se agregará la diferencia de datos, mientras no se realice una incremental que sí lleva protección.	Utiliza menos dispositivos que la copia total. Se realiza en menos tiempo que una copia total. En un proceso de restauración emplea menos tiempo, porque utiliza menos dispositivos de almacenamiento.	Lleva más tiempo de realización que una copia incremental.

en las que los niveles de cantidad de datos pueden llegar a ocupar el orden de GBytes o TBytes.

2. **Discos duros:** Es posible implementar una copia de respaldo de disco a disco. También se suele tener configuraciones de discos en espejo. El mayor problema de este soporte es su elevado costo.
3. **DVD, CD-ROM:** En estos soportes magnéticos es posible copiar muchas cantidades de datos diferentes. Son baratos y su mantenimiento no es muy sofisticado.
4. **Disquetes, IOmega ZIP o IOmega Jaz:** Aunque con menor capacidad, son muy recomendables en la informática doméstica.
5. **Los más recientes:** Mini USB drivers y memorias flash.

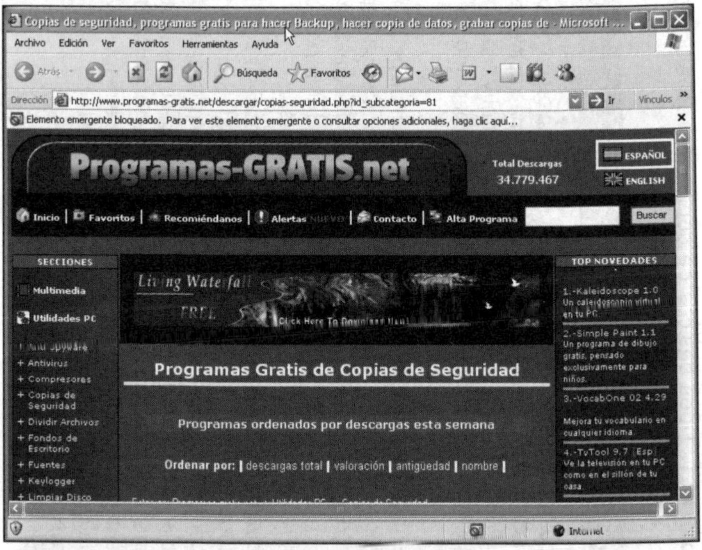

Figura 10.26. Sitio Web www.programas-gratis.net. Zona de descarga de programas para hacer copias de respaldo.

Copias de seguridad o backup con Microsoft Windows XP

La posibilidad de copia de seguridad que ofrece Microsoft Windows XP ayuda a proteger la información ante pérdidas accidentales si el hardware o los dispositivos de almacenamiento de datos fallan. Por ejemplo, se puede utilizar para copiar la información en el disco duro y archivarla en otro disco, disquete, red compartida o cualquier otro dispositivo. Si se borra o daña el disco duro, se puede restablecer la información sin problemas a partir de la copia que se ha respaldado. Para hacer una copia de seguridad se debe ir al Menú Inicio>Todos los programas> Accesorios>Herramientas del sistema>Copia de seguridad.

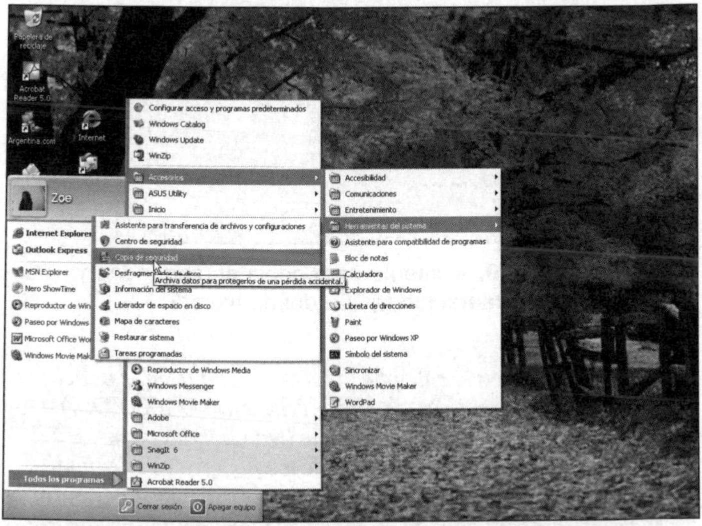

Figura 10.27. Ubicación de la opción Copia de seguridad en Microsoft Windows XP.

El asistente para copia de seguridad y restauración se mostrará a través de la ventana de diálogo de la figura 10.28.

Figura 10.28. Asistente para copia de seguridad y restauración.

Para emplear el asistente de la manera recomendada, se debe hacer clic sobre el botón **Siguiente**.

En la primera pantalla se debe seleccionar la opción Efectuar una copia de seguridad de archivos y configuración y hacer clic en el botón **Siguiente**.

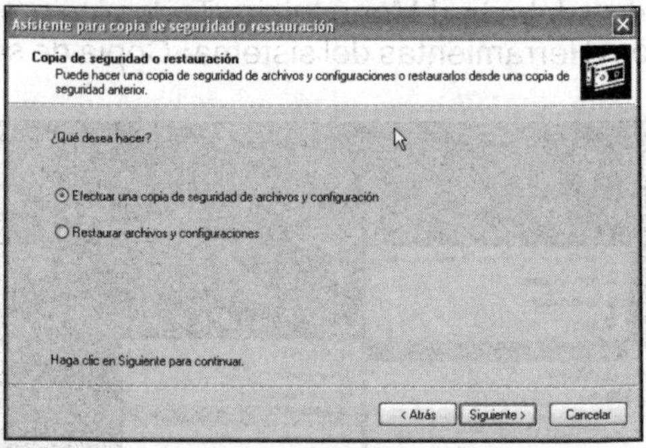

Figura 10.29. Asistente para copia de seguridad y restauración. ¿Qué desea hacer?

Nota: *Señalar en el calendario las fechas en las que se debe hacer copias periódicas del disco duro en CD o DVD. Así mismo, respaldar todo aquello que llevó tiempo crear o que resultaría difícil de reemplazar, de los ficheros que se modifican a menudo o que simplemente son fundamentales para el hogar o la oficina. Esos ficheros pueden incluir documentos, fotografías, vídeos, agendas de direcciones o información financiera. Al menos una vez al año, hacer un respaldo o* backup *completo del sistema y crear una copia de todo lo que haya en el ordenador, incluyendo programas, ficheros, configuraciones y ajustes. Esto es fundamental para no tener que reinstalar los programas de los discos originales o para no arriesgarse a perder las contraseñas de acceso a Internet, las preferencias personales en el navegador o en el PC. Recordar que cuando se haya terminado de hacer la copia de seguridad de los ficheros en CD o DVD, se debe comprobar que hayan sido grabados correctamente.*

Para elegir los archivos que se van a respaldar se cuenta con cuatro opciones, como se muestra en la figura 10.30. Las opciones disponibles permiten respaldar:

1. Los documentos y preferencias del usuario actual.

2. Los documentos y preferencias de todos los usuarios.
3. Todos los datos del disco duro.
4. Elección personalizada de ficheros y programas.

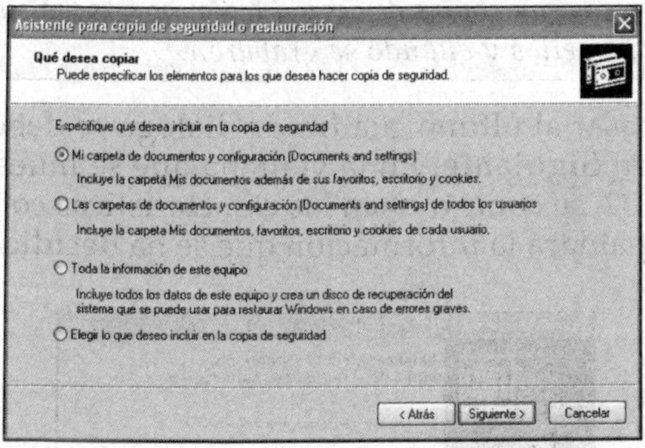

Figura 10.30. Asistente para copia de seguridad y restauración. Especifique qué desea incluir en la copia de seguridad.

De acuerdo a la envergadura de la copia de respaldo, se elegirá una de las opciones anteriores.

Luego, al hacer clic en el botón **Siguiente**, se mostrará el cuadro de diálogo para seleccionar el dispositivo donde se guardará la información elegida para copiar. La copia quedará en un fichero con extensión .bkf. Con el botón **Examinar** se podrá determinar la ubicación de la copia. En la caja de texto se deberá escribir el nombre de la copia.

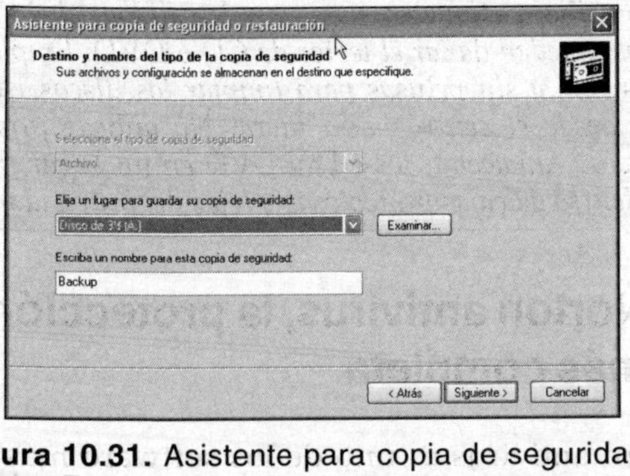

Figura 10.31. Asistente para copia de seguridad y restauración. Destino y nombre del tipo de copia de seguridad.

> *Nota: Nombrar los ficheros de manera específica y clara, incluyendo la fecha en la que se hicieron los últimos cambios. Hacer una lista detallada de los ficheros guardados en los CD o DVD. Etiquetar los discos adecuadamente e incluir la fecha del respaldo o* backup. *No tiene sentido tener discos con copias de seguridad si no se sabe qué es lo que hay en ellos y cuándo se grabaron.*

Para pasar al último cuadro de diálogo se debe dar clic en el botón **Siguiente**. En la ventana que se muestra en la figura 10.32, se comprueban las características con las cuales se respaldará la información que se ha decidido copiar.

Figura 10.32. Asistente para copia de seguridad y restauración. Finalización.

> *Nota: Manipular los CD o DVD sólo por el borde exterior. Nunca tocar la parte del disco que no está impresa y evitar ponerlo sobre superficies duras. Etiquetar el disco mediante un rotulador de punta blanda y tinta indeleble. En el caso que se utilicen etiquetas, que sean de calidad; si están mal puestas, pueden dañar el lector de CD o DVD. Emplear un paño suave y sin pelusas para limpiar los discos, siempre yendo desde el centro hacia fuera. No aplicar productos abrasivos. Almacenar los CD y DVD en un lugar fresco y seco, dentro de cajas protectoras y lejos del ordenador.*

10.2. Norton antivirus, la protección más completa

Norton antivirus es uno de los software más difundidos para la protección contra virus, lo mismo en ambientes domésticos que en otros entornos, de mayor envergadura. Es muy sencillo de instalar y utilizar. Además, sus actualizaciones frecuentes y eficaces, permiten mantener al día las listas de virus y sus vacunas.

10.2.1. Instalación

Para instalar Norton antivirus se deben seguir los siguientes pasos.

1. Seleccionar la opción Instalar Norton antivirus, desde el instalador original.

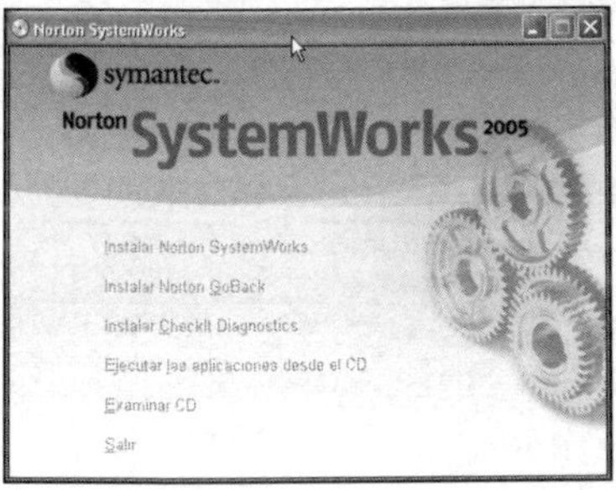

Figura 10.33. Instalación de Norton antivirus.

2. En este paso se puede elegir la desinfección del ordenador antes de continuar con la instalación. Si se opta por esta posibilidad y una vez que se haya completado la revisión y desinfección del equipo, se podrá consultar el resultado de los procesos en el archivo c:\scanresult.txt.

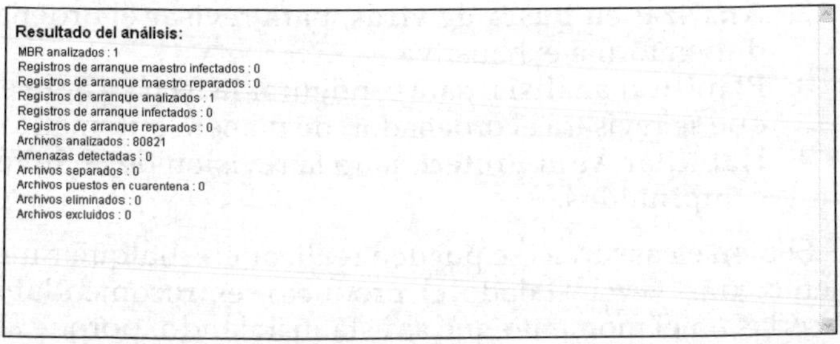

Figura 10.34. Resultados de revisión y desinfección, previo a la instalación de Norton antivirus.

3. Se debe aceptar el acuerdo de licencia de Norton antivirus.
4. Se debe elegir la carpeta donde se instalará el programa. El proceso de instalación mostrará una pantalla de bienvenida.
5. En la pantalla de Registro, se podrá inscribir el programa, para de esa manera, mantenerlo actualizado con las nuevas versiones.

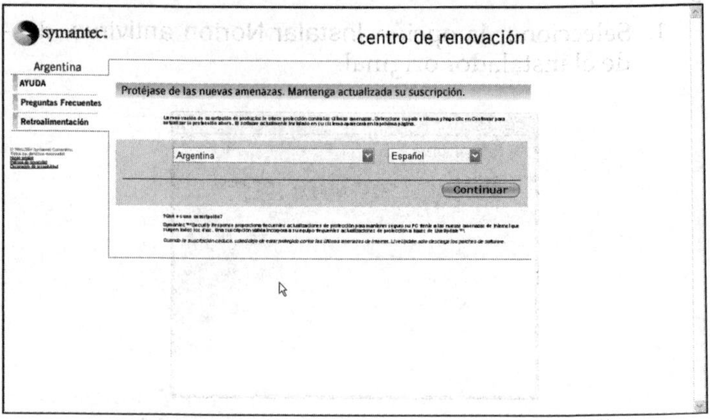

Figura 10.35. Registro de Norton antivirus.

Una vez registrado, la suscripción será de un año.

A partir de este momento se puede elegir cómo seguir con el programa, seleccionando una de estas opciones.

1. **Ejecutar LiveUpdate**, para bajar las últimas actualizaciones de protección. El ordenador debe estar conectado a Internet.
2. **Analizar en busca de virus**, para revisar el ordenador en forma exhaustiva.
3. **Planificar análisis**, para configurar la fecha y hora en que se revisará el ordenador, de manera automática.
4. **Habilitar Auto-Protect**, para la revisión de archivos comprimidos.

Si bien estas tareas se pueden realizar en cualquier momento, una vez instalado el producto, es recomendable hacerlas en el momento que se está instalando, porque sería arriesgado para el equipo ante el ataque de un virus informático.

10.2.2. Módulos de protección

En la figura 10.36 se muestra la pantalla principal de Norton antivirus, desde donde se debe hacer clic en el botón **Opciones**, para configurar los módulos de protección del ordenador.

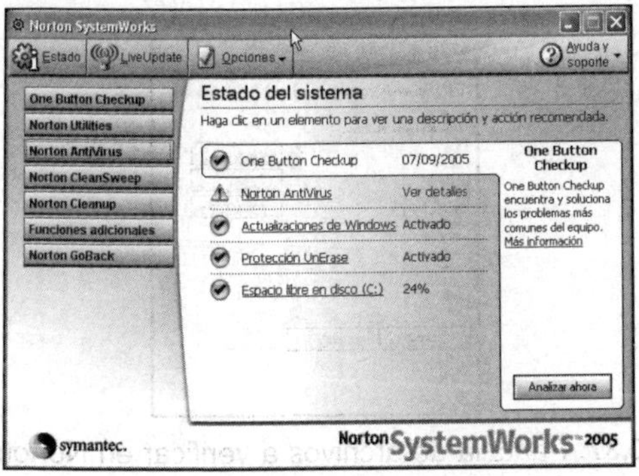

Figura 10.36. Pantalla principal de Norton antivirus.

Protección del sistema

La opción Cómo mantenerse protegido, permite elegir tres formas de activación de la protección contra ataques indeseados.

1. **Activar Auto-Protect:** Es una protección muy importante y siempre debe estar habilitada ya que Norton antivirus protegerá el ordenador de los ataques más conocidos, ya sean virus de macro, del sector de arranque, de la memoria, además de otro tipo de virus mutantes, como los gusanos o los troyanos.
2. **Iniciar Auto-Protect al iniciar Windows:** Si se habilita esta opción, cada vez que se inicie Windows, Norton antivirus se iniciará, en forma automática.
3. **Mostrar el icono de Auto-Protect en la bandeja:** Su habilitación permite visualizar el icono de Norton antivirus en la barra de herramientas de Windows.

Otras posibilidades que ofrece Norton antivirus en este módulo de protección es la configuración de cómo debe actuar el programa ante la detección de un virus en el entorno informático. La recomendación del fabricante es la opción Reparar automáticamente los archivos infectados, que evitará la propagación del virus en el ordenador.

También es posible indicar al programa qué tipos de archivo deben ser verificados, eligiendo las extensiones de archivos a incluir. No obstante, es recomendable que se puedan verificar todo tipo de archivos, aún aquellos que podrían no ser susceptibles de infecciones.

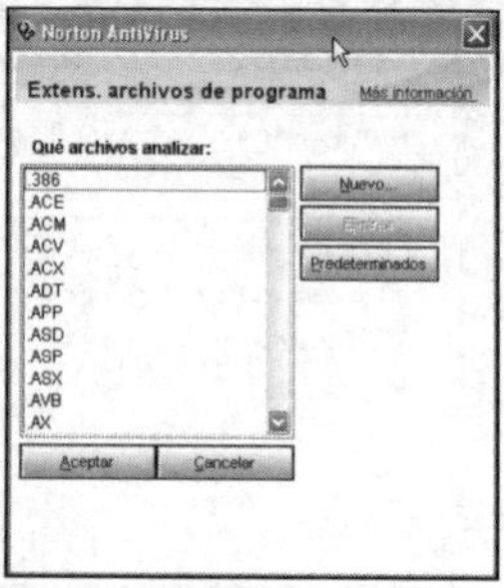

Figura 10.37. Pantalla de archivos a verificar en Norton antivirus.

Otras opciones son la de verificar archivos comprimidos, realizar chequeos contra virus nuevos y desconocidos mediante métodos heurísticos desde el submenú Blood hound. Véase la figura 10.38.

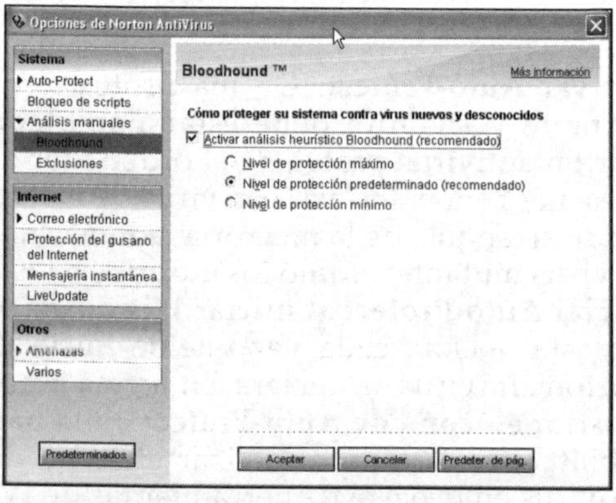

Figura 10.38. Habilitación del análisis por métodos heurísticos en Norton antivirus.

Dentro de las opciones más avanzadas se encuentran la de las acciones a tomar cuando se lee un disquete en el ordenador, la exclusión de carpetas y/o archivos de la revisión automática, así como el bloqueo de determinados programas de secuencia de comandos (*scripts*), para evitar que se ejecuten sin previo aviso.

Protección en Internet

La aplicación que más opciones de protección tiene en este módulo es el correo electrónico, por ser la vía más frecuente de infección y de ataques al entorno informático doméstico. Cuando es instalado, Norton antivirus configura la aplicación de correo electrónico instalada en el ordenador. Una variante recomendable es configurar la revisión de correo entrante, de correo saliente y de archivos adjuntos a los mensajes, como se muestra en la figura 10.39.

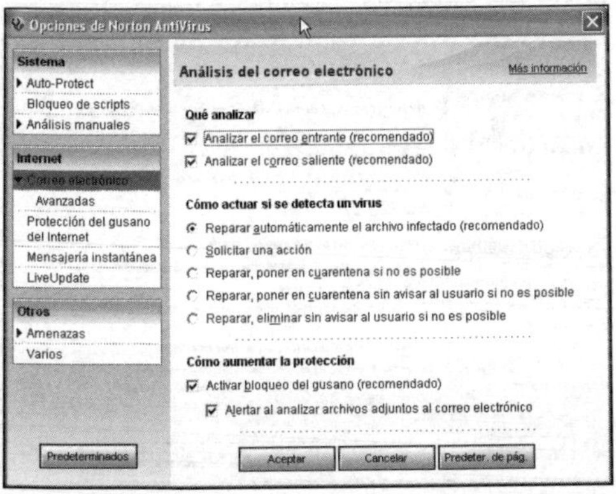

Figura 10.39. Configuración de la revisión del correo electrónico en Norton antivirus.

Las respuestas ante la detección de virus en los mensajes del correo electrónico pueden ir desde la reparación automática, solicitar una acción manual, hasta la eliminación automática.

Se pueden activar los bloqueos de gusanos que además de revisar los mensajes salientes, para detectar su presencia, emite un informe de alarmas en caso que así sea.

Con las opciones de mensajería instantánea se prevee la revisión de los archivos recibidos por aplicaciones como las de AOL, Microsoft y Yahoo.

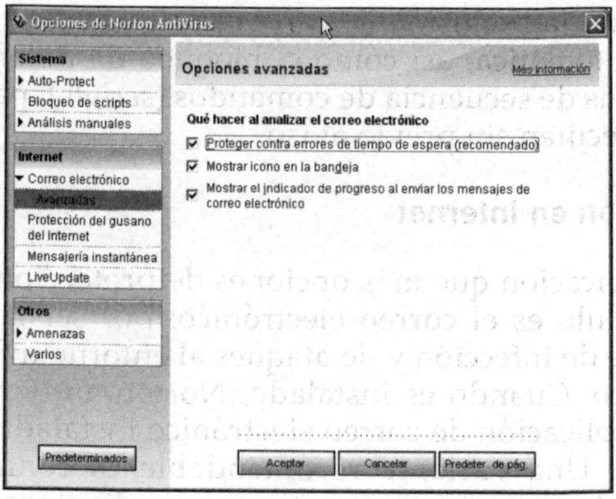

Figura 10.40. Opciones avanzadas de revisión de correo electrónico en Norton antivirus.

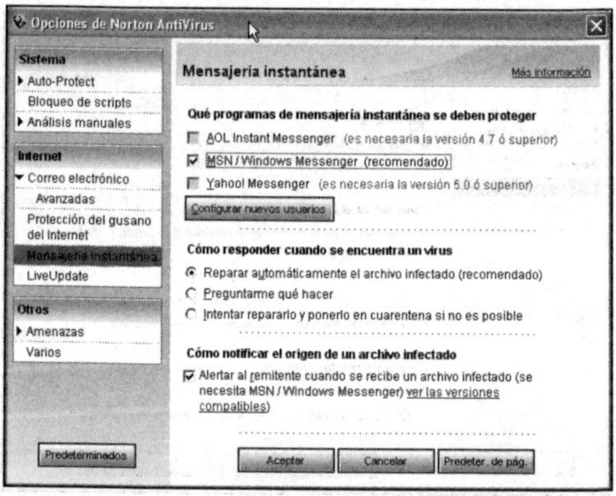

Figura 10.41. Configuración de la revisión de la mensajería instantánea.

Otros

El menú Categoría de amenazas permite seleccionar las que el programa debe detectar en cualquiera de las vías de ingreso de agentes externos, ya sea disquetes, CD, correo electrónico o mensajería instantánea. Las que están habilitadas por defecto son las de virus, gusanos y troyanos. Otra opción es la de Software espía, que es potencialmente una amenaza para el entorno.

Otros programas contra los que Norton antivirus ejecuta acciones son los Marcadores o dialers, que se utilizan para hacer llamadas telefónicas a números supuestamente gratuitos, sin que el dueño del ordenador se entere. También contra los Programas engañosos, que provocan un comportamiento errático del PC, contra el Acceso remoto, que pone a disposición de la Web el sistema propio, así como contra las Herramientas de robo pirata, utilizadas por *hackers* para ingresar sin autorización.

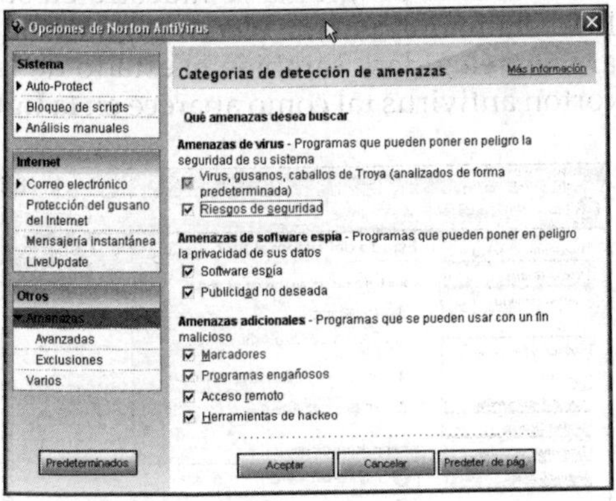

Figura 10.42. Opciones de detección de amenazas en Norton antivirus.

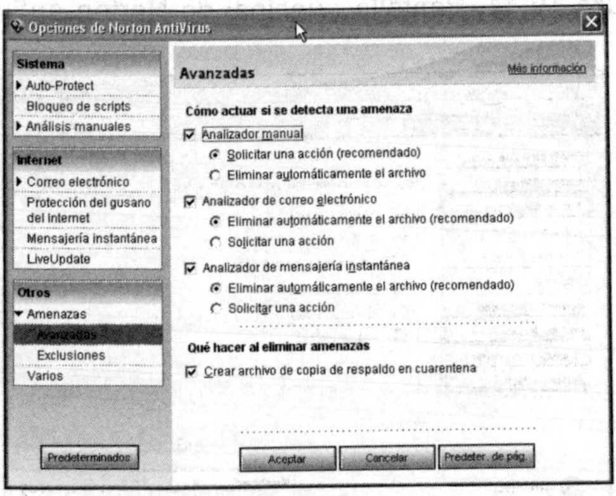

Figura 10.43. Opciones avanzadas de detección de amenazas en Norton antivirus.

Las respuestas que pueden elegirse ante estos ataques, en Norton antivirus son, entre otras, la solicitud explícita de una acción, como borrar automáticamente el o los archivos infectados, hacer copias de seguridad de los archivos en cuarentena y exclusiones de determinados grupos de archivos de los chequeos automáticos habilitados.

10.2.3. Detección de virus y vacunas

Cuando se abre el programa se muestra en su pantalla principal, el estado del sistema y la configuración de análisis y reparación elegidas. También el estado de la suscripción de Norton antivirus tal como aparece en la figura 10.44.

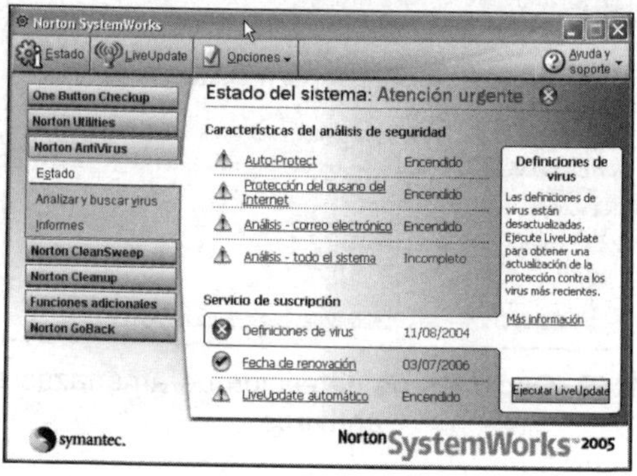

Figura 10.44. Pantalla principal de Norton antivirus.

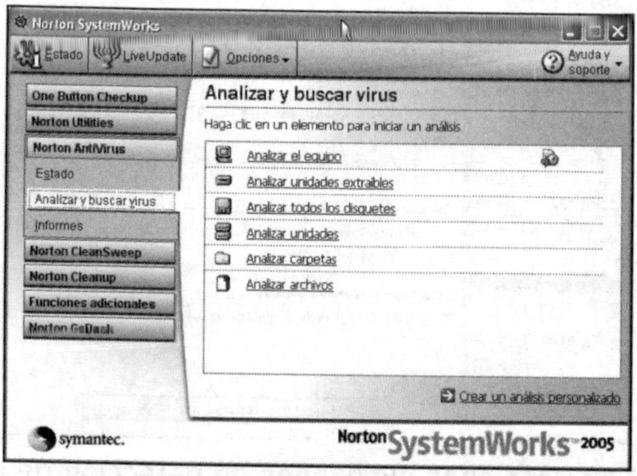

Figura 10.45. Pantalla de elementos a revisar en Norton antivirus.

Para hacer una búsqueda de virus, en forma manual, se debe elegir la opción Analizar en busca de virus. Una vez en este punto, se procederá a determinar qué partes del entorno informático se desea revisar. Con el inicio del análisis Norton antivirus muestra una pantalla de información donde ofrece datos de los archivos que va verificando, posibles amenazas y las acciones que automáticamente se van realizando sobre los elementos infectados o detectados con potenciales infecciones. Si hubiera alguna acción manual configurada, el programa detiene el análisis en espera de dicha acción. Cuando finaliza, se mostrará un resumen con las estadísticas de acciones tomadas, archivos revisados y otros datos de interés.

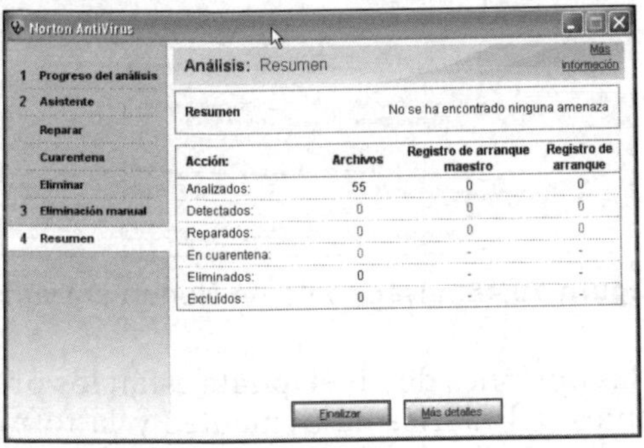

Figura 10.46. Resumen del análisis en Norton antivirus.

La opción de menú Informes, permite tener acceso a la información de los elementos puestos en cuarentena, a la enciclopedia de virus y al registro de actividades realizadas por el programa.

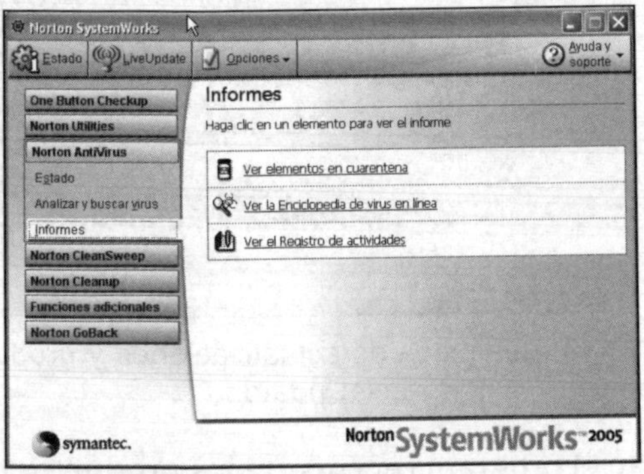

Figura 10.47. Informes en Norton antivirus.

10.2.4. Actualizaciones

Dentro de Norton antivirus, las actualizaciones se realizan a partir de LiveUpdate, que se ejecuta desde la pantalla principal del programa.

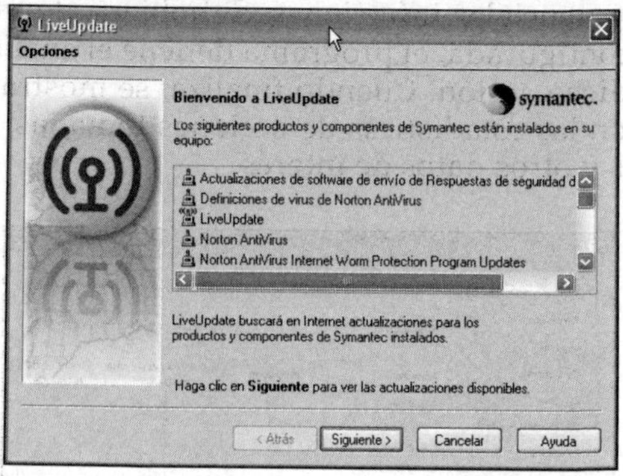

Figura 10.48. LiveUpdate en Norton antivirus.

Entre las opciones de LiveUpdate están los productos y componentes del fabricante Symantec y la forma en que serán actualizados en el ordenador, son configurables, como se muestra en la figura 10.49.

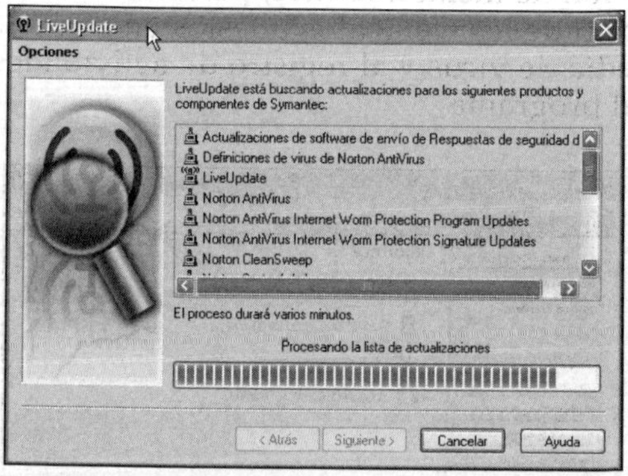

Figura 10.49. Búsqueda de actualizaciones y productos de LiveUpdate.

Cuando el programa encuentra los productos que serán actualizados se procede a su descarga e instalación.

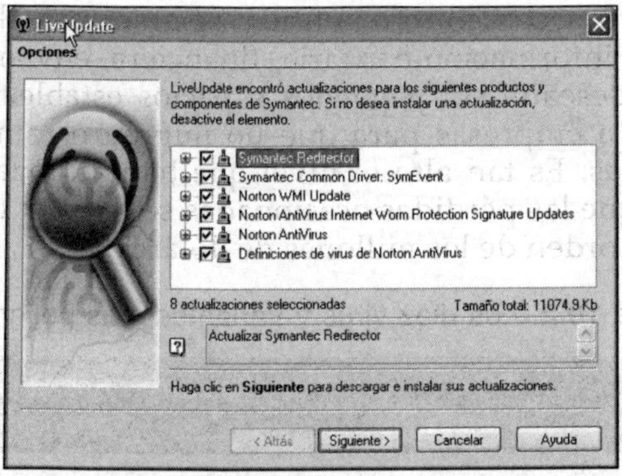

Figura 10.50. Selección de productos y actualizaciones de LiveUpdate.

Al finalizar, LiveUpdate ofrece una pantalla de resumen, con la información de las acciones realizadas.

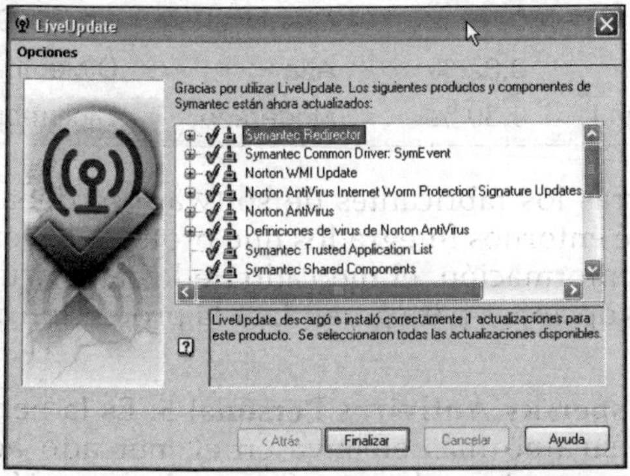

Figura 10.51. Resumen de actualizaciones de LiveUpdate.

10.3. El mercado de los antivirus

Hace unos años atrás, se podía asegurar que detrás de un virus informático había uno o un grupo de estudiantes con deseos de trascender más allá de su entorno o un aficionado con ganas de hacer alguna broma de mal gusto. En la actualidad los expertos en el tema afirman que las personas que se dedican a estos actos, en su mayoría, persiguen un fin económico o político. También con el objetivo de robar información bancaria, financiera, enviar publicidad no deseada sin pagar los espacios establecidos o el chantaje a empresas para que no migren o cambien sus programas. Es tan alto el nivel que han alcanzado estos grupos que las pérdidas ocasionadas se pueden contabilizar en el orden de los millones de dólares.

Tabla 10.2. Los diez virus y variantes más peligrosos.

Nombre	*PC infectados*	*Peligrosidad*	*Fecha de aparición*
Netsky.B	1,83 %	Altísima	Febrero/2004
Nachi.B	1,12 %	Altísima	Febrero/2004
MyDoom.A	1,09 %	Muy alta	Enero/2004
Downloader.L	0,72 %	Alta	Diciembre/2003
Bugbear.B	0,45 %	Muy alta	Junio/2003
Parite.B	0,43 %	Alta	Noviembre/2001
Klez.I	0,36 %	Muy alta	Abril/2004
Sober.C	0,32 %	Alta	Diciembre/2003
StartPage.I	0,30 %	Moderada	Diciembre/2003

Mientras los fabricantes de software se debaten en el diseño de entornos integrados que protejan los ordenadores y su información, el mercado de los antivirus, cuenta con estas opciones para garantizar la protección de los sistemas.

1. **Kaspersky Antivirus Personal 5:** Es la herramienta de su tipo más efectiva en el mercado actual. Ha demostrado ser la más eficaz en la detección de amenazas. Se integra con todos las aplicaciones de correo electrónico. Se destaca, principalmente por el bajo uso que hace de los recursos del ordenador, lo que repercute en que no ralentiza el sistema de manera notable. Como puntos en contra, se pueden señalar que emplea una base de datos propia para actualizaciones y no usa alternativas de prevención más generales.
2. **F-Secure Anti-virus 2005:** Es un programa más enfocado a entornos profesionales. Es por ellos que tiene una línea de soporte las 24 horas que proporciona

ayuda a los clientes del servicio. Como se puede configurar a través de la red, resulta de gran utilidad a los administradores que no necesitan desplazarse físicamente a los equipos involucrados. Tiene un alto nivel de detección de amenazas, aunque consume los recursos del ordenador en forma más elevada.

3. **Panda Titanium con True Prevent:** El sistema True Prevent de este ya conocido fabricante, sorprende por la posibilidad de detectar amenazas aún inexistentes. El programa observa el comportamiento del equipo y detecta cualquier actividad que sea susceptible de estar acompañada de virus. Así bloquea las acciones de intromisión y sus variantes. Como desventaja se puede señalar que no soporta el análisis de algunos formatos de compresión de archivos.
4. **McAfee Viruscan Professional 8:** Se destaca esta versión por soportar licencia de uso para dos usuarios y algunos complementos como el QuickClean Lite que permite mantener el sistema libre de archivos temporales o no utilizados que ocupan espacio innecesariamente en el disco duro. No obstante estas facilidades, la interfaz gráfica no resulta del todo clara.
5. **Norton Antivirus 2005:** El programa se adapta muy bien al Service Pack 2 de Microsoft Windows XP. Es un afianzadísimo producto que también cuenta con protección eficaz contra gusanos y programas espía, con un proceso de instalación, configuración y actualización sencillo y fácil de usar. La mayor desventaja es que ralentiza el sistema notablemente.
6. **BitDefender 8:** Recuerda por momentos la tecnología True Prevent de Panda. Las actualizaciones son muy ligeras y frecuentes, por lo cual, tener el producto completamente actualizado es una tarea que requiere poco tiempo. Necesita de bajos recursos del ordenador.
7. **NOD32 2.0:** Se basa en la revisión exhaustiva del código de cada archivo. Este método de tipo heurístico sirve para comparar con amenazas anteriores y advertir de una mutación de virus. Utiliza pocos recursos del ordenador.
8. **AVAST! Home 4.1:** Es un producto gratuito que se puede utilizar libremente e incluso permite obtener

las actualizaciones continuas, sin pago alguno. Como es un antivirus que basa su funcionamiento en la mejoría del desempeño de la red, está en concordancia con la filosofía del Service Pack 2 de Microsoft Windows XP.

9. **F-Prot Personal:** Aunque posee una interfaz basada en texto plano, una vez que el usuario se adapta a la misma, puede utilizarla muy bien. Es un programa que consume escasísimos recursos del entorno informático.
10. **SP Antivirus Plus:** Utiliza la tecnología de la compañía Trend Micro. En los virus clásicos demuestra una gran efectividad, no así en amenazas más modernas.

Índice alfabético

A

B

C

D

E

F

J

K

L

M

N

O

P

Q

R

S

T

U

V

W

Y